Das

Recht der Nothwehr.

Eine strafrechtliche Abhandlung

von

Dr. Carl Levita,
Privatdocenten der Rechtswissenschaft in Giefsen.

Giefsen, 1856.
J. Ricker'sche Buchhandlung.

Herrn

Dr. Rudolph Ihering,

ordentlichem Professor der Rechtswissenschaft in Gießen,

in Dankbarkeit gewidmet.

Inhalt.

Die vorliegende Abhandlung hat sich eine zweifache Aufgabe gesetzt: sie will die Entwicklung des rechtlichen Princips der Selbstvertheidigung im deutschen Rechte geschichtlich aufzuweisen, und dann auf diesem Grunde die Lehre von der Nothwehr für das heutige Recht zu formuliren versuchen. Bei dem tiefgehenden Einflusse des römischen und des canonischen Rechts auf die deutsche Rechtsentwicklung müssen auch die Grundsätze dieser Rechte dargestellt werden. Die Pflicht wissenschaftlicher Behandlung fordert aufserdem die rechtliche Feststellung des Begriffes der Nothwehr, als Grundlage der geschichtlichen Entwicklung und zum Zwecke der bestimmten Abgränzung des Stoffes gegen verwandte Rechtsgebiete. Auf diese Weise gliedert sich die Abhandlung in fünf Abschnitte, von welchen der erste die Bestimmung des Begriffes der Nothwehr in seiner Stellung zu verwandten Rechtsbegriffen, der zweite die Grundsätze des römischen, der dritte diejenigen des canonischen Rechts, der vierte die geschichtliche Entwicklung des deutschen Rechts bis zur Peinlichen Gerichtsordnung und der fünfte die Principien für die Formulirung des heutigen Rechts behandelt.

Erster Abschnitt.

Von der Bestimmung des Begriffes der Nothwehr und seiner Stellung zu verwandten Rechtsbegriffen.

Wenn ein fester Ausgangspunkt für die Interpretation des positiven Rechtsstoffs gewonnen werden soll, so müssen die Begriffe Nothrecht, Nothstand und Nothwehr zuvor bestimmt an sich und gegen einander festgestellt werden. Indem wir dies versuchen, müssen wir uns zugleich in Kürze mit den theoretischen Versuchen Anderer critisch auseinandersetzen und diese darum in ihren hervorragenden Repräsentanten aufführen.

Das Nothrecht ist das Recht, zur Erhaltung des eigenen oder eines fremden Lebens einen Eingriff in fremdes Eigenthumsrecht zu machen, es sei durch Aneignung, wie das Stehlen in rechter Hungersnoth, oder durch Beschädigung fremden Gutes, wie das Zerstören einer Mauer oder das Durchstechen eines Dammes zur Lebensrettung in Feuers- oder Wassersgefahr. Der Rechtsgrund dieses Nothrechts ist mit Hegel (1) dahin festzustellen: Die Besonderheit der Interessen des natürlichen Willens in ihre einfache Totalität zusammengefafst ist das persönliche Dasein als Leben. Dieses, in der letzten Gefahr und in der Collision mit dem rechtlichen Eigenthum eines Anderen, hat ein Nothrecht (nicht als Billigkeit, sondern als Recht) anzusprechen, indem auf der einen Seite die unendliche Verletzung des Daseins und darum die totale Rechtlosigkeit, auf der anderen nur die Verletzung eines einzelnen be-

(1) Grundlinien der Philosophie des Rechts. § 127.

schränkten Daseins der Freiheit steht, wobei zugleich das Recht als solches und die Rechtsfähigkeit des nur in diesem Eigenthum Verletzten anerkannt wird. Dieses Nothrecht, dessen Ausübung nicht etwa nur für entschuldigt oder nicht strafbar gilt, ist aber strenge zu beschränken auf das Eintreten einer Collision des Lebens des Einen mit dem Eigenthumsrechte des Anderen. Eine wirkliche, anders nicht abzuwendende Gefahr für die Existenz, nicht blofs dringendes Bedürfnifs, wird ebenso bestimmt vorausgesetzt, als eine Collision gleichartiger Rechte, wie wenn Leben gegen Leben oder Eigenthum gegen Eigenthum steht, oder eine Collision anderer Rechte überhaupt ausgeschlossen ist. Innerhalb dieser Schranke darf dem Nothrecht darum auch Nothwehr, die Abwehr eines ungerechten Angriffes, von dem Angegriffenen nicht entgegengesetzt, und das Recht Dritter, dem Benöthigten beizustehen, um des allgemeinen Grundes des Nothrechts willen, nicht geläugnet werden. Denn in solchem Falle erscheint ja das geringere Recht dem höheren gegenüber als absolut unberechtigt, und jenem geschieht eben damit sein Recht, dafs es als untergeordnet aufgehoben wird: ein absolutes Unrecht müfste es also sein, wenn die Aufhebung des höheren Rechts zum Schutze des untergeordneten erfolgte (2). In diesem selben Princip

(2) Wir stimmen zu, wenn man die Lage der Mutter, welche zwischen Kaiserschnitt und Perforation gestellt ist, unter den Gesichtspunkt des Nothrechts rückt (Köstlin, Neue Revision der Grundbegriffe des Criminalrechts S. 602 ff. Desselben System des deutschen Strafrechts I. Abth. S. 112 ff.). Der Rechtsgrund der Perforation, der Tödtung des Kindes, für Mutter und Arzt liegt darin, dafs ihr wirkliches Leben gegen das blofs mögliche des Kindes, die gewordene Persönlichkeit gegen die werdende sich erhalten darf. Es ist ebensowohl eine Verkennung der rechtlichen Natur dieses Verhältnisses, wenn man, die Bedeutung des Embryo überschätzend, darin eine Collision von gleichen Rechten (Leben der Mutter gegen

wurzelt letztlich auch das Recht des Staates, zu seinem rechtlichen Bestehen von dem Individuum das Opfer seiner Rechte zu verlangen.

Es lassen sich für die Auffassung und Begründung des Nothrechts in der Geschichte der neueren Wissenschaft drei Richtungen unterscheiden, welche von Hegel, Kant und Fichte ihren Ausgang nehmen.

Auf dem Grunde der Hegel'schen Anschauung stehen Abegg (3) und Köstlin (4). Abegg führt den Hegel-schen Gedanken durch den Ausspruch zu seiner letzten Consequenz, dafs da, wo das Höhere und Allgemeinere das Opfer eines untergeordneten Rechts fordere, gar keine eigentliche Collision und darum kein Nothverhältnifs obwalte, weil eben die absolute Geltung und Macht des Einen dem Andern gegenüber schon im Voraus nothwendig entschieden sei. Ob Berner (5) hierher gerechnet werden

Leben des Kindes) erblickt, als wenn man die Leibesfrucht, eine Persönlichkeit, wenngleich eine werdende, als pars ventris im stricten physischen Sinne, einem das Leben der Mutter gefährdenden kranken Arme gleichstellt, und dieselbe der chirurgischen Operation des Geburtshelfers Preis giebt (Wächter, Lehrbuch des römisch-deutschen Strafrechts II. Band, S. 120, der die Handlung des Arztes aus diesem Gesichtspunkt beurtheilt wissen will). Die Ansicht, welche der Mutter das Recht der Nothwehr in solchem Falle giebt, verdient, da sie der ersten Bedingung der Nothwehr, nämlich dafs die Gefahr aus einem widerrechtlichen Angriffe entstehen müsse, vergifst, eine ernstliche Widerlegung nicht.

(3) Untersuchungen aus dem Gebiete der Strafrechtswissenschaft, II. Abhandlung: Revision der Lehre von den angeblich straflosen Tödtungen, besonders S. 107 ff. Lehrbuch der Strafrechtswissenschaft §§ 107. 108.

(4) Neue Revision § 154, System § 37.

(5) Im Arch. d. Criminalrechts. N.F. 1848. Die Nothwehrtheorie. S. 552 ff. Mit der von Berner vorgeschlagenen Entgegensetzung von Naturnoth und Rechtsnoth, welche er jener von Lebensnoth und

dürfe, kann in der That zweifelhaft erscheinen. Seine Darstellung ist nicht recht klar. Während er an einer Stelle die Bedrohung des Lebens durch Naturgewalt, als Nothstand, derjenigen durch den Angriff eines denkenden Wesens, gegen welchen Nothwehr zusteht, ganz allgemein entgegensetzt, ja auch das gefährdete Eigenthum mit den Befugnissen des Nothstandes auftreten läfst und noch den Zwang durch Drohung dazustellt, so scheint er sich durch ausdrückliche Billigung von Abegg's Ansicht an einer anderen Stelle diesem anzuschliefsen, stellt dann die nach dem Früheren nicht zu erwartende Behauptung geradezu auf, dafs im Nothstande ein ausgedehnteres höheres Recht sich auf Kosten des mit ihm collidirenden geringeren Rechts erhalte, und beurtheilt die Tödtung eines angreifenden Thieres, als eines fremden Eigenthumsobjectes, aus diesem Gesichtspunkte. (6)

Rechtsnoth substituiren will, und welcher die Begriffe von Nothstand und Nothwehr entsprechen sollen, scheint zur näheren Bestimmung der Begriffe nichts gewonnen, um so weniger als er selbst in einem Fall entschiedener Rechtsnoth, wenn nämlich Drohungen Jemanden in die Lage versetzen, dafs er entweder das Recht eines Anderen angreifen, oder ein höheres eigenes Recht, vielleicht gar das Leben, aufgeben mufs, die Straflosigkeit aus dem Nothstande herleitet.

(6) Die älteren criminalistischen Schriftsteller bis zum Ende des achtzehnten Jahrhunderts beschränken, auf Grundlage der Artt. 166 und 175 der P. G. O., das Nothrecht richtig auf die Collision von Leben und Eigenthum; ja sie suchen es selbst innerhalb dieser Gränze noch einzuengen, wie unter Anderen Carpzov, Practica nova p. II, quaest. 83, §§ 40 u. 42 selbst in diesem Falle nicht Straflosigkeit, oder gar das Dasein eines Rechtes, sondern nur Befreiung von der poena ordinaria statuiren will. Indessen findet sich die Erweiterung desselben auf die Collision von Leben und Leben schon in den Schriften der alten Naturrechtslehrer. So erscheint schon bei Puffendorf, De jure naturae et gentium, lib. 2, cap. 6, § 4, bei Abhandlung des „jus et favor necessitatis", die „tabula in naufragio, duorum non capax", das von Fichte bespöttelte „berühmte Wunder-

Von Kant (7) hebt in der neueren Wissenschaft die Ausdehnung des Nothstandsbegriffes auf die Collision von Leben und Leben an, ja diesen Fall allein hat er unter der durch den Inhalt nicht gerechtfertigten Ueberschrift „das Nothrecht" abgehandelt. (Er nennt es dann später allerdings „ein vermeintes Recht".) Es könne nämlich, so argumentirt Kant, kein Strafgesetz geben, welches Demjenigen den Tod zuerkennete, der, im Schiffbruche mit einem Andern in gleicher Lebensgefahr schwebend, diesen von dem Brette, worauf er sich gerettet habe, wegstiefse, um sich selbst zu retten. Denn die durch das Gesetz angedrohte Strafe könne doch nicht gröfser sein, als die des Verlusts des Lebens des Ersteren (8). Nun könne ein solches Strafgesetz die beabsichtigte Wirkung gar nicht haben; denn die Bedrohung mit einem Uebel, das noch ungewifs sei, könne die Furcht vor dem Uebel, das gewifs sei, nicht überwiegen. Also sei die That der gewaltthätigen Selbsterhaltung nicht

brett der Schule". Für den Fall des Nothrechts im eigentlichen Sinne sind sie sich sämmtlich des wahren Rechtsgrundes nicht bewufst geworden. Statt Aller stehe hier eine Stelle aus Hugo Grotius, De jure belli ac pacis, lib. II, cap. 2, § 6: Hinc primo sequitur, in gravissima necessitate reviviscere jus illud pristinum rebus utendi, tanquam si communes mansissent; quia in omnibus legibus humanis, ac proinde et in lege dominii, summa illa necessitas videtur excepta. Im Hinblick auf die Entwicklung, welche die philosophische Betrachtung von Recht und Staat seitdem durchgemacht, darf man billig erstaunen, dieser Anschauung zur Begründung des Nothrechts noch bei einem Juristen der neueren Zeit zu begegnen, nämlich bei Oersted, Neues Archiv des Criminalrechts, V, Ueber das Nothrecht als ein einflufsreiches Princip der Strafrechtspflege. S. 348 ff.

(7) Metaphysische Anfangsgründe der Rechtslehre. Einleitung S. XLI.

(8) Mit Recht erkennt man hierin den Keim der Feuerbachschen Abschreckungstheorie.

etwa als unsträflich (inculpabile), sondern nur als unstrafbar (impunibile) zu beurtheilen, und diese subjective Straflosigkeit werde durch eine wunderliche Verwechslung von den Rechtslehrern für eine objective Rechtmäfsigkeit gehalten. Bei dieser Deduction der Straflosigkeit der Handlung im Nothstande aus der Unmöglichkeit der Abschreckung durch das Strafgesetz ist Kant von der Strenge seines Princips des Strafrechts wesentlich abgewichen. Denn nach diesem wird die Strafe wider den Verbrecher verhängt, weil er verbrochen hat, die Strafe ist ihm ein categorischer Imperativ, ein absolutes Postulat der practischen Vernunft, das keines weiteren Beweises, keiner Rechtfertigung aus der Unmöglichkeit der abschreckenden Kraft des Gesetzes bedarf. Wenn sich Kant darauf beschränkt hätte, die Handlungen in diesem Nothstande für einfach straflos zu erklären, so wäre dieser Auffassung, wenn auch nicht ihrer Begründung, im Princip zuzustimmen, allein durch seine weitere Behauptung, „dafs es keine Noth gebe, welche, was unrecht sei, gesetzmäfsig mache“ (S. XLII), hat er zugleich den Fall einer Collision von Leben und Eigenthum unter denselben Gesichtspunkt der blofsen Straflosigkeit gerückt, damit also ein wahres Nothrecht geläugnet. Er trägt darum sicher einen Theil der Schuld für die nun in der Theorie eintretende Vermischung dieser beiden durchaus verschiedenen rechtlichen Verhältnisse. Seine Verantwortlichkeit erstreckt sich freilich nicht auch darauf, dafs Feuerbach (9) diese verschiedenen Fälle unter eine ganz andere strafrechtliche Categorie, nämlich diejenige der Zurechnung, gebracht hat. In denselben,

(9) Lehrbuch des peinlichen Rechts § 91. Wir nennen Feuerbach als den bedeutendsten Vertreter dieser Richtung, die übrigen finden sich aufgezählt bei Köstlin, System S. 114, Note 2 u. 3.

und es wird die durch thätliche Drohung (vis compulsiva) veranlafste Handlung als dritter Nothfall hinzugefügt, soll, da selbst bei dem Bewufstsein des Strafgesetzes die mögliche Wirksamkeit desselben auf das Begehren aufgehoben werde, die Zurechnung ausgeschlossen sein. Diese Erweiterung des Nothstandbegriffes dem Umfange nach hat nun aber Beschränkungen desselben, als nothwendige Reaction dagegen, nach dem Inhalte zu hervorgerufen, wie die Freigebung der Nothwehr gegen den in Noth Angreifenden (10) und die Ausschliefsung oder Beschränkung des Rechtes Dritter, dem im Nothstande Befindlichen beizustehen (11), Beschränkungen, welche für das eigentliche Nothrecht unbedingt zu verwerfen, für die mit demselben hier gewaltsam verbundenen anderen Nothfälle nur zum Theil zu rechtfertigen sind. Die weiteren Beschränkungen, wie namentlich dafs der Nothstand unverschuldet gewesen sein müsse, dafs kein Excefs begangen, kein gelinderes Mittel ungebraucht geblieben sein dürfe, Beschränkungen, die einer gleichen Behandlung des Nothstandes und der Nothwehr ihre Entstehung verdanken, trifft Köstlin's Vorwurf mit Recht, dafs hier die mit einer Hand gewährte Freiheit durch die andere wieder im Keime erstickt werde (12).

(10) Breidenbach, Commentar über das Grofsherzoglich Hessische Strafgesetzbuch, I. Band, 1. Abtheilung, S. 528.

(11) Breidenbach, S. 529. Darin, dafs im hessischen Strafgesetzbuch Art. 45 nur die nächsten Verwandten unbedingt, das heifst auch wenn sie fremdes Leben angreifen, entferntere Verwandte und Fremde aber wenigstens dann straflos sind, wenn sie zum Schutze fremden Lebens fremdes Eigenthum verletzt haben, bricht unwillkürlich eine Anerkennung der verschiedenen Collisionsfälle durch.

(12) Diese Erweiterung des Nothstandsbegriffs ist auch beinahe von sämmtlichen deutschen Strafgesetzgebungen adoptirt worden. Sie haben auch in der Regel denselben mit dem Zwange unter

Wenngleich nun selbst Luden (13) den falschen Nothstandsbegriff in seiner weitesten Ausdehnung damit aufgenommen hat, dafs er den Nothstand definirt als den Collisionsfall zwischen der eigenen Erhaltung und der Begehung einer verbotenen Handlung, und die Gefahr für Leib oder Leben entweder von Naturereignissen oder durch rechtswidrige Drohungen begründet sein läfst, derselbe auch zu den meisten dieser Beschränkungen zustimmt (wie Verstattung der Nothwehr, Forderung eines unverschuldeten Nothstandes, bedingte Anerkennung des Rechtes Dritter, zu helfen), so ist er doch, was die rechtliche Natur dieser Handlungen betrifft, dem von Feuerbach gegebenen Anstofse nicht gefolgt. Die Handlung im Nothstande ist ihm eine Handlung ohne verbrecherische Willensbestimmung, und darum kein Verbrechen und straflos. Nur in Beziehung auf verbotene Handlungen kann eine verbrecherische Willensbestimmung gefafst werden: die

eine Rubrik gebracht. Ueber das Neue Preufsische Strafgesetzbuch von 1851, welches in Art. 40 nur des Zwanges gedenkt, vgl. Goltdammer, Materialien zur Strafgesetzgebung für die preufsischen Staaten, Th. 1, S. 414, nach welchem bei dem Schweigen des Gesetzes das Nothrecht in seiner richtigen Begränzung anerkannt wird. — Auf das Einzelne kann hier nicht eingegangen werden.

(13) Sowohl in den Abhandlungen aus dem gemeinen deutschen Strafrechte, II B. (Ueber den Thatbestand des Verbrechens.) S. 508 ff., als auch in dem Handbuch des Strafrechts I, § 46. Der Rechtsgrund der Handlungen im Nothstand ist in den Abhandlungen, in dem Handbuche sind die Bedingungen der Ausübung des Nothrechts ausführlicher entwickelt, dort mehr im Hinblick auf allgemeine Rechtsgrundsätze, hier mit überwiegender Berücksichtigung des deutschen Strafrechts. In derselben Weise rechtfertigt er im Handbuch S. 302 die Nothwehr, nachdem er dieselbe in den Abhandlungen II, S. 475 ff. unter den Gründen abgehandelt hatte, aus welchen die Rechtswidrigkeit der Handlung ausgeschlossen wird.

Handlung im Nothstande aber ist keine verbotene, weil das objective Recht, kraft dessen der Mensch in seiner rechtlichen Integrität existirt, ihm die Verbindlichkeit nicht auferlegen kann, in diesem seinem Rechte aus einem anderen, als einem rechtlichen Grunde, eine Beeinträchtigung zu erleiden. Durch Gewalt und Uebermacht, entweder von der Natur oder von anderen Menschen herkommend, kann zwar der Mensch in seinen Rechten bedroht und verletzt werden; aber er kann dem objectiven Rechte gegenüber nicht verbunden sein, sich denselben zu unterwerfen. Daraus folgt, dafs der Mensch dem objectiven Rechte gegenüber berechtigt sein mufs, einen Anderen zu verletzen, wenn er aufserdem selbst in einem Rechte verletzt worden sein würde, oder wenn die Verletzung des Anderen das einzige Mittel gewesen sein würde, sich selbst unverletzt zu erhalten.

Während Luden für den Nothstand das Verbrecherische der Handlung zurückweist, Kant die Rechtswidrigkeit, aber Unstrafbarkeit und Feuerbach die Unzurechenbarkeit setzt, so weist dagegen Fichte (14) das ganze Verhältnifs aus dem Rechtsgebiete hinaus. Er treibt den Kant'schen Satz, dafs es in dem Falle der Noth kein wirksames Strafgesetz geben könne, auf seine Spitze durch die Behauptung, dafs es hier gar kein Gesetz mehr gebe. Wenn er auch das „vorgebliche" Nothrecht zunächst nur für den Fall setzt, da zwei freie Wesen durch Naturcausalität in die Lage kommen, dafs Einer von Beiden sich nur durch den Untergang des Andern retten könne, so ist doch mit der Preisgebung des Lebens zugleich der Angriff auf jedes geringere Recht gestattet,

(14) Grundlage des Naturrechts nach Principien der Wissenschaftslehre, II, S. 250 ff. (III. Band nach der von J. H. Fichte besorgten Ausgabe der sämmtlichen Werke.)

oder, mit anderen Worten, die Collision von Leben und Leben mit der Collision von Leben und Eigenthum unter denselben Gesichtspunkt der Beurtheilung gestellt. Die Frage wird von ihm dadurch dem Gebiete des Rechtes entrückt, dafs er erklärt, die Rechtslehre, indem sie die Art und Weise des Zusammenbestehens freier Wesen feststelle, setze damit stets die Möglichkeit dieses Zusammenbestehens voraus. Mit dieser Möglichkeit falle nothwendig die Frage nach der Bestimmung der Möglichkeit, also die Frage nach dem Rechte, ganz und gar weg. Sonach gebe es kein Recht, das Leben des Anderen der eigenen Erhaltung aufzuopfern, es sei aber auch nicht rechtswidrig d. i. nicht streitend mit einem positiven Rechte des Anderen, das eigene Leben um den Preis des fremden zu erhalten. Die Natur habe die Berechtigung für Beide zu leben zurückgenommen, und die Entscheidung falle der physischen Stärke und der Willkühr anheim. Da aber dennoch beide betrachtet werden müfsten als stehend unter dem Rechtsgesetze, unter welches sie denn auch nach der That in Beziehung auf Andere wieder kämen, so könne man das Nothrecht beschreiben als das Recht, sich als gänzlich exemt von aller Rechtsgesetzgebung zu betrachten. — Damit dafs der Staat und das Recht gewufst werden als etwas Uranfängliches, mit der menschlichen Natur unmittelbar Gegebenes und darum stets und überall Vorhandenes, das durch Vertrag nicht gegründet, durch Vertrag nicht erhalten, durch die Gewalt natürlicher Zufälle nicht aufgehoben werden kann, stürzt die Möglichkeit eines vom Staate eximirten Zustandes zusammen, in welchem statt der absoluten Herrschaft des Rechtes diejenige der rohen physischen Stärke erstehen konnte. Fichte, die bedenklichen Consequenzen aus dieser Anerkennung der rohen Gewalt fühlend, beschränkt die Herrschaft der Willkühr darum selbst, indem er einwirft, die durch das Rechtsgesetz nicht bestimmte Willkühr stehe unter einer höheren Gesetzgebung, der moralischen, diese enthalte die Verordnung für diesen Fall der Noth, indem sie sage: Thue überhaupt Nichts, sondern überlasse die Sache Gott, der dich wohl retten kann, wenn es sein Wille ist, und dem du dich übergeben mufst, wenn es sein Wille nicht ist. Mit dieser Wendung wird dann die Entscheidung der physischen Stärke entrissen und einem geduldigen Fatalismus an ihrer Statt überwiesen. Dieses ist aber ebenso wenig das Gesetz einer thatkräftigen Sittlichkeit, als das Recht ein Recht kennt, sich von dem Rechte eximirt zu betrachten, oder mit andern Worten, ein Recht, Unrecht zu thun. Von den Strafrechtslehrern folgen dieser Ansicht namentlich v. Grolman, Wächter und Schröter (15).

(15) v. Grolman, Grundsätze der Criminalrechtswissenschaft, § 23, wo die Frage für das „allgemeine", § 138, wo dieselbe für das positive deutsche Criminalrecht entschieden ist. „Ein Verhältnifs von Zwangsrechten und Zwangsverbindlichkeiten zwischen dem Verletzer und dem Verletzten findet dann nicht statt, wenn neben den Rechten des Verletzten überhaupt, oder neben bestimmten Rechten desselben die Coexistenz des Verletzers physisch unmöglich ist." Er scheint sich des Ungenügenden seines Princips selbst bewufst geworden zu sein, indem er in der Anmerk. zu § 23 für den Fall des Nothdiebstahls die Aufhebung des Rechtsverhältnisses von der Nichtexistenz genügender Armenanstalten abhängig macht, weil, wenn dergleichen wirklich bestehen, derjenige, welcher diese anzugehen verschmähe, aus der willkührlich erhaltenen Noth keinen Grund ableiten könne, welcher die Verletzung des Einzelnen unter den Begriff der Rechtsverletzung und des Verbrechens zu subsumiren verböte. Wächter, Lehrbuch I, § 55. Er hat allerdings zunächst nur den Fall einer Collision von Leben und Eigenthum im Auge. Schröter, Handbuch des peinlichen Rechts, I, S. 145, Note. Vgl. auch Tittmann, Vorträge und Urtheile über merkwürdige Straffälle aus Acten, S. 49, welcher ein in einem Falle des

Diese verschiedenen Auffassungsweisen des Nothstandes, wie sie bisher besprochen worden, hat nun Grattenauer (16) aufgerafft und rein äuſserlich zusammenge-

Nothstandes ergangenes Urtheil des Schöppenstuhls zu Wittenberg (1809), in dessen Entscheidungsgründen dieselbe Auffassung enthalten ist, mittheilt.

(16) Ueber die Nothwehr. Ein Beitrag zur wissenschaftlichen Behandlung des Criminalrechts. Breslau 1806. S. 48 ff. In dieser Monographie werden an ein Erkenntniſs des Criminalsenates der Oberamtsregierung in Glogau wider den Müller Meschter, welches diesen wegen einer von ihm an dem in seine Wohnung zum Zwecke des Diebstahls mittelst Einbruchs eingedrungenen Exner ausgeführten Tödtung wegen rechter Nothwehr freigesprochen hatte, theoretische Ausführungen über das Wesen und die Bedingungen der Nothwehr geknüpft. Zur Signatur des rechtswissenschaftlichen Standpunktes des Verfassers mag folgende Auslassung desselben genügen: Die Straflosigkeit des Meschter wird daraus abgeleitet, daſs in Exner, einem zur Deportation nach Sibirien bestimmten Verbrecher, „eine auſser dem Rechte gestellte Person, die aufgehört habe, Person zu sein, und rechtlose Sache geworden sei, da ja an einem Geächteten, Verwiesenen und Verbannten kein Verbrechen begangen werden könne", getödtet worden sei. Dies wäre nun, „da jedes Verbrechen dergestalt vom Staate ausschlieſst, daſs der Bürgervertrag vernichtet, und mithin jeder Verbrecher rechtlos und vogelfrei werde, an sich gar keine Singularität." Allein diese Strenge des Princips sei in Preuſsen gemildert, „weil sich die vaterländische Staatsgewalt überzeugt halte, ihren Zweck ohne Realisirung dieser absoluten Ausschlieſsung, wenige Fälle ausgenommen, erreichen zu können." Zu diesen Ausnahmen gehören aber „Diejenigen acht und fünfzig aus den inländischen Strafanstalten ausgehobenen incorrigibeln Verbrecher, welche im Jahre 1802 in die sibirischen Bergwerke deportirt seien. Die Deportation gründe sich zwar auf kein criminalrichterliches Urtheil, sondern auf einen an dessen Stelle getretenen Regierungsbeschluſs; auch sei sie nicht als Strafe, sondern als Polizeimaſsregel realisirt. Daraus entstehe aber, was die Rechtlosigkeit der Deportirten betreffe, deshalb kein Bedenken, weil nur solche Verbrecher deportirt seien, welche sich sogar während der Strafe als gefährliche Feinde der bürgerlichen Gesellschaft gezeigt hätten und des bürgerlichen Todes schuldig befunden worden

stellt. Bei ihm erscheinen die Aufhebung alles rechtlichen Verhältnisses (womit die Verbindlichkeit des das Nothrecht Ausübenden zur Rückgabe und zur Entschädigung schlecht stimmt) und gleichwohl das Nothrecht als reines Unrecht, die Unmöglichkeit der abschreckenden Wirkung des Strafgesetzes und endlich die Behauptung blofs subjectiver Straflosigkeit der Handlung.

Im Gegensatze zum Nothrecht, innerhalb seiner rechten Gränzen gefafst als das Recht der Selbsterhaltung im Falle der Collision des Lebens des Einen mit einem beschränkten Rechte des Andern, sind jetzt diejenigen Verhältnisse zu bestimmen, welche wir oben unter der generellen Bezeichung des Nothstandes diesem gegenübergestellt haben. Obgleich dieselben einer gleichen rechtlichen Beurtheilung nicht unterliegen, so ist doch die Unterordnung derselben unter die weitere Benennung des Nothstandes darum gerechtfertigt, weil der in denselben erfolgende Eingriff in die Rechte eines Menschen durch eine Gefahr des Handelnden, also eine Noth desselben, bedingt ist. In diese Categorie gehören die Fälle einer Collision gleich starker Rechte (Leben gegen Leben, Eigenthum gegen Eigenthum), die Lage desjenigen, der durch Drohung (vis compulsiva, psychologische Gewalt), und desjenigen, der durch physische Gewalt (vis absoluta) zu einer Verletzung der Rechte eines Anderen genöthigt wird. In dem ersten Falle kann von einem Rechte des

wären. Deshalb dürfte sie der Staat auch als blofse Mittel zum Zwecke der inneren Ruhe und Sicherheit betrachten, ihre Rechtsfähigkeit wäre damit von selbst aufgehoben u. s. w.« Dafs auf dieser Stufe juristischer Auffassung auch die Darstellung der Nothwehr aus den Quellen, vor Allem aus denjenigen des deutschen Rechtes, aller begrifflichen Schärfe entbehren und mit willkührlichen Zuthaten aller Art ausgestattet sein müsse, begreift sich von selbst.

Einen, das Leben oder das Eigenthum des Anderen, welche mit dem gleichen Anspruch auf rechtliche Anerkennung ausgestattet auftreten, zu verletzen, nicht gesprochen werden. Wenn der Eine zu seiner Handlung als berechtigt angenommen werden sollte, so müſste der Andere zuvor sein Recht verloren haben; allein es ist kein rechtlicher Grund vorhanden, dem Einen einen Verlust seiner Rechte zuzuerkennen, weil der Andere in Gefahr steht, die seinigen zu verlieren. Da die Möglichkeit, mit Willkühr sich selbst zu bestimmen, in einer Lage nicht ausgeschlossen ist, in welcher der Mensch noch mit Rücksicht auf einen bestimmten Zweck, nämlich die Erhaltung der eigenen Rechte, handelt, so ist es unstatthaft, hier eine Aufhebung der Zurechnungsfähigkeit anzunehmen. Und es kann die Handlung auch nicht als im objectiven Rechte, durch welches der Mensch in seiner rechtlichen Integrität existirt, gerechtfertigt erscheinen, weil auf dieses die rechtliche Existenz des Einen ebensowohl gegründet ist, als diejenige des Anderen. Es ist vielmehr die Handlung desjenigen, welcher, um sein Leben, sein Eigenthum zu retten, dasjenige des Anderen angreift, unbedingt verbrecherisch. Allein weil die Strafbarkeit einer Handlung subjectiv gemessen wird an der Beschaffenheit des Willens des Handelnden, an dessen Selbstständigkeit, Bestimmtheit und Beflissenheit, so muſs dieselbe da eine geringere sein, wo der Wille nicht aus freiem Antriebe das Verbrechen erzeugt hat, sondern besondere äuſsere Reizmittel auf die Bestimmung desselben gewirkt haben. Mit der Intensität des verbrecherischen Willens steigt und fällt die Intensität der verbrecherischen Schuld. Ein solches äuſseres Reizmittel liegt in einem Nothstande, in welchen elementare Kräfte den Menschen versetzen, die durch denselben hervorgerufene innere Aufregung muſs daher eine die Strafbarkeit der in demselben begangenen Handlung verringernde Wirkung haben. Solcher Reizmittel kennt das Strafrecht noch mehrere: denn es ist aus demselben Grunde, warum einer der That vorangehenden Beleidigung, einer besonders verlockenden Gelegenheit und der das Verbrechen erzeugenden Verführung ein strafmindernder Einflufs zugeschrieben wird. Es soll indessen mit dieser Auffassung des Nothstandes nicht geläugnet werden, dafs in demselben jene durch die Noth hervorgerufene innere Aufregung einen so hohen Grad erreichen könne, dafs die Möglichkeit zu handeln, das ist mit Willkühr sich zu bestimmen, aufgehoben, und dann aus diesem Grunde die Zurechnungsfähigkeit des Bedrängten und die Zurechenbarkeit seines Thuns ausgeschlossen sein müsse (17).

Ganz dieselben Grundsätze und aus denselben Gründen entscheiden für die Beurtheilung der Handlung, welche unter dem Einflusse eines psychischen Zwanges vorgenommen wird. Dafs hier die Möglichkeit zu handeln nicht unbedingt ausgeschlossen ist, erkennt auch das Civilrecht, welchem die durch Drohung veranlafste Handlung nicht eine nichtige, sondern nur eine durch verschiedene Rechtsmittel anfechtbare ist, „weil sie, wie natürlich, so auch juristisch existirt" (Puchta), während sie allerdings, wie im früheren Falle, mit Rücksicht auf die Individualität des Drohenden, die Gemüthslage des Bedrohten, Art, Ort und Zeit

(17) Herrmann, Zur Beurtheilung des Entwurfs eines Criminalgesetzbuchs für das Königreich Sachsen S. 147 meint sogar, in solchem Collisionsfalle mache sich, da ein Vorzug des einen Rechts vor dem andern nicht entscheiden könne, die Macht des Zwanges, welche dem Recht inne wohne und welche auch Recht sei, soweit geltend, als es ihr möglich sei, und wenn darüber das Gut (auch das Leben) des Anderen zu Grunde gehe, so sei es nur physisch dem Rechte, nicht dem Unrechte des Mächtigeren unterlegen.

der Drohung ausgeschlossen sein kann (18). — Was die dritte Form des Nothstandes, die durch die Anwendung eines physischen Zwanges verursachte Noth, betrifft, so ist man darüber mit Recht einverstanden, dafs ein dadurch hervorgebrachter rechtsverletzender Erfolg demjenigen, welcher denselben äufserlich hervorgebracht, nicht zugerechnet werden kann. Der Mensch wird hier zum willenlosen Werkzeuge, welches entweder die Kräfte anderer Menschen, oder mechanische oder organische Naturgewalten (19) zur Hervorbringung einer Verletzung der Rechte der fremden Persönlichkeit mifsbrauchen.

Während nun in dem Falle des Nothrechts und demjenigen des Nothstandes überall eine Collision von Rechten, die entweder in verschiedener oder gleicher Stärke einander gegenüberstehen, vorliegt, so kann von einer Collision da nicht geredet werden, wo das Recht dem Unrecht sich entgegenstellt. Denn das Unrecht ist, weil das Recht absolut unaufhebbar, an sich nichtig und mufs in seiner Nichtigkeit manifestirt werden. Hierin, in

(18) Es ist bemerkenswerth, dafs Henke, Handbuch des Criminalrechts und der Criminalpolitik I, S. 337, obgleich der psychische Zwang bei ihm unter den Gründen erscheint, welche eine willkührliche Bestimmung des Willens ausschliefsen, eine Zurechnung des von dem Bedroheten begangenen Verbrechens zur Fahrlässigkeit zuläfst, deren Grade in jedem einzelnen Falle zu berechnen seien nach dem Verhältnifs des gedrohten Uebels zu dem Uebel des Verbrechens, und nach der gröfseren oder geringeren, durch die Individualität der Personen bedingten, Verwirrung, worin der Bedrohte sich befand.

(19) Berner, Grundlinien der juristischen Imputationslehre S. 54 nimmt, neben mechanischen und organischen, als dritte Art, physikalische Kräfte an, denen er z. B. die durch eine Electrisirmaschine oder in krankhaften Zuständen wirksam gewordenen physikalischen Zufälle hervorgebrachten Zuckungen zuschreibt. Er selbst vindicirt dieser Unterscheidung nur ein theoretisches Interesse.

dieser Nichtigkeit des Unrechts, welches zwar eine äufserliche Existenz, aber eine in sich nichtige hat, wurzelt das Recht des Staates zu strafen, das Recht des Einzelnen zur Nothwehr. Der Staat und der Einzelne sind nur verschiedene Werkzeuge, durch welche das Recht seine Anerkennung durchsetzt; beide sind aber zu diesem Zwecke in gleicher Weise nothwendig. Die Aufgabe ist, die Gränze aufzuzeigen, welche dem Einschreiten des Individuums im Verhältnifs zu demjenigen des Staates gesteckt ist; erst jenseits dieser Gränze beginnt die unerlaubte Selbsthülfe. Darum mufs es im Staate und durch den Staat eine Reaction geben gegen zukünftiges Unrecht, dessen Eintreten der Staat nicht zuvor weifs; denn dürfte dieses bestehen, so würde damit dasselbe als Recht gesetzt werden. An dieser Stelle tritt die persönliche Kraft des Individuums zu ihrem eigenen Schutze und damit zur Durchsetzung des Rechtes selbst gegen das Unrecht ein: sie thut dies kraft ihres ursprünglichen Vertheidigungsrechtes, welches der Staat da anerkennt und anerkennen mufs, wo seine schützende Gewalt dem Unrecht zu begegnen nicht im Stande ist (20). Die Nothwehr ist demnach das dem Individuum gegen drohendes, durch die Macht des Staates nicht abwendbares Unrecht zu

(20) Mit Recht sagt Sander, Beiträge zur Lehre von der Nothwehr, im Archiv des Criminalr., Neue Folge 1841, dafs die Nothwehr kein aufserstaatliches natürliches Recht sei, sondern dafs sie vollständig aus dem Staate, als der Vereinigung der Menschen zu einer vernünftigen rechtlichen Gesellschaft, dadurch entspringe und begründet werde, dafs der Staat nichts anderes wolle als Herrschaft des Rechts, und dafs er desshalb dem einzelnen in seinem Rechte Angegriffenen die Befugnifs ertheile, für den Staat und im Namen des Staats sein angegriffenes Recht da geltend zu machen, wo sich der Staat aufser der Lage befinde, mit der Kraft des Gesetzes dieses selbst zu thun.

seinem eigenen oder dem Schutz eines Dritten zustehende Recht (21) der Vertheidigung. „Sie ist nicht Rache, weil sie nicht das verletzte subjective Rechtsgefühl in seiner Unendlichkeit zum Princip, sondern objective Gränzen hat, durch deren Verläugnung sie selbst zum Unrecht wird. Sie ist nicht Strafe (22), weil sie von einem Individuum ausgeht, und als Vertheidigung gegen ein erst drohendes, mithin maſsloses Unrecht nicht an das Princip der Wiedervergeltung gebunden sein kann." Die objective Wiederherstellung des Rechts aus seiner Verletzung und die Tilgung der verbrecherischen Schuld in dem Inneren des Verbrechers geschieht durch den Staat in der Strafe des Verbrechens : durch seine Gerichte straft derselbe, wenn ein Verbrechen begangen ist. Seine Reaction gegen das Unrecht richtet sich aber auch gegen die bloſse Möglichkeit desselben : durch seine Polizei beugt er der zukünf-

(21) Mit Unrecht sagt daher Martin, Lehrbuch des Criminalrechts § 43 : Verbrecherisches Thun oder Unterlassen kann im einzelnen Falle ausnahmsweise völlig rechtmäſsig sein; eine solche Ausnahme ist die Nothwehr.

(22) Den Gegensatz des Rechtes zu strafen und des Rechtes der Sicherung, zu welchem das Recht der Nothwehr als eine Form desselben gehört, hat Schröter, Handbuch, I, S. 52 ff. richtig dahin bestimmt, daſs jenes sich auf eine Verletzung des Rechtes, dieses sich auf eine Bedrohung desselben bezieht, jenes gegen eine bereits vorhandene Wirkung, dieses auf die bloſse Möglichkeit einer folgenden Wirkung gerichtet ist. Seine weitere Bemerkung, daſs die Rechtsbedrohung darum auch nicht nach den Gesetzen der Wahrheit, sondern nach den Erfordernissen der Wahrscheinlichkeit beurtheilt werde, daſs es mithin dabei nicht auf die innere Beschaffenheit der Handlung selbst, sondern bloſs auf die äuſsere Gestalt derselben ankomme, ist von eben so hoher Bedeutung für die Feststellung der Bedingungen der Nothwehr, als jene Unterscheidung den richtigen Standpunkt für die Bestimmung der Gränzen angiebt, an welchen eine Ueberschreitung, ein strafbarer Exceſs beginnt.

tigen Begehung von Verbrechen vor. Er wird dabei unterstützt durch die sittlichen Organismen der Kirche, der Familie, der Schule, die jede innerhalb ihrer eigenthümlichen Sphäre gegen das Unsittliche, und damit gegen die Möglichkeit des Verbrechens, reagiren. Allein es reicht dies noch nicht aus, wenn nicht das Recht der Vertheidigung hinzutritt; „denn die Strafe hat die wirkliche Erscheinung des Unrechts in der Form des Verbrechens zu ihrer Voraussetzung; die polizeiliche Vorbeugung erstreckt sich nicht auf den Einzelnen und das Einzelne, nicht auf die singulären Willensacte der Individuen, sondern beschränkt sich auf die allgemeinen und constanten Möglichkeiten und Formen ihrer Bewegung". (23)

Wenn nun diese Vertheidigung keine Verletzung desjenigen, der sie veranlafst hat, hervorbringt, reine Abwehr des widerrechtlichen Angriffes bleibt, so ist für den Staat und sein Strafrecht keine Ursache vorhanden, davon Kenntnifs zu nehmen. Der Angreifer bestreitet das Recht des Angegriffenen weiter nicht, welches jener in der Vertheidigung einfach geltend gemacht hat. „Dadurch dafs eine Handlung zum Zwecke des eigenen Schutzes eines Rechtes vorgenommen wird, wird

(23) Wir haben uns mit dieser Auffassung des Rechtsgrundes der Nothwehr im Wesentlichen Köstlin angeschlossen (Neue Revision §§ 188 u. 189, System § 28.) und dies in der Aufnahme seiner Begründung gern ausgesprochen: es bleibt der eigenen Arbeit noch genug, deren Schwerpunkt wir in die geschichtlichen Untersuchungen und die Analyse und Formulirung der Momente des Begriffs der Nothwehr in den vier folgenden Abschnitten verlegen. Uebrigens wird auch selbst für diese durch die Leistungen dieses Forschers, welcher im System die begrifflichen Categorien der Neuen Revision mit concretem Rechtsstoff erfüllt, und so sein im Eingange der Revision gegebenes und um der dort gewonnenen Resultate willen von der Wissenschaft freudig acceptirtes Versprechen gelöst hat, das Werk jedes späteren Bearbeiters unendlich erleichtert und zugleich unendlich erschwert.

sie, wenn sie sonst erlaubt ist, so wenig widerrechtlich, als eine widerrechtliche damit entschuldigt werden kann" (Puchta). Es ist wahre unerlaubte Selbsthülfe, die richterliche Gewalt zu umgehen da, wo dieselbe den Beruf hat, einzuschreiten, nicht aber, dieselbe zur Anerkennung eines ganz unbestrittenen Rechtes nicht anzurufen. Für den Fall aber, dafs aus der Vertheidigung eine Verletzung des Angreifenden hervorgehen sollte, setzt das Recht die Bedingungen fest, unter welchen eine solche Verletzung, in welcher sonst äufserlich ein Erfolg vorliegt, welchen der Staat, als Schützer des öffentlichen Rechtsfriedens, nicht dulden darf, als gerechtfertigt erscheinen soll. Denn so wenig der Staat die Herrschaft des Rechts nach seiner schrankenlosen Willkühr darstellt, sondern sie nach bestimmten Grundsätzen und Gesetzen ordnet, ebenso wenig kann der in der Nothwehr Begriffene nach Willkühr sein Recht erhalten und vertheidigen. Ihn bindet wieder der Staat durch seine Gesetze an die Gränze, die freilich, als gegen zukünftiges incommensurables Unrecht gerichtet, nicht im Voraus abstract, wie die Strafe, welche das begangene Verbrechen als Grundlage und Mafsstab hat, festgesetzt werden kann, nicht weiter in der Nothwehr zu gehen, als zum Siege des angegriffenen Rechts nothwendig ist. So wird die Nothwehr, das heifst das Recht der mit einer Verletzung der Rechte des Angreifers verbundenen Selbstvertheidigung im Falle der Noth, zu einem bestimmten rechtlichen Verhältnisse, dessen Bedingungen im Strafrechte festgestellt werden müssen. Das ist indessen gleichgültig für die Bestimmung des Begriffes der Nothwehr, ob die Verletzung in einfacher Abwehr oder in einem Gegenangriff (was z. B. Henke, Handbuch, Band I, S. 210 betont) entstanden sei, wenn nur überhaupt eine Verletzung vorliegt. Ebenso ist es eine practisch unfruchtbare Controverse, über die theoretisch allerdings begründete Unterscheidung der Nothwehr in eigentliche und uneigentliche Nothwehr zu streiten. Versteht man unter eigentlicher Nothwehr nur die Vertheidigung durch Gegenangriff, so ist diese Bestimmung zu enge und darum unrichtig; fafst man aber die uneigentliche Nothwehr als die Vertheidigung ohne darauf folgende Verletzung, so ist dies eben eine zwar begrifflich richtige, aber für das Strafrecht nutzlose Erweiterung dessen, was sprachlich und historisch in dem Worte Nothwehr, als einem dem Strafrecht angehörigen, gelegen ist (24).

Die grofse äufserliche Mannigfaltigkeit der Ansichten über das Wesen und den Rechtsgrund der Nothwehr (25)

(24) Einen eigenthümlichen Gebrauch von dieser Eintheilung, welche auch dem preufsischen Landrecht, II. Th., 20. Tit., 9. Abschn., §§ 517 u. 518 zum Grunde liegt, macht Luden. (Davon an anderer Stelle.)

(25) Nur beiläufig wollen wir hier der Ansichten der älteren Juristen des sechszehnten. siebzehnten und achtzehnten Jahrhunderts, die indessen in dieser Frage kaum zu den ersten Anfängen juristischer Begründung, über vages allgemeines Raisonnement hinaus, gelangt sind, erwähnen. So sagt Clarus, Receptt. sententt., lib. V, § Homicidium : Est enim indubitata juris conclusio, quod homicidium factum ad sui defensionem non est punibile, cum licitum sit unicuique vim vi repellere. Damhouder, Praxis rer. crim., Cap. 76 : Ob defensionem quempiam occidere, juxta sacratissimas leges civiles permitti. Carpzov, I, q. 28, nr. 2 sqq. : Si enim nefas est, hominem homini insidiari, sequitur quod fas sit, insidianti homini resistere, et injuriam per defensionem propulsare, adeoque vim vi repellere. Idque non solum de jure civili, sed et naturali et canonico jure verum est, quo defensio nedum hominibus, sed etiam brutis animalibus permissa. Idque non solum in foro politico, sed etiam in foro poli et conscientiae verum est. Quinimo, qui mavult perire, quam adversarium propellendo caedem perpetrare, vel maxime peccat, non solum contra seipsum, dum sui ipsius dilectionem negligendo quasi seipsum necare intendit, sed et

— und nur dieser soll hier zunächst besprochen werden, während die Untersuchung der Bedingungen im Zusammenhange der Darstellung des heutigen Rechts gegeben werden wird — läſst sich auf zwei Grundrichtungen zurückführen. Die eine gründet sich darauf, daſs gegen einen widerrechtlichen Angriff, gegen welchen der Staat nicht schützen könne, das ursprüngliche, vor allem Staat vorhandene Vertheidigungsrecht wiedererwache, weil sich der Mensch, da er in den Staat eingetreten, nur unter der Bedingung desselben begeben habe, daſs ihm der Staat den nothwendigen Schutz gewähre; oder daſs in einem solchen Falle der Noth gar alles rechtliche Verhältniſs, der Staat selbst aufgehoben sei, und um der Unmöglichkeit der Coexistenz willen, auf deren Möglichkeit der Rechtszustand beruhe, an seiner Statt ein Verhältniſs eintrete, auf welches die Categorieen von Recht und Unrecht nicht mehr angewendet werden dürften. Die andere nimmt von dem Hegel'schen Satze von der inneren Nichtigkeit des Unrechts ihren Ausgang (26). Jener steht die

adversus Deum, contra cujus voluntatem de sua statione, in quam collocatus est, discedit; nec non adversus Rempublicam, cui se suosque labores et operas subducit ante tempus, simulque laedit publicam tranquillitatem, et proximi emendationem, dum ipsius patientia perversorum hominum improbitas et malitia ad majora scelera deinceps perpetranda irritatur. — In dieser Weise argumentiren auch die Uebrigen, daneben sich auch wohl ausdrücklich berufend auf die heilige Schrift (Exodus), wie Matthaeus, De crim. ad D. 48, 5, Stephani, Caroli V Constitt. crim. ad art. 139, oder auf Cicero pro Milone, wie Leyser, Meditatt. ad Pand. IX, spec. DC.

(26) Was die Neueren betrifft, so findet sich eine principielle Untersuchung des Rechtes der Nothwehr noch nicht bei Kant; denn nur beiläufig, bei Gelegenheit der Darstellung des Nothrechts, anerkennt er ein jus inculpatae tutelae, also ein Recht des Schutzes gegenüber

Einwendung entgegen, dafs die absolute sittliche Nothwendigkeit des Staates ein solches unter Bedingungen geschehenes Eintreten und bedingungsweise vorbehaltenes Austreten aus dem Staate schlechthin nicht zuläfst, dafs ein ursprüngliches vor allem Staate vorhandenes Vertheidigungsrecht darum nicht wiedererwachen kann, weil ein durch dasselbe vorausgesetzter vorstaatlicher Naturzustand nicht existirt und nur von denen hat angenommen werden können, welche die anthropologische Nothwendigkeit des Staates verkannt und in unentwickelten Staatsformen den Staat nicht zu erkennen vermocht haben, dafs aber, wie wir schon bei Gelegenheit derselben Auffassung des Nothstandes hervorgehoben, gar ein von Staat und Recht eximirter Zustand innerhalb des Staates gar nicht gedacht werden kann; diese geht von der rechten Grundlage aus, wenn sie auch noch ein weiteres Moment zu Hülfe nehmen mufs, um die Vernichtung des Unrechts durch den Einzelnen im concreten Fall als nothwendig zu rechtfertigen.

Zu jener Auffassung bekennt sich Feuerbach (27), welcher durch einen rechtswidrigen Angriff das Recht der Vertheidigung für den Fall der Unmöglichkeit des Staats-

einem ungerechten Angreifer des Lebens, dem man durch Beraubung des seinigen zuvorkommen dürfe, bei welchem die Anempfehlung der Mäfsigung (moderamen) nicht einmal zum Recht, sondern zur Ethik gehöre. (Metaphys. Anfangsgründe S. XLI.)

(27) Lehrbuch § 36. Morstadt in seiner Ausgabe Feuerbach's macht zu § 37 die sonderbare Bemerkung, dafs sich Nothstand und Nothwehr zu einander verhalten, wie Armuth und Bettel, die erstere sei ein status, der letztere aber ein actus, welcher aus jenem status entsprosse; er fügt noch das bizarre Gleichnifs hinzu, Sperling und Kuckuk seien sehr verschiedenartig, wenngleich im selben Neste ausgebrütet. Mit solchen Gleichnissen ist für die juristische Begründung eines Verhältnisses nichts gewonnen, um so weniger, wenn sie, wie hier, entschieden gar nicht zutreffen.

schutzes entstehen, und jedes Recht des Angreifers, dessen Verletzung nothwendige Bedingung zur Festerhaltung der eigenen Rechte des Angegriffenen ist, durch den Angriff aufgehoben sein läfst, da sich auf den Fall der Unmöglichkeit der Staatshülfe die Entäufserung der Privatgewalt nicht erstreckt habe. Henke (28) läfst das Recht des eigenen Zwanges und Gerichtes wiederaufleben. Nach Abegg (29) ist die Nothwehr die durch den Nothstand

(28) Handbuch I, S. 206.

(29) Untersuchungen S. 111—113. Lehrbuch § 109. Wenn wir Abegg an dieser Stelle aufführen, so hat dies seinen Grund in dessen polemischer Wendung gegen Heffter, dem er einwirft, dafs, wenn dieser die Nothwehr darauf gründe, dafs Unrecht etwas an sich Nichtiges und unter keiner Bedingung zu Duldendes sei, aus diesem an sich richtigen Satze noch nicht die Berechtigung des Angegriffenen folge, diese Nichtigkeit des Unrechts durch seine Gewalt zu offenbaren, und dafs derselbe, indem er die Befugnifs namentlich nicht durch den Nothstand rechtfertige, consequent jede Eigenmacht zulassen müsse; aus jener richtigen Bezeichnung des Unrechts gehe vielmehr nur hervor, dafs es im Wege Rechtens und durch den Staat und dessen Hülfe aufgehoben werden müsse, und es könne die in dem Nothstande liegende Berechtigung als nothwendiger Grund und Voraussetzung nicht geläugnet werden. Heffter ist übrigens durch die Bemerkung in Note 1 zu § 41, dafs dem Staate die Vernichtung des Unrechts überlassen werden müsse, wenn dieser einschreiten könne, gegen Abegg's Einwurf geschützt, welchem hinwieder Köstlin, Revision S. 711 den Vorwurf macht, dafs darin, dafs ihm hier die Person als Quelle des Rechts, nicht als blofser Träger gelte, ein Widerspruch mit dem Grundgedanken des Systems, dem er sonst huldige, zu Tage liege. — Indem Abegg im Falle der Noth das Recht des Schutzes vom Staat auf das Individuum, und damit das individuelle Recht des widerrechtlich Bedrohten in das allgemeine höhere des Staates übergehen, und darum die nothwendige Unterordnung der anderen Sphäre als einer unberechtigten, welche Strafe verwirkt habe, und welcher, obschon die Handlung des Einzelnen gegen ihn nicht Strafe im juristischen Sinn genannt werden könne, doch nur Gerechtigkeit widerfahre, eintreten läfst, löst er die vermeintliche Collision (denn es steht

gerechtfertigte Eigenmacht und gewaltsame Vertheidigung gegen den Urheber des Collisionsfalles; das Recht liegt ihm in der Noth, welche einen Kampf für das Wohl und die Existenz herbeiführt, wodurch der Schutz, den sonst der Staat leistet, hier aber nicht gewähren kann, als Berechtigung auf den Angegriffenen, kraft seines ursprünglichen Vertheidigungsrechtes, übergeht. Nach Grolman (30) ist hier für den Menschen der Staat praktisch nicht mehr vorhanden. Grattenauer (31) wiederholt nur seine zur Beurtheilung des Nothstandes gemachten Ausführungen mit geringen Modificationen zur Begründung des Rechts der Nothwehr. Zöpfl (32) sieht in der in Nothwehr verübten Tödtung, Verwundung oder Mifshandlung eine der Form nach gesetzwidrige Handlung, eine Missethat, welche die Gesetzgebung in Berücksichtigung des Nothstandes entschuldige, ignorire. Dieser Nothstand ist ihm (nach Fichte) die absolute Negation alles Rechtszustandes; darum könne die Handlung nicht Unrecht sein, weil, wo das Recht als Prädicat eines Zustandes zu denken nicht möglich sei, auch seine Negation nicht gedacht werden könne, aber auch als ein Recht, als eine Befugnifs, welcher die Verbindlichkeit des Anderen entspreche, sich die Ausübung derselben gefallen zu lassen, könne sie von der

ja das Recht gegen das Unrecht) in derselben Weise, wie im Falle des Nothrechtes.

(30) Grundsätze § 24. Dieselbe Auffassung hat die Schrift: Ueber Injurien, Hausrecht, Nothwehr und Duelle nach preufsischem Recht. (Berlin 1827.) S. 107. Auch Grävell, Ueber die Theorie der Injurien, der Schmähschriften und der Nothwehr, im Neuen Archiv, III, S. 280 ff.

(31) Ueber die Nothwehr, S. 58 u. 59.

(32) Beiträge zur Revision der Lehre von der Nothwehr, im Archiv, Neue Folge, 1843, S. 42 ff.

Gesetzgebung, deren ganze und einzige Tendenz die Normirung des regelmäfsigen socialen Zustandes sei, um der im Nothstande liegenden Abnormität willen nicht erklärt werden. Wie schlimm es für den ehrenhaften Bürger wäre, bemerkt Köstlin, wenn der Schlufs, dafs das Handeln im Nothstande nicht als Recht, sondern nur als Ausnahme vom Recht prädicirt werden dürfe, je legislative Anerkennung erhalten sollte, wollen wir unerörtert lassen, weil derselbe zum Glücke ebenso theoretisch unrichtig, als seine Consequenz unpraktisch ist. Es ist aber dieser Auffassung, welche auch an dem inneren Widerspruche leidet, dafs Zöpfl die Handlung im Nothstande, indem er sie nicht für Unrecht erklärt, was sie nur unter Voraussetzung des Bestehens des Rechtszustandes wäre, damit selbst als Recht setzt, weil es zwischen Recht und Unrecht kein Mittelding giebt, um so entschiedener entgegenzutreten, als dieselbe, so sehr sie auch dem innersten Wesen der germanischen Rechtsanschauung vom Vertheidigungsrechte widerspricht, in dasselbe hineininterpretirt, und zugleich als die ächt historische und nationale sogar dem Rechtsbewufstsein der Gegenwart zur Aufnahme in die neuen Strafgesetzgebungen empfohlen worden ist (33).

(33) Wir könnten als Vertreter dieser Richtung noch viele andere Schriftsteller aufführen. Wir begnügen uns indessen hinzuweisen auf Smet, Dissertatio de legitima sui defensione (Lovanii 1824), besonders pag. 14 u. 15: Injusto aggressu jus qualecumque in adgressore tolli, cujus sublatio necessaria conditio est, sine qua jus attentatum non possit conservari. Van der Maesen, Dissertatio de justa sui defensione cum caede aggressoris injusti. (Trajecti ad Rhenum 1807) pag. 4: In periculo imminenti reviviscunt jura, quae in statu primaevo singulis competebant. Die breiten verstandesmäfsigen Reflexionen desselben vom naturrechtlichen Standpunkt, zu deren Begründung die Alten, namentlich Cicero, Quinctilian und Seneca, das mosaische Recht, das canonische und römische, Puffendorf,

Dagegen spricht Heffter (34) es geradezu aus, dafs die Nothwehr nicht etwa eine blofs durch den Nothstand, oder gar nur durch die äufserste Noth begründete Befugnifs sei, sondern dafs sie darauf beruhe, dafs das Unrecht etwas an sich Nichtiges und unter keiner Bedingung zu Duldendes sei, dafs diese Vernichtung auch dem Individuum zustehe, wenngleich die Befugnifs dazu allerdings dem Staat überlassen werden müsse, wenn dieser einschreiten könne (35). Noch weiter gehen Einige, wie Richter und Michelet (36), wenn sie aus der absoluten Vernunft-

Leyser und Hugo Grotius vor Allen angerufen werden, sind von untergeordneter wissenschaftlicher Bedeutung. Die Ansicht, dafs die Staatsbürger auf ihr natürliches Vertheidigungsrecht durch Anerkennung des Staatszwangs nur insoweit verzichten, als der Staat wirklich ihre Rechte schützen kann, dafs dagegen dasselbe in jeder Lage fortlebt oder wiedererwacht, wo der Staat die Angriffe und Verletzungen nicht vollständig zurückweisen kann, spricht auch aus Welcker im Commissionsbericht der zweiten badischen Kammer (Thilo, Die Strafgesetzgebung des Grofsherzogthums Baden. I. Abtheilung. S. 120) und Leonhardt, Commentar über das Criminalgesetzbuch für das Königreich Hannover. I. Bd. S. 335.

(34) Lehrbuch § 41, Anm. 1. Dieselbe Ansicht bei Herrmann, Beurtheilung S. 143 u. 144.

(35) Wir haben schon oben Note 29 Heffter's erwähnen müssen; der ihm von Abegg gemachte Vorwurf wird ihm auch von Luden, Abhandlungen, II. Bd., S. 480, Note 2 zu Theil. Köstlin, Neue Revision S. 711 hat ihn dagegen vertheidigt.

(36) Richter, Philosophisches Strafrecht, S. 135 ff. Michelet, System der philosophischen Moral, S. 61 ff. Diese schon von Carpzov ausgesprochene Auffassung haben auch die Motive zum Baierischen Entwurf von 1854, S. 257 aufgenommen. Berner, Archiv S. 557 wendet dagegen ein, Nothwehr sei nicht nothwendig, sondern nur erlaubt, sie sei keine Pflicht des Bürgers, sondern nur ein Recht desselben. Könne man ein Gut sittlicherweise verschenken, so könne man sich dasselbe auch sittlicher-

widrigkeit des Angriffs den Schlufs ziehen, dafs die Nothwehr nicht nur kein Verbrechen, sondern vielmehr Pflicht des Bürgers sei. Während Berner (37) sich auf der einen Seite gegen diese Erweiterung des Rechtes der Nothwehr zu einer Pflicht erklärt, so versucht er dagegen dasselbe in anderer Richtung auszudehnen, wenn er sagt, dafs es nicht befriedigen könne, dafs nur zum Schutze des Privatrechtes ein Nothrecht existire, dafs vielmehr auch z. B. eine Bürgerschaft, die gegen eine hochverrätherisch hereinbrechende Horde zum Schutze des Staates die Waffen ergreife, nicht strafbar sein könne? „Warum wollte man irgend Jemand strafen, der irgend ein Recht, für sich oder Andere, im Falle der Noth zu schützen den Muth hat?" Und weiter: „Ich behaupte deshalb, dafs die Rechtsvertheidigung ganz allgemein, also auch zum Schutze der Familienrechte, auch zum Schutze der politischen Rechte statthaft sei. Denjenigen, der ehebrecherische Versuche gegen die Frau eines Anderen macht, darf dieser Andere, seine ehelichen Rechte vertheidigend, zurücktreiben; ein Volk, dem die Regierung seine Verfassung verletzen will, hat kraft des Rechtsgrundes der Nothwehr ein Revolutionsrecht, ein Recht des Widerstandes, das nicht als blofser Gegenstand der Politik bezeichnet und von dem Strafrecht ausgeschieden werden darf, sondern vom Strafrichter als Strafaufhebungsgrund anerkannt werden mufs."

weise nehmen lassen; man habe nur das Recht, es sich nicht nehmen zu lassen. Es könne allerdings unter Umständen Pflicht werden, von diesem Rechte Gebrauch zu machen; aber es würde wohl kein Vernünftiger blofs um das Vernunftwidrige zu vernichten, das in dem Angriff des Nöthigers liege, wegen eines angegriffenen Eigenthumsobjectes sein Leben in die Schanze schlagen, es dem Meutermesser eines räuberischen Banditen blofsstellen.

(37) Archiv S. 551, 562, 563.

Indem wir hiermit die hervorragenden Ansichten über den Rechtsgrund der Nothwehr hervorgehoben zu haben glauben, so fügen wir um der formellen Vollständigkeit willen noch hinzu, dafs man die Nothwehr auch wohl unter die Gründe der aufgehobenen Zurechnung gestellt hat (38). Sie wird dann insbesondere mit dem psychologischen Zwang zusammengebracht. Durch die früheren Ausführungen, nach welchen die Nothwehr sich als ein Recht darstellt, während die unter dem Einflufs einer Drohung vorgenommene Handlung immer eine verbrecherische, wenn auch weniger oder gar nicht strafbare, bleibt, ist uns die aus-

(38) Jarcke, Handbuch des gemeinen deutschen Strafrechts Bd. I, S. 144 ff. Das Neue Oesterreichische Strafgesetzbuch von 1852, I, 1, § 2g stellt auch die Nothwehr mit dem unwiderstehlichen Zwange zusammen. Wenn Hye, Commentar zum Oesterreichischen Strafgesetz, I. Theil, S. 199 behauptet, dafs die Nothwehr insofern mit dem Nothstande und psychologischen Zwange zusammenfalle, als sie allerdings eine Unterart desselben sei, indem auch der in Nothwehr Handelnde in Beziehung auf das zu schützende Recht sich in einer Nothlage befinde und in derselben es vorziehen werde, ja nach den Gesetzen des menschlichen Begehrungsvermögens von seinem Gefühle dahin gedrängt werde, es vorzuziehen, lieber dem rechtswidrigen Angreifer ein Uebel zuzufügen, als selbst an sich ein Unrecht zu leiden; so hebt er doch zugleich den wesentlichen Unterschied hervor, dafs die Nothwehr durch einen rechtswidrigen Angriff desjenigen hervorgerufen werde, der durch die Nothwehr des sich Vertheidigenden wieder verletzt werde, was bei dem Nothstand nicht der Fall sei, und dafs daher die Zurechnung des von dem rechtswidrig Angegriffenen dem Angreifer zugefügten Uebels nicht blofs darum, weil er wie beim Nothstande in einer unwiderstehlichen phychologischen Zwangslage handle, sondern vor Allem deshalb wegfalle, weil dasselbe schon an sich kein Unrecht mehr sei. Erst ganz jüngst setzt Temme, Lehrbuch des Schweizerischen Strafrechts, § 49. Drohung, Nothwehr und Nothstand wieder als die drei Arten psychischer Gewalt, eines sittlichen Zwanges, wodurch die Zurechnung aufgehoben werde.

führliche Widerlegung dieser auf der Vermischung verschiedenartiger rechtlicher Verhältnisse beruhenden Auffassung erspart.

Wenn wir hier endlich, neben Nothrecht, Nothstand und Nothwehr, noch des Rechtes der Selbstrache gedenken, so geschieht dies nur, um seinen Gegensatz zur Nothwehr hervorzuheben. Wo die Gesetze eine solche, wie in Beziehung auf den Dieb, den Ehebrecher, den Entführer, anerkennen, da stellt dies eine positive Singularität dar, ein Symptom einer noch nicht durchgebildeten öffentlichen Rechtsordnung, oder eine Ausnahme von den ordentlichen Grundsätzen des Rechtes, die darum auch principiell nicht zu begründen, sondern nur in ihrer Positivität anzuerkennen ist. Die rechtlichen Grundsätze von der Nothwehr sind geschichtlich, im Fortschritte der Staats- und Rechtsentwicklung, an die Stelle von Selbsthülfe und Selbstrache getreten. Auch von unseren geschichtlichen Untersuchungen bleibt diese Selbstrache, wie auch Nothrecht und Nothstand, insoweit ausgeschlossen, als dieselben nicht zum Verständniſs des geschichtlichen Entwicklungsprozesses der Nothwehr, wie z. B. im ältesten germanischen Recht, hervorgehoben werden müssen.

Zweiter Abschnitt.

Das Recht der Selbstvertheidigung nach den Grundsätzen des römischen Rechts.

Die Grundsätze des römischen Rechts, welche die Doctrin zur Herstellung einer Theorie der Nothwehr aufsucht, liegen zerstreut in den verschiedenen Theilen der

Justinianeischen Rechtsbücher. Nur beiläufig, bei Gelegenheit der Erörterung anderer Materien, wie der lex Aquilia oder der lex Cornelia de sicariis et veneficiis, wird des Rechtes der Selbstvertheidigung gedacht: eine formal vollständige Auseinanderlegung des Begriffes der Nothwehr, als eines technischen, eine Behandlung derselben, als eines specifischen, in sich abgeschlossenen Rechtsverhältnisses, welches dem Strafrechte angehört, findet sich daselbst nicht. Der tiefere Grund dieser Erscheinung ist in dem Innersten des römischen Wesens und Rechtes aufzusuchen, welchem es widerstrebte, ein so natürliches Recht, wie dasjenige, sich gegen widerrechtliche Angriffe im Falle der Noth zu vertheidigen, nachdem dasselbe nur überhaupt principiell in der Gesetzgebung anerkannt worden, durch ausführliche Bestimmungen zu erläutern oder durch verkünstelte Beschränkungen innerlich wieder aufzulösen. Es wird das einfache Princip vertrauensvoll der freien Bewegung des Lebens dahingegeben, in der Ueberzeugung, dafs sich die Ansprüche desselben nicht in einer Zersplitterung in eine fruchtlose und niemals erschöpfende Casuistik, sondern einzig in dem freien Walten des richterlichen Ermessens zu befriedigen vermögen. Ja es bedurfte kaum der ausdrücklichen Anerkennung des Rechtes der Selbstvertheidigung im Falle der Noth bei einem Volke, welches, nach den Worten Iherings (1), in seinem Rechte seinen Ausgangspunkt genommen hat von der Idee, dafs das Individuum den Grund seines Rechtes in sich selber, in seinem Rechtsgefühl und seiner Thatkraft trage, und für die Verwirklichung desselben auf sich selbst und seine Thatkraft angewiesen sei, bei dem noch

(1) Ihering, Geist des römischen Rechts auf den verschiedenen Stufen seiner Entwicklung, I. Th., S. 79, 102 ff.

Jahrhunderte hindurch im geltenden Recht die Idee vibrirte, daſs diese persönliche Thatkraft die Quelle des Rechtes sei, bei welchem, ehe die Gemeinschaft Organe für die Verwirklichung des Rechtes aus sich hervorgetrieben hatte, diese nicht durch den Staat und seine Behörden, sondern durch die unmittelbare Macht des Lebens erfolgte, bei welchem endlich trotz allem diesem der Zufall nicht statt des Rechtes herrschte oder die physische Kraft den Ausschlag gab, sondern Jeder, der um erlittenes Unrecht zur Selbsthülfe schreiten wollte, bei der Gemeinschaft dieselbe Reaction des Rechtsgefühls wider das Unrecht und thätige reelle Hülfe hervorrief. So ist denn die Darstellung der Grundsätze des römischen Rechtes eine einfache und leichte, wenn dieselbe nur der Ansichten der modernen Doctrin und dessen, was dieselbe in das römische Recht hinein- oder aus demselben hinausinterpretirt hat, vergessen und sich darauf beschränken kann, die einfachen Rechtssätze desselben zu reproduciren. Aus dieser Darstellung wird sich aber gleichwohl das Resultat herausstellen, daſs diese wenigen Sätze für das Bedürfniſs des Lebens völlig ausreichen, weil die Ausgiebigkeit eines Rechtes für das Leben nicht an dessen Reichthum an theoretischen Formeln gemessen wird (2).

(2) Zöpfl, Archiv, 1842, S. 124 ff. hebt seinen dem römischen Rechte gemachten Vorwurf, daſs dasselbe die Nothwehr durchgehends nur beiläufig, in einzelnen abgerissenen und nichts weniger als nur einigermaſsen erschöpfenden Sätzen casuistischen Inhalts, als einseitigen Ausfluſs und Consequenz einer anderen Lehre von allgemeinerer Bedeutung darstelle, durch die Bemerkung wieder auf, daſs in der Beziehung der Lehre auf ein höheres Princip die genügende Aufklärung für „diese anscheinende Sonderbarkeit" gegeben wäre. Jenem anderen Vorwurf, daſs das Princip, welches das römische Recht in dieser Materie voranstelle — die Identification des Begriffes der Nothwehr und der Selbstvertheidigung — an sich maaſslos, und eben da-

Das Grundprincip des römischen Rechtes, welches bedeutungsvoll in den Eingang der Digesten gestellt ist, wird dahin ausgesprochen, dafs es ein natürliches Recht des Menschen ist, im Falle der Noth sich gegen widerrechtliche Angriffe zu vertheidigen, dafs da, wo die Hülfe des Staates nicht gegenwärtig, der Einzelne sich selbst schützen darf, dafs diese Abwehr des Unrechts kein Unrecht ist, wenn sie sich innerhalb der Schranken und des Maafses hält, welche ihr nach der Individualität des Angegriffenen durch den drohenden Angriff gesetzt sind. In fr. 3 D. De just. et jur. (1, 1) heifst es : (Juris gentium est), ut vim atque injuriam propulsemus. Nam jure hoc evenit, ut quod quisque ob tutelam corporis sui fecerit, jure fecisse existimetur, et cum inter nos cognationem quandam natura constituit, consequens est hominem homini insidiari nefas esse; in fr. 1, § 27 D. De vi et vi armata (43, 16) : Vim vi repellere licere, Cassius scribit; idque jus natura comparatur; und in const. 1 C. Unde vi (8, 4) : Recte possidenti (vgl. unten S. 47) ad defendendam possessionem, quam sine vitio tenebat, inculpatae tutelae moderatione illatam vim propulsare licet. Dieses Recht der Selbstvertheidigung ist nicht ein dem römischen Rechte eigenthümliches, sondern gehört dem jus gentium an, weil es auf

durch, sowie durch den Mangel vermittelnder Grundsätze zwischen dem Princip und der Beweisfrage im concreten Falle, die ganze Lehre höchst unbestimmt und unsicher in ihrer Behandlung sei, und dafs sich gar in den sparsamen Stellen desselben ein merkliches Schwanken offenbare, begegnen wir am Besten durch die Darstellung eben dieser geschmähten Grundsätze. Vielleicht gelingt es uns, den Vorwürfen Zöpfl's durch den Nachweis die Spitze abzubrechen, dafs das von ihm als trefflich und erschöpfend prädicirte, obwohl im Princip nicht verstandene, germanische Recht im Wesentlichen auf denselben Grundlagen, wie das römische, ruht.

einer allgemein menschlichen Grundlage ruht, die Cicero in der Rede pro Milone cap. 4 mit den Worten gezeichnet hat: Est igitur haec, judices, non scripta, sed nata lex, quam non didicimus, accepimus, legimus, verum ex natura ipsa arripuimus, hausimus, expressimus, ad quam non docti, sed facti, non instituti, sed imbuti sumus: ut, si vita nostra in aliquas insidias, si in vim, si in tela aut latronum, aut inimicorum incidisset, omnis honesta ratio esset expediendae salutis. Silent enim leges inter arma, nec se exspectari jubent, cum ei qui exspectare velit, ante injusta poena luenda sit, quam justa repetenda (3).

Auf die Hinweisung auf diese Sätze könnte sich die Darstellung der römischen Auffassung der Selbstvertheidigung füglich beschränken. Denn alle anderen Stellen, so zahlreich dieselben auch sind, dienen nur dazu, das in denselben ausgesprochene einfache, bestimmte und wahre Princip nach seinem vollen rechtlichen Gehalte klar zu stellen (4).

So liegt schon in ihnen ausgesprochen, dafs der Angriff ein widerrechtlicher sein müsse. Die Selbstvertheidigung im Falle der Noth und nur in diesem (denn non est singulis concedendum, quod per magistratus publice possit fieri, fr. 176 D. De div. reg. jur. (50, 17) findet Statt gegen dasjenige, was die Römer injuria nennen, und zwar in dem weitesten Umfange dieses Begriffes. Injuria ist aber jede dolose Störung der Person in der

(3) Bis zu welchem Punkte sie die Anwendung ihres Princips durchführen, zeigt fr. 1, § 11 D. Si quadrupes pauperiem fecisse dicatur (9, 1) Quum arietes vel boves comisissent et alter alterum occidit, Quintus Mucius distinxit, ut siquidem is periisset, qui aggressus erat, cessaret actio.

(4) Rofshirt, Entwicklung der Grundsätze des Strafrechts, § 33.

ungehinderten Bewegung in ihrem vom Staate anerkannten Rechtskreise, wenn nur das Wesen des Verbrechens in der Richtung gegen die Person, nicht gerade in der Richtung gegen das Vermögen liegt (5). Dadurch erhält das Selbstvertheidigungsrecht die breiteste Grundlage. Denn gleich wie durch die Aufnahme der injuria als eines subsidiären Verbrechens im Strafrecht, welches sonst neben den verhältnifsmäfsig wenigen leges judiciorum publicorum vielfache Lücken gehabt hätte, beinahe keine rechtswidrige Handlung, ihre allgemeine Qualification zur strafrechtlichen Behandlung vorausgesetzt, von der criminellen Ahndung ausgeschlossen ist, so wird durch die Anwendung derselben auf das Recht der Vertheidigung auch jeder rechtswidrige Angriff der Persönlichkeit dem Rechte der Vertheidigung unterworfen. Es ist darum sicher eine dem römischen Rechtsbewufstsein widerstrebende Auffassung, das Recht der Selbstvertheidigung auf gewaltsame Angriffe zu beschränken (6), selbst wenn man auch unter „Gewalt" hier nicht blofs dasjenige versteht, was die Römer technisch vis nennen, also die Fälle der Lex Plautia, und diejenigen, welche die spätere Lex Julia als vis publica und vis privata bezeichnet, sondern auch die thätlichen Angriffe, gegen welche, da sie in der Lex Plautia nicht hervorgehoben waren, die Lex Cornelia ihre Strafdrohungen richtete (nach fr. 5 pr. D. De injur. (47, 10)

(5) Köstlin, Die Ehrverletzung nach deutschem Rechte, in der Zeitschrift für deutsches Recht, XV, S. 155 ff. Rein, Das Criminalrecht der Römer von Romulus bis auf Justinianus. S. 355.

(6) So glaubt Rein, S. 142 u. 143; auch Bang, De moderamine inculpatae tutelae ex legibus patriis romanisque, praemissis principiis juris universalis de jure defensionis (Hauniae 1819). Ueber Luden unten Ausführliches.

ex tribus causis dedit actionem, quod quis pulsatus verberatusve domusve ejus vi introïta sit). Wenn auch die meisten Stellen, welche von dem Rechte der Selbstvertheidigung handeln, von gewaltsamen Angriffen reden („vim vi repellere, arma armis repellere, illatam vim propulsare, defensor propriae salutis, dubium vitae discrimen, possessio vi erepta, ferro se petentem occidere etc.“), so geschieht dies nur darum, weil in dem Falle eines gewaltsamen Angriffs durch den Angegriffenen eine Verletzung des Angreifers erfolgen konnte, deren Rechtmäfsigkeit man um ihrer Schwere willen besonders betonen zu müssen glaubte. Dagegen ist daraus nicht zu schliefsen, auch wenn nicht einzelne Stellen bestimmt das Gegentheil sagten, z. B. fr. 3 cit. : vim atque injuriam, dafs die römischen Juristen ein Recht, welches sie durch seine Begründung auf die naturalis ratio nach allen in denselben begrifflich liegenden Momenten anerkannt hatten, nun hinterher durch irgend welche Ausscheidung hätten beschränken wollen. Es ist aber vollends unstatthaft, weil die Gesetze schweigen, die nicht thätlichen, also wörtlichen und symbolischen Angriffe der Ehre von dem Rechte der Selbstvertheidigung auszunehmen, wenn man bedenkt, wie der römische Ehrbegriff im Gegensatz des germanischen sich mit der äufseren Erscheinung der vollen persönlichen Rechtsfähigkeit (dem dignitatis illaesae status) identificirt, und sich, wie die römische existimatio, zu einer Art von staatsbürgerlicher Eigenschaft der Person objectivirt (Köstlin).

Wenn die Römer aber auch keine Art von Angriff gegen die Person — auch nicht gegen den Besitz und das Vermögen, wie unten gezeigt wird — der Berechtigung zur Vertheidigung dagegen entziehen, so premiren sie um so bestimmter dies Moment der Widerrechtlichkeit des Angriffs, wie denn gerade dies in dem Ausdrucke „injuria“

enthalten ist. Darum giebt es kein Recht der Vertheidigung gegen Angriffe, welche von einem magistratus kraft und innerhalb seiner Amtsgewalt ausgehen: Sed vim accipimus atrocem, et eam quae contra bonas mores fiat, non eam quam magistratus intulit, scilicet jure licito et jure honoris, quem sustinet (fr. 3, §. 1 D. Quod met. c. gest. erit (4, 2). Non potest dolo carere, qui imperio magistratus non paruit (fr. 199 D. De div. reg. jur. (50, 17). Es wird aber dabei ausdrücklich vorausgesetzt, dafs der magistratus nicht wider das Gesetz gehandelt habe. Die Gesetze, die dies bestimmt aussprechen — und es sind dieselben zumeist kaiserliche Constitutionen (7) — hätten es kaum hervorzuheben nöthig gehabt, weil sich der Widerstand gegen rechtswidrige Acte der Obrigkeit bei dem lebendigen Freiheitsgefühl der Römer ebensowohl von selbst verstand, als die Unterordnung unter den rechtmäfsigen Befehl derselben bei ihrem Sinne für Disciplin und Unterordnung und bei der gern gewährten Machtfülle der römischen Magistratur.

Die Römer geben das Recht der Selbstvertheidigung gegen die aus einem widerrechtlichen Angriffe drohende Gefahr des Verlustes eines Rechtes: nam adversus periculum naturalis ratio permittit se defendere (fr. 48. D. (9, 2). Eine Gefahr, die zur gewaltsamen Abwehr berechtigt, droht, auch wenn der Angreifer noch nicht vom Willen zur That übergegangen, also wenn der Angriff nur erst bevorsteht: Si latrocinantem peremisti, dubium non est,

(7) Const. 5 C. De jure fisci (10, 1); Const. 4 C De discussor. (10, 30); Const. 5 C. De executor. et exactor. (12, 61); Const. 5 C. De metat. et epidemet. (12, 41); Nov. 124, Cap. 3, Stellen, in welchen ausdrücklich ein Recht des Widerstandes anerkannt ist. (Zachariä, Ueber die Strafbarkeit der Widersetzlichkeit gegen öffentliche Beamte, im Archiv, Neue Folge, 1843, bes. S. 363 ff.

eum, qui inferendae caedis voluntate praecesserat, jure caesum videri (c. 4 C. Ad leg. Corn. de sic. (9, 16). Sie kann auch drohen, selbst wenn der Angriff schon beendigt ist; darum wird das Recht der Vertheidigung gegen den Dieb gegeben, der seinen Angriff auf das Eigenthum schon vollendet hat, wenn nur die Gefahr des Verlustes, etwa durch Tödtung des Fliehenden, noch abgewendet werden kann : fr. 9 D. (48, 8) Furem nocturnum si quis occiderit, ita demum impune feret, si parcere ei sine periculo suo (sc. personae et rei) non potuit. Die Abwehr der Gefahr mufs aber sofort geschehen : fr. 3, § 9 D. De vi et vi arm. (43, 16) Eum igitur, qui cum armis venit, possumus armis repellere, sed hoc confestim, non ex intervallo, dummodo sciamus, non solum resistere permissum, ne dejiciatur, sed etsi dejectus quis fuerit, eundem dejicere non ex intervallo, sed ex continenti; und in fr. 17 h. t. Qui possessionem vi ereptam vi in ipso congressu recuperat, in pristinam causam reverti potius quam vi possidere intelligitur. Ideoque si te dejecero, illico tu me, deinde ego te : Unde vi interdictum tibi utile erit. Mit dieser einfachen Fassung, dafs das Recht der Vertheidigung gegen eine Gefahr — adversus periculum — gegeben wird, eine Fassung, welche, wie sich noch ergeben wird, bedeutsamer ist, als sie scheint, werden die Controversen der neueren Doctrin, welche sich an die Bestimmung des Angriffs als eines angefangenen oder noch nicht beendigten oder gar eines versuchten Verbrechens für die Nothwehr zum Schutze des Eigenthums und der Ehre knüpfen, vermieden, Controversen, welche überhaupt nur dadurch erzeugt werden konnten, dafs man den rein factischen Begriff einer Gefahr fallen liefs und den Angriff juristisch als ein Verbrechen fafste. Von dieser Verrückung des natürlichen Gesichtspunktes durch das Hereinziehen der

Categorien des vollendeten und versuchten Verbrechens zur Bestimmung des Angriffs wird im letzten Abschnitt ausführlich gehandelt werden. Die Römer also weisen solche der Natur der Selbstvertheidigung widerstrebende Schranken ab, und gestatten einfach das Recht, sich im Falle einer dringenden Gefahr zu vertheidigen, indem sie sagen: Melius enim est occurrere in tempore, quam post exitum vindicare (const. 1 C. Quando liceat unicuique sine judice. (3, 27), oder: Liceat cuilibet aggressorum nocturnum in agris, vel obsidentem vias atque insidiantem praetereuntibus, impune occidere, etiamsi miles sit: melius namque est his occurrere et mederi, quam injuria accepta vindictam perquirere (const. 4 C. Ad leg. Corn. de sic. (9, 16).

Aufser diesen Momenten der Widerrechtlichkeit des Angriffs, des unmittelbaren Bevorstehens der Gefahr aus demselben, der unverzüglichen Abwehr derselben, wird keine weitere Voraussetzung desselben im römischen Rechte hervorgehoben. Die Bedingungen, dafs der Angriff ein unverschuldeter, oder ein subjectiv verbrecherischer sein müsse, Bedingungen, welche von der gemeinrechtlichen Doctrin bald, aber in verschiedenem Sinne und mit verschiedenen Wirkungen, gefordert, bald ausgeschlossen werden, erwähnt das römische Recht nicht, und zwar mit vollem Rechte (siehe den letzten Abschnitt).

Ebensowenig ist es im Geiste des römischen Rechts, welches überall die höchste Anerkennung der Persönlichkeit ausspricht, wenn für die Ausübung dieses Rechtes vorausgesetzt wird, dafs die Dringlichkeit der Gefahr andere Mittel, aufser der gewaltsamen Selbstvertheidigung, nicht zuliefs. Wenn fr. 45, §. 4 D. (9, 2) sagt: Qui cum aliter tueri se non possunt, damni culpam dederint, innoxii sunt: vim enim vi defendere omnes leges omniaque jura permittunt; und § 2 J. De leg. Aquil. (4, 3) : Itaque qui latronem occiderit, non tenetur, utique si aliter periculum effugere non potest, so kann sich dies „aliter“ nicht darauf beziehen, dafs die Selbstvertheidigung nicht Statt finden dürfe, wenn man etwa dem vermutheten Angriff habe entgehen, oder sich dem unmittelbar bevorstehenden habe durch die Flucht entziehen können, sondern auf die Einhaltung der Schranke, welche eingehalten werden mufs, wenn in Wahrheit von Vertheidigung soll gesprochen werden können (et hoc si tuendi, non etiam ulciscendi causa factum sit, fr. 45, § 4 cit.). Es ist nämlich nothwendig, dafs die Abwehr im Verhältnifs stehe mit der Gefährlichkeit des Angriffes und der Gröfse der Gefahr, d. h. dafs ein geringeres Maafs von Gewalt als das angewendete zur Erhaltung des bedrohten Rechtes nicht ausgereicht haben durfte : fr. 1, §. 27 D. (43, 16) Vim (vi) repellere licere, Cassius scribit : idque jus natura comparatur. Apparet autem ex eo, arma armis repellere licere; fr. 3, § 9 h. t. cit.; const. 1 C. (3, 27) cit.; const. 2 C. Ad leg. Corn. de sic. (9, 16) Is qui aggressorem vel quemcunque alium in dubio vitae discrimine occiderit, nullam ob id factum calumniam metuere debet; const. 3 h. t. : Si quis percussorem ad se venientem gladio repulerit, non ut homicida tenetur : quia defensor propriae salutis in nullo peccasse videtur. Dafs mit dem „arma armis repellere etc.“ nicht eine strenge Gleichartigkeit der Mittel der Abwehr und des Angriffs gemeint sein könne, bedarf einer ausdrücklichen Hervorhebung nicht. Denn die Römer, in der richtigen Einsicht, dafs die Gefahr eines Angriffs im Voraus nicht immer ermessen werden kann, dafs das aufgeregte Gemüth des Angegriffenen dieselbe zu überschätzen ganz geeignet ist, dafs also Alles hier auf die Individualität der Menschen und Lagen ankommt, dafs alle abstracte Bestimmung von Maafs und Verhältnifs im Voraus für die Eigenartigkeit der concreten Verhältnisse doch nicht ausreicht, dafs also eine strafbare Ueberschreitung des Rechtes der Vertheidigung nur im Hinblick auf diese concreten Verhältnisse festgestellt werden kann, stellen es dem angegriffenen Manne anheim, an der ihm drohenden Gefahr das Maafs seiner Vertheidigung selbst auszufinden. Der Mann darf, wie sie sagen, „vim illatam propulsare inculpatae tutelae moderatione“ : was aber moderatio inculpatae tutelae sei, vermag nicht das Gesetz, sondern nur die richterliche Erwägung zu erkennen, welche im concreten Fall die durch das Verhältnifs der Persönlichkeit des Bedrängers und des Bedrängten bedingte Gefährlichkeit des Angriffs, namentlich die Aufregung des Gemüthes des Bedrängten, zur Grundlage hat.

Sowie nun aber, wenn diese Voraussetzungen des Rechtes der Selbstvertheidigung vorhanden sind, den Handelnden keine Strafe trifft, weil er, der nur sein Recht ausgeübt, kein Verbrechen begangen hat („quia defensor propriae salutis in nullo peccasse videtur“); so versteht es sich von selbst, dafs im entgegengesetzten Falle die Handlung eine strafbare wird, also dann, wenn der Angriff kein widerrechtlicher, oder die Gefahr vorübergegangen, oder die Schranken in der Ausübung nicht beobachtet waren. Für die strafrechtliche Behandlung dieser Fälle hat das römische Recht keine besonderen Bestimmungen aufgestellt, sondern den Richter einfach auf die allgemeinen Grundsätze über die Bestrafung von dolus und culpa, die Grundsätze über Zurechnungsfähigkeit und Milderung der Strafe verwiesen. Diese werden auch in der That ausreichen, wenn derselbe nur bei ihrer Anwendung nicht vergifst, dafs sich die Gröfse der Gefahr nach der Individualität der handelnden Personen bestimmt, und dafs diese im Drange des Angriffs das objective Maafs der Vertheidigung in Rücksicht auf Zeit und Mittel überschreiten können, ohne dafs ihnen eine solche Ueberschreitung zum Verbrechen wird zugerechnet werden können. Wie ganz anders sind hier bisweilen die neuere Doctrin und Legislation verfahren, namentlich dadurch, dafs sie von dem abstracten Gegensatz von vorgegebener und überschrittener Nothwehr, die man starr gegeneinander fixirte, Consequenzen für die Bestrafung schlechthin abhängig gemacht wissen wollten. Uebrigens konnte das römische Recht sich hier um so vertrauensvoller auf seine allgemeinen Grundsätze verlassen, als es ja den mildernden Einflufs der Aufregung des Gemüths überall anerkennt, wie in fr. 11 pr. D. De poenis (48, 19): Perspiciendum est judicanti, ne quid aut durius aut remissius constituatur, quam causa deposcit; nec enim aut severitatis aut clementiae gloria affectanda est, sed perpenso judicio, prout quaeque res expostulat, statuendum est. Plane in levioribus causis proniores ad lenitatem judices esse debent, in gravioribus poenis severitatem legum cum aliquo temperamento benignitatis subsequi (8).

Wenn wir jetzt noch einmal die Frage aufgreifen, ob das Recht der Selbstvertheidigung im römischen Rechte eine Beschränkung erfahre mit Rücksicht auf das zu schützende Gut, eine Frage, die wir eigentlich oben, da wir dasselbe gegen injuria gaben, im Wesentlichen bereits beantwortet haben, so geschieht dies hauptsächlich zu dem Zwecke, um der dem römischen Rechtsprincip widersprechenden Ansicht Luden's (9) entgegenzutreten. Luden behauptet, dafs die gewaltsame Selbstvertheidi-

(8) Rein, S. 210 ff.

(9) Abhandlungen S. 489 ff.

gung nicht zum Schutze der Vermögensrechte und der Ehre schlechthin gebraucht werden dürfe. Für die Vermögensrechte folge dies schon aus der in den XII Tafeln enthaltenen Vorschrift, dafs der bei Tage betretene Dieb nicht anders getödtet werden dürfe, als wenn er sich mit Waffen zur Wehre gesetzt habe. Dafs im späteren römischen Rechte ein anderes Princip befolgt worden sei, könne nicht nachgewiesen werden. Zwar sei mehrfach anerkannt, dafs der mit Gewalt angegriffene Besitzer Gewalt gebrauchen dürfe, um sich im Besitze zu erhalten oder den durch Gewalt verlorenen Besitz in continenti wieder zu erlangen; allein auch daraus ergebe sich, dafs bei der Nothwehr immer zunächst an eine Vertheidigung zum Schutze der Person gedacht sei. Denn aufserdem könnte dem angegriffenen Besitzer die Anwendung von Gewalt nicht unter der Beschränkung gestattet sein, dafs es in continenti geschehe, da die Gefahr, die weggenommene Sache entweder gänzlich zu verlieren oder wenigstens einen Schaden daran zu erleiden, auf dessen Ersatz nach den Umständen des einzelnen Falles geringe Aussicht sei, noch eben so grofs sein könne, auch nachdem längere Zeit nach dem Verluste verflossen wäre. Ebensowenig könne nachgewiesen werden, dafs das römische Recht gegen Ehrverletzungen, insofern sie nicht Realinjurien seien, welche einen Angriff gegen die persönliche Integrität enthalten, die Nothwehr gestatte. Wenn auch Florentinus im Allgemeinen sage, es sei im jus gentium begründet, ut vim atque injuriam propulsemus, so füge er doch weiter hinzu: nam jure hoc evenit, ut quod quisque ob tutelam corporis sui fecerit, jure fecisse existimetur, zum Beweise, dafs er dabei nur an Schutz der persönlichen Integrität gedacht habe.

In Rücksicht des letzteren Punktes, nämlich der gewaltsamen Vertheidigung der durch nicht thätliche Injurien verletzten Ehre, glauben wir auf dasjenige verweisen zu dürfen, was wir oben über den umfassenden Begriff der injuria ausgesprochen haben, indem damit irgend welche Beschränkung des Rechts der Person sich gegen widerrechtliche Angriffe zu vertheidigen schlechthin unvereinbar erscheint. Es würde diese Bedeutung der injuria zur Widerlegung jener einschränkenden Auffassung hinreichen, auch wenn jene Stelle des Florentinus dieselbe unterstützte, anstatt ihr durch die Berufung auf das jus gentium, durch das Nebeneinanderstellen von vis und injuria, wogegen das nochmalige Hervorheben eines einzelnen bestimmten Falles, der tutela corporis, verschwindet, geradezu entgegenzustehen. Was aber den Schutz der Vermögensrechte betrifft, so widersprechen der Luden'schen Auffassung die Stellen, welche von der Vertheidigung gegen den Dieb handeln, geradezu. Auf dieselbe beziehen sich besonders vier Stellen : fr. 4, § 1 D. (9, 2) Lex XII tabularum furem noctu deprehensum occidere permittit, ut tamen id ipsum cum clamore testificetur; interdiu autem deprehensum ita permittit occidere, si is se telo defendat, ut tamen aeque cum clamore testificetur; fr. 54, § 2 D. De furtis (47, 2) Furem interdiu deprehensum non aliter occidere. Lex XII tabb. permisit, quam si telo se defendat. Diese beiden sagen nichts anderes, als dafs der nächtliche Dieb unbedingt, der bei Tage ergriffene (nicht der betretene) nur dann getödtet werden dürfe, wenn er sich mit Waffen vertheidige (teli autem appellatione et ferrum, et fustis, et lapis, et denique omne, quod nocendi causa habetur, significatur. fr. 54, § 2 cit.). Luden vergifst bei seiner Argumentation aus fr. 54, §. 2, dafs darin von dem fur interdiu deprehensus gesprochen wird, dafs aber damit, dafs der wirklich ergriffene, der also jetzt dem Eigenthum keine Gefahr mehr bringt, nur getödtet werden durfte, wenn er sich zur Wehre setzte, nicht ohne Weiteres ausgeschlossen ist, dafs der nicht ergriffene, also fliehende, zum Schutze des jetzt bedrohten Eigenthums habe getödtet werden dürfen (10). Noch bestimmter sprechen aber gegen Luden's Auffassung die beiden Stellen des neueren Rechts, nämlich : fr. 9 cit. Furem nocturnum si quis occiderit, ita demum impune feret, si parcere ei sine periculo

(10) Wenn wir die Frage nach dem Grunde dieser Bestimmung in den XII Tafeln (Abegg, Unterss., S. 141 ff. Dollmann, Die Entwendung nach den Quellen des gemeinen Rechts, S. 32), dann diejenige, ob die betreffenden Stellen der XII Tafeln ein eigentliches gesetzliches Rache- oder Tödtungsrecht (Dollmann), oder Nothwehr, oder ob die eine Nothwehr, die andere vindicta privata meine, ob nicht Beschränkungen dieses Rechts Statt gefunden haben, so dafs Paullus sagen konnte : Melius fecerit, si eum comprehensum transmittendum ad praesidem magistratus obtulerit, hier nur andeuten, so hat dies seine Rechtfertigung darin, dafs wir die Aufgabe der Abhandlung in die Darstellung der Entwicklung des Rechts der Selbstvertheidigung im germanischen Rechte setzen, welches darum von seinen frühesten geschichtlichen Anfängen an verfolgt werden mufs, während das römische Recht nur in seiner dogmatischen Gestalt berücksichtigt werden kann, da es nur in dieser in die Entwicklung des germanischen eingegriffen hat. (vgl. auch Cujacii, Observationum et Emendationum L. 14, C. 15 (Opp. Pars prior. Tom. III). Cujacius macht darauf aufmerksam, dafs für Einen Fall noch im neueren Recht ein gesetzliches Tödtungsrecht bestehe, nämlich in const. 1 C. Quand. lic. unic. sine jud. (3, 4) : Liberam resistendi cunctis tribuimus facultatem, ut quicunque militum vel privatorum ad agros nocturnus populator intraverit, aut itinera frequentata insidiis aggressionis obsederit, permissa cuicunque licentia digno illico supplicio subjugetur, ac mortem quam minabatur excipiat, et id quod intendebat incurrat. Melius enim est occurrere in tempore quam post exitum vindicare. Vestram igitur vobis permittimus ultionem, et quod serum est punire judicio, subjugamus edicto, ut nullus parcat militi, cui obviare telo oporteat, ut latroni.

suo non potuit; und fr. 5 D. (9, 2) Et si metu quis mortis furem occiderit, non dubitabitur, quin lege Aquilia non teneatur. Sin autem cum posset adprehendere, maluit occidere, magis est, ut injuria fecisse videatur: ergo et Cornelia tenebitur. Der Sinn dieser Stellen ist kein anderer, als dafs der fur, einerlei ob nächtlicher oder fur zur Tageszeit, dann ungestraft getödtet werden dürfe, wenn man desselben ohne Gefahr für seine Person oder Sache (es heifst ganz allgemein „sine periculo", also personae et rei, so dafs also Luden mit Unrecht das periculum rei ausschliefst) nicht schonen könne, dafs man aber der Strafe der Lex Cornelia unterliege, wenn man ihn, der entweder schon ergriffen war, oder hätte ergriffen werden können, dennoch, also ohne Noth, nur weil man lieber seine Rache befriedigen wollte (maluit occidere), getödtet hat (11). Der fliehende Dieb darf also, wenn das Eigenthum anders nicht geschützt werden kann, unbedingt getödtet werden. Sowie nun schon daraus die Anerkennung des Schutzes des Eigenthums, auch wenn eine Bedrohung der Person des Eigenthümers nicht stattgefunden, hervorgeht, so spricht die oben citirte const. 1 C. (8, 4) das Recht der Vertheidigung nicht blofs für das Eigenthum, sondern auch für den blofsen Besitz aus. Denn ganz abgesehen von dem Zusatzwort „recte" bei possidenti, nach welchem es scheinen könnte, als ob das Vertheidigungsrecht nur dem Besitzer, dessen Besitz nicht unrechtlich angefangen hat, verstattet, also jedem Anderen, unter andern auch dem, welcher blofse Detention hat, versagt werde, auf welches aber, wie Savigny (12) bemerkt, da es sich um die Inter-

(11) Zachariä, Bemerkungen zur Lehre von der Nothwehr, Archiv, Neue Folge, 1841, S. 429 ff.

(12) Das Recht des Besitzes, § 3, Nr. 5.

pretation eines Rescripts des Codex handelt, kein grofses Gewicht zu legen ist; geht wenigstens so viel aus der Stelle hervor, dafs, da in derselben nirgends von einer concurrirenden tutela corporis die Rede ist, der Besitz an sich durch Privatgewalt geschützt werden könne, sowie nach der Bestimmung in fr. 3, § 9 und fr. 17. D (43, 16) citt. dem Dejicirten ein Recht gegeben wird, welches ihm nicht hätte gegeben werden können, wenn das römische Recht nicht den Besitz an sich als wehrhaftig betrachtet hätte.

So ist denn keines der menschlichen Güter dem Selbstschutze entzogen. Nur zur weiteren Bestätigung fügen wir noch einige Anwendungen dieses Princips hinzu.

Es ist die Selbstvertheidigung vor Allem gerechtfertigt zum Schutze des Lebens und des Leibes: constt. 2, 3, 4 C. Ad leg. Cornel. de sic. (9, 16); § 2 J. De leg. Aquil. (4, 3), fr. 4 D. Ad leg. Aquil. (9, 2) Itaque si servum tuum latronem insidiantem mihi occidero, securus ero. — Sie ist gestattet zum Schutze der Keuschheit: fr. 1, § 4 D. Ad leg. Corn. de sic. (48, 8) Item Divus Hadrianus rescripsit, eum qui stuprum sibi vel suis inferentem occidit, dimittendum. Die Römer stellen dieselbe an Werth dem Leben gleich: fr. 8, § 2 D. Quod met. c. (4, 2) Quod si dederit, ne stuprum patiatur vir seu mulier, hoc edictum locum habet, cum viris bonis iste metus major quam mortis esse debet (13). Es könnte nach der Fassung des fr. 1, § 4 cit. scheinen, als ob in diesem Falle dem Vertheidiger der Keuschheit ein eigent-

(13) So auch bei Paulli, Receptt. sentt. lib. 5, tit. 23, § 8: Qui latronem caedem sibi offerentem, vel alium quemque stuprum inferentem occiderit, puniri non placuit: alius enim vitam, alius pudorem publico facinore defendit. Const. un. pr. C. De raptu virg. (9, 13) ... cum virginitas vel castitas corrupta restitui non possit ... cum nec a homicidii crimine hujusmodi raptores sint vacui.

liches Rache- und Tödtungsrecht eingeräumt wäre, wie ein solches im älteren und neueren Recht dem Manne und Vater gegen den Ehebrecher gewährt ist. Es mufs diese Auffassung zwar schon bedenklich erscheinen, wenn man erwägt, dafs im neueren Rechte das Streben unverkennbar hervortritt, das alte Tödtungsrecht in die engsten Schranken zurückzuführen (14), ja dafs recht eigentlich das Princip der Vertheidigung sich aus demselben und statt desselben entwickelt hat, z. B. in Beziehung auf den fur nocturnus, ein Grund, aus welchem auch die Verstattung eines solchen bei der Entführung sehr zweifelhaft ist (15).

(14) Nach dem älteren Recht durften Mann und Vater die im Ehebruche ertappte Frau unbedingt tödten, an dem adulter aber sich nach Willkühr rächen (ihn tödten, castriren, loris caedere u. s. w.), nur mit der Beschränkung, dafs sie, wenn sie tödtliche Rache nehmen wollten, beide tödten mufsten (Rein, S. 838). Dies Recht der Selbstrache wird später in der lex Julia de adulteriis coërcendis in Beziehung auf beide beschränkt. Der Vater mufs den adulter und die Tochter tödten, er darf es nur, cum in filia adulterum deprehenderit, in seinem oder des Schwiegersohns Hause, in continenti etc. Der Gatte darf seine ungetreue Gattin nicht mehr, den Buhlen derselben nur dann tödten, wenn derselbe eine persona infamis, inhonesta oder vilior war (z. B. qui leno fuerit, quive artem ludicram fecerit, in scenam saltandi cantandive causa prodierit, judiciove publico damnatus, neque in integrum restitutus erit, quive libertus ejus mariti, uxorisve patris, matris, filii, filiae utrius eorum fuerit, quive servus erit. fr. 24 D. Ad leg. Jul. de adult.) (Abegg, Untersuchungen, S. 157 ff. Rein, S. 843 u. 844.) Diese Beschränkungen wären unter Annahme eines Tödtungsrechts schlechthin unerklärlich.

(15) Wegen des Ausdrucks »convicti« in der const. un. C. De rapt. virg. (9, 13). Es scheint derselbe auf ein summarisches Verfahren hinzudeuten. So interpretiren die Stelle Rein, S. 397; Heffter, Lehrbuch, S. 368, Not. 1; Wächter, Abhandlungen aus dem Strafrecht, S. 66. Matthaeus, De criminibus, Ad lib. 48 D., Tit. 4, C. 2, 11 sagt zu »convicti« : Convictos intellige, non legitimo judicio; alioquin enim judicis esset ultio, non eorum quibus

Sie mufs aber dadurch vollends unhaltbar werden, dafs mit der Annahme einer solchen umfassenden Rachebefugnifs die aus der lex Julia de adulteriis aufgenommenen Beschränkungen gar nicht in Einklang zu bringen sind. Wozu den Mann und Vater noch ausdrücklich gegenüber dem adulter beschränken, wenn in fr. 1, § 4 ganz allgemein ein Tödtungsrecht gegen den stuprum inferentem gegeben sein sollte? Denn stuprum im weiteren Sinne begreift auch adulterium in sich, und unter den „suis“ sind hier sicher nicht die sui des alten Civilrechts, sondern alle diejenigen Personen zu verstehen, die Jemand sittlich und rechtlich zu schützen verpflichtet ist: es sind etwa die in der const. un. C. De rapt. virg. (9, 13) genannten. Die Fassung der Stelle, welche allerdings nur von Tödtung spricht, erklärt sich am Einfachsten wohl daraus, dafs dem Kaiser Hadrian ein Fall vorgelegt worden war, in welchem zum Schutze der Keuschheit eine Tödtung stattgefunden hatte, für die er nun in diesem Rescripte Straflosigkeit erkennt, weil in demselben das stuprum nur mit dem Tode des Angreifers hatte abgewehrt werden können (16).

injuria facta est; sed in ipsa rapina, adsumtis persecutoribus testibus, ita reprehensos, ut nec ipsi raptores crimen inficiari possint. Am Weitesten geht Hepp, Versuche über einzelne Lehren der Strafrechtswissenschaft, S. 137 ff., der aus dem Tödtungsrecht in delicto manifesto sogar eine Pflicht zu tödten macht. Auch Bang, Dissert. de moderamine inculp. tut., S. 61, nimmt ein Tödtungsrecht an, und stellt den Fall mit der const. 1 C. Quando liceat unicuique (3, 27) zusammen als einen solchen, »ubi legislator ob atrocitatem nonnullorum delictorum de eïs ultionem et supplicium sumere civibus permittit.« Abegg, Untersuchungen, S. 175 ff. glaubt, dafs hier zwar Nothwehr gemeint sei, dafs aber rücksichtlich der Erfordernisse ihrer gerechten Ausübung gröfsere Freiheit stattfinde, indem die Tödtung allgemein erlaubt werde.

(16) Abegg, Untersuchungen, S. 184 ff. bemerkt zwar, dafs es sich hier um die gewöhnlichen Grundsätze der Nothwehr handle,

Auf der breiten Grundlage des fr. 3 cit. steht dann auch das Recht, nicht blofs von der eigenen Person, sondern auch von Dritten im Falle der Noth Unrecht und Gewaltthat abzuwehren. Zwar giebt das römische Recht zunächst nur eine Reihe von Anwendungen für Fälle, in welchen die Pflichten der verwandtschaftlichen Liebe oder des häuslichen oder dienstlichen Gehorsams Hülfe zu leisten gebieten. So in Beziehung auf verwandtschaftliche Bande in fr. 8 § 3 D. Quod met. c. (4, 2) Nihil interest in se quis veritus sit, an liberis suis, cum pro affectu parentes magis in liberis terreantur; auch fr. 1, § 4 D. cit. In Beziehung auf Sclaven bestimmt fr. 1 pr. D. De Scto Silan. (29, 5) Cum aliter nulla domus tuta esse possit, nisi periculo capitis sui custodiam dominis, tam ab domesticis, quam ab extraneis, praestare servi cogantur; und § 18 eod. Quia toties puniendi sunt servi, qui auxilium domino non tulerunt, quoties potuerunt ei adversus vim opem ferre et non tulerunt. In Rücksicht auf Soldaten verfügt fr. 6, §. 8 D. De re milit. (49, 16) Qui praepositum suum non protexit, cum posset, in pari causa factori habendus est, si resistere non potuit, parcendum ei; und § 9 eod. Sed et in eos, qui praefectum centuriae a latronibus circumventum deseruerunt, animadverti placuit. Es soll indessen damit nicht das Recht, Dritte zu vertheidigen, auf diese wenigen Verhältnisse beschränkt werden: es ist demselben vielmehr nach dem allgemeinen

hebt dies aber dadurch selbst wieder auf, dafs er es für etwas diesem Falle Eigenthümliches erklärt, dafs die Tödtung schlechtweg für straflos erklärt werde, ohne dafs gefordert werde, dafs diese im concreten Falle das einzige Mittel, und dafs nicht irgend ein geringerer Grad von Gewalt zur Abwendung der Gefahr hinreichend gewesen wäre. Den Grund dieser Bestimmung findet er in der Schwierigkeit des Beweises, dafs die Gränzen gerechter Nothwehr eingehalten seien.

Rechtsgrunde desselben die unbedingte Ausdehnung auf alle durch widerrechtliche Angriffe Bedrängte zu geben (17).

Wenn wir zum Schlusse der Darstellung noch hervorheben, dafs von dem römischen Rechte in der Beweisfrage keine Abweichungen von den allgemeinen Grundsätzen des Beweises im Strafprozesse gemacht werden, so wollen wir damit einen weiteren Vorzug seiner Behandlung des Vertheidigungsrechts im Gegensatze zu anderen Strafgesetzgebungen anerkennen, welche die Schwierigkeit desselben im concreten Falle öfters dazu verleitet hat, den Principien des Strafprozesses Widerstrebendes, wie die Gestattung von Vermuthungen, in Nothwehrfällen zu statuiren. Eine Pflicht zur Anzeige nach geübter Vertheidigung ist dem römischen Rechte ebenfalls unbekannt.

Dritter Abschnitt.

Das Recht der Selbstvertheidigung in den Bufsordnungen (1) und in dem canonischen Rechte.

Wenn wir in einer Darstellung der genetischen Entwicklung der Nothwehr in den deutschen Rechtsquellen die Gestaltung dieser Lehre in den Bufsordnungen der

(17) Rein, S. 143.

(1) Wir führen dieselben an nach Wasserschleben, Die Bufsordnungen der abendländischen Kirche nebst einer rechtsgeschichtlichen Einleitung. (Halle, 1851) Auf ihre Bedeutung für die Entwicklung und das Verständnifs des germanischen Strafrechts hat schon Wilda, Das Strafrecht der Germanen, S. 114 u. 115 hingewiesen.

abendländischen Kirche aufführen, so wird dies seine Rechtfertigung theils darin finden, dafs dieselben an sich als kirchenrechtlicher Stoff und wegen ihres Zusammenhanges mit unserem canonischen Rechtsbuche von Bedeutung sind, theils darin, dafs wir aus ihren Satzungen auf die rechtlichen und sittlichen Anschauungen der germanischen Völker, deren Wandel sie zu regeln bestimmt waren, Schlüsse zu ziehen vermögen. Denn eine Handlung, welche die Kirche nicht als eine verbrecherische oder unsittliche vor ihr Forum zog, konnte dem Rechtsbewufstsein jener Zeit nicht als eine strafbare erscheinen, weil sie sonst die Kirche hätte verurtheilen müssen, und das weltliche Recht konnte sie unmöglich als eine „Missethat“ erklären, wenn das geistliche unverhohlen ihre Rechtmäfsigkeit anerkannte.

Wenn man erwägt, wie weit die Kirche den Kreis der bufswürdigen Handlungen in den Bufsordnungen ausdehnt (2), wie selbst der blofse Gedanke, die Gesinnung, der Wunsch, noch ehe dieselben das Gebiet des inneren Lebens verlassen, nicht ohne Bufse bleiben sollen (3), eine wie reiche Casuistik dieselben na-

(2) Wir verweisen hier statt Aller auf Regino, De synodalibus causis et disciplinis ecclesiasticis (ed. Wasserschleben), bei welchem p. 208 ff. ein ausführliches Verzeichnifs der Fragen steht, welche der Bischof im synodus in Beziehung auf die begangenen Sünden stellen soll, bei dessen Ausführlichkeit noch weiter in Anschlag gebracht werden mufs, dafs der Archidiaconus oder Archipresbyter demselben schon vorangereist ist, um die weniger bedeutenden Sachen abzuthun („de minoribus et levioribus causis corrigere“), „ut pontifex veniens nequaquam in facilioribus negotiis fatigetur.“

(3) So findet sich in dem Poenitentiale XXXV Capitulorum ein Capitel (XXIX) „De ira, tristitia, odio et maledictio“, worin es unter Anderem heifst : § 1. Si quis contra alium iram tenet in corde, homicida judicatur, si non vult reconciliari fratri suo, quem hodio

mentlich bei dem Verbrechen der Tödtung entfalten (4): so mufs es in der That höchst bedeutsam erscheinen, dafs die Tödtung, welche Jemand zu seiner oder der Seinigen Rettung aus Lebensgefahr vollzogen hat, nicht als eine verbrecherische, selbst nicht als eine unsittliche Handlung aufgefafst wurde. Wem das Unglück begegnet ist, eine

habet, tamdiu in pane et aqua vivat, usque dum reconcilietur. § 2. Si quis diu in corde amaritudinem retinet, hilari vultu et laeto corde sanetur. Si autem non cito eam deponit, jejunio se emendet judice sacerdoti. Si autem iterat, abscidatur, donec alacer letusque cum p. e. a. agnoscat delictum suum. Qui verba acerbiora in furore, non tamen injuriosa, protulerit, satisfaciat fratri et ipse superponat. Si autem cum pallore ruboreque vel tremore, tamen tacuit, 1 diem penit. i. p. e. a. Si quis mentis tantum sentit commotionem, satisfaciat ei, qui illum commovit, qui vero non vult confiteri ei, qui se commovit, abscidatur pestifer ille a coetu sanctorum, qui si paenit., quanto tempore contradixit, tanto jejunet. Si quis fratrem contristat juste vel injuste, contemptum rancorem ejus satisfactione liniat, et sic potest orare; sin autem inpossibile est recipi ab eo, paenit. ipse judice sacerdoti. Is autem, qui non recipit eum, quanto tempore implacabilis mansit, tanto i. p. e. a. vivat. (W. p. 522 u. 523.) Im Poenit. Pseudo-Egberti c. XXVIII wird bestimmt: Si homo quis adeo furiosus et duro corde sit, ut nullum saeculare jus et pacem admittere velit cum eo, qui in eum deliquerit, excommunicetur. (W. p. 328.) Im Poenit. Pseudo-Theodori c. VIII: Dominus in evangelio dicit: Omnis, qui se exaltat, humiliabitur; ideo necesse est, ut superbus veraciter se humiliet, et tres annos poeniteat (W. p. 571).

(4) Als Beispiel mag das Poenitentiale Bedae dienen (W. p. 224, 225), in welchem in c. IV die verschiedenen Arten der Tödtung aufgeführt sind: Qui occiderit monachum aut clericum; qui laicum odii meditatione vel possidende hereditatis ejus; qui per vindictam fratris; qui per iram et rixam subitam; qui casu; qui in bello publico; qui jubente domino suo servus; qui liber jubente majore suo; mulier qui occidit filium suum in utero ante dies XL und post dies XL. Wir verweisen ferner auf das Poenit. Cummeani, p. 478; Poenit. XXXV Capitulorum, p. 506; Poenit. Pseudo-Gregorii III, p. 538; Poenit. Pseudo-Theodori, p. 569; Correct. Burchardi, p. 631 ff.; Poenit. Mediolanense, p. 716 u. A.

solche zu begehen, der mag büfsen und fasten und Almosen geben, wenn ihn sein Herz dazu treibt, um sich dadurch von dem unschuldig vergossenen Menschenblute zu reinigen : allein die Kirche hat keine oder doch keine strenge Strafe, höchstens eine milde Bufse für ihn, der vielmehr zu bedauern, als zu verdammen ist. Diese Ansicht der Kirche findet sich klar ausgesprochen im Poenitentiale Pseudo-Bedae c. XXXIX, § 3 (W. p. 275) Si autem se defendendo aut parentes suos aut familias occidisset aliquid, non erit ille reus; si voluerit jejunare, in illius potestate est, quia coactus hoc fecit homicidium. Dieselben Worte, welche diese angelsächsische Bufsordnung enthält, stehen in einer fränkischen, nämlich dem Poenitentiale Pseudo-Romanum. (W. p. 373) Ja es wird durch eine solche Tödtung sogar die christliche Milde nicht verletzt, deren Mangel die irregularitas ex delicto zur Folge hat. (Poenitentiale Civitatense c. XLVII (W. p. 693) Sed si homicidium fuerit necessarium vel quia aliter evadere non potuit, et si culpa aliqua non fuit, non est irregularis. Nur durch eine Bufse mufs sich der Cleriker reinigen, welche auch in einigen Bufsordnungen dem Laien gesetzt ist. So dem Cleriker in : Poenit. Civitat. c. LVIII. Si sacerdos se defendens latronem interficiat, duobus amis penit. (Der milde Character dieser Bufse wird übrigens klar, wenn man die Strafe des homicidii voluntarii in demselben Poenit. c. CXLVII bedenkt : Si clericus homicidium voluntarie fecerit, debet deponi ab ordine et beneficio et septem annis penitere). Dem Laien ist sie bestimmt im Confessionale Pseudo-Egberti c. XXIV (W. p. 310) Si quis alium in bello publico occiderit, vel ex necessitate, ubi rem domini sui tuebatur, XL dies jejunet; und im Poenitent. Pseudo-Theodori c. III (W. p. 570)

§ 14. Si vero aliquis certando pro justitia perpetraverit homicidium, non illum gravari oportet tam diu annuali jejunio, neque XL, sed (per) triduana, vel biduana, seu ferialia jejunia, et per elemosinas expietur ab sanguinis effusione, ut aepiscopus judicaverit. § 15. (welcher zunächst hierher gehört) Simili modo paene agatur et de eo, qui resistendo insurgentem prostraverit. In mehreren Stellen wird dann insbesondere das Recht der Vertheidigung gegen den fur und latro anerkannt, indem eine Bufse nur für den Fall der Ueberschreitung der Gränzen desselben gesetzt wird. So in Poenit. Civitat. c. LVII (W. p. 694) Occideris furem vel latronem, qui alias sine occisione capi poterat, per XL dies ecclesiam non intret, et utatur cilitio, et quarta et sexta feria jejunet; characteristisch für die Auffassung einer solchen Tödtung ist der Zusatz: Et si clericus pro rebus ecclesiae servandis hoc non fecerit, deponatur, tamen penit., quamdiu vivat. Ganz dieselbe Bestimmung im Poenitent. Mediolanense (W. p. 717) (Corrector Burchardi c. XXVI (W. p. 636) (5). Noch weiter gehen die Canones Wallici c. XXI: Si quis ingenuus furtum fecerit et in ipso commisso morietur, nullus a suis habeat quaestionem. C. XXII: Si quis ingenuus aut servus faciens furtum noctu et in ipso commisso lancea fuerit feritus et mortuus fuerit, qui eum occiderit, nullam habeat causam reddendi (W. p. 128).

Auf diese Bestimmungen der Bufsordnungen lassen sich die Grundsätze des canonischen Rechtsbuches (6)

(5) Diese Stelle, welche auch wörtlich in c. 2 X de homicid. volunt. et cas. (5, 12) übergegangen ist (unter der Ueberschrift ex poenitentiali Romano, vgl. darüber Wasserschleben Einl. Cap. 8), wird unten mitgetheilt werden.

(6) Ueber die canonische Litteratur vgl. Phillips, Kirchenrecht, I. Band, S. 594, Not. 26 (Dritte Auflage).

zum Theil zurückführen, ein anderer Theil derselben hat seine Wurzeln im römischen Rechte. Dasselbe anerkennt demgemäfs das Recht der Selbstvertheidigung als ein natürliches Recht, gleich dem römischen; ja es spricht sein Prinzip auch im Eingang der ersten Sammlung aus, nämlich im Decretum Gratiani, in dist. 1 can. 7 : Jus naturale est commune omnium nationum, eo quod ubique instinctu naturae, non constitutione aliqua habetur : ut viri et feminae conjunctio, liberorum successio et educatio, communis omnium possessio, et omnium una libertas, acquisitio eorum quae coelo, terra marique capiuntur; item depositae rei, vel commendatae pecuniae, violentiae per vim repulsio. § 1. Nam hoc, aut si quid huic simile est, nunquam injustum, sed naturale aequumque habetur. — Allein es mufs die Ausübung des Vertheidigungsrechts cum moderamine inculpatae tutelae und in continenti geschehen. Der Ursprung der Stellen, welche dies aussprechen, aus dem römischen Rechte liegt klar zu Tage : c. 3 X. De sent. excomm. (5, 39) Si vero Clericum vim sibi inferentem, vi quis repellat vel laedat, non debet propter hoc ad Sedem Apostolicam transmitti, si in continenti vim vi repellat; cum vim vi repellere omnes leges omniaque jura permittant. Wenn das moderamen inculpatae tutelae nicht beobachtet ist, so tritt Strafe ein, nach c. 18 X. De homicid. vol. et cas. (5, 12) Si vero, quemadmodum perhibetur, sacerdos iste prius ab illo percussus sacrilego, mox eum cum ligone in capite repercussit, quamvis vim vi repellere omnes leges et omnia jura permittant : quia tamen id debet fieri cum moderamine inculpatae tutelae, non ad sumendam vindictam, sed ad injuriam propulsandam; non videtur idem sacerdos a poena homicidii penitus excusari, tum ratione instrumenti, cum quo ipse percussit, quod cum grave sit, non solet levem plagam inferre;

tum ratione partis, in qua fuit ille percussus, in qua de modico ictu quis lethaliter solet laedi. — In Beziehung auf die Tödtung des fur und latro insbesondere setzt jenes c. 2 X (5,12) Bestimmungen, welche theils den Bufsordnungen entnommen sind, theils an römischen Ursprung erinnern: die Tödtung zur Vertheidigung ist bufslos, nur Fasten und Almosengeben wird empfohlen, schwere Bufse trifft aber den, der den fur oder latro getödtet hat, wo er ihn hätte ergreifen können. Die Stelle lautet: Interfecisti furem aut latronem, ubi comprehendi poterat absque occisionem et tamen interfecisti, quia ad ymaginem Dei creatus et in nomine ejus baptizatus, et sanguine ejus redemtus est? XL dies non intres in ecclesiam, lanea veste indutus, ab escis et potibus, qui interdicti sunt, et a thoro, a gladio et equitatu illos supradictos dies te abstineas, et in tertia autem feria, et in quinta, et in sabbato aliquo genere leguminum vel oleribus et pomis vel parvis pisciculis, cum mediocri cervisa utere et temperate. Si autem sine odii meditatione te tuaque liberando diaboli membrum interfecisti, secundum indulgentiam dico, propter imaginem Dei, si aliquid jejunare volueris, bonum est tibi et elemosinas largiter fac. Si presbiter eadem fecerit, non deponatur, tamen quamdiu vivit, penitentiam agat. Dagegen geht in Hinsicht des fur nocturnus das canonische Recht, gestützt auf eine Stelle im Exod., noch weiter, als das neuere römische Recht: c. 3, X, h. t. Si perfodiens inventus fuerit fur, et percussus mortuus fuerit, non est illi homicidium imputandum. Si autem oriatur sol super eum, reus erit. Intelligitur ergo, non pertinere ad eum homicidium, si fur nocturnus occidatur; si autem diurnus fuerit, ad homicidium pertinere. Hoc est enim quod aït: si oriatur super eum sol, etc., quia poterat discernere, quod ad furandum, non ad occidendum venisset: et ideo non debet occidi. Hoc etiam in antiquis legibus secularibus, quibus ista est antiquior, invenitur, impune scilicet occidi nocturnum furem quoquo modo, diurnum autem, si se telo defenderit: jam enim plus est quam fur. — Das Recht der Vertheidigung darf auch zum Schutze Anderer geübt werden, wie ausdrücklich die folgenden Stellen bestimmen: c. 5, caus. 33 q. 3. Fortitudo, quae vel in bello tuetur a barbaris patriam, vel domi defendit infirmos, vel a latronibus socios, plena justitiae est. c. 7 eod. Non in inferenda, sed in depellenda injuria lex virtutis est. Qui enim non repellit a socio injuriam, si potest, tam est in vitio quam ille qui facit. Unde S. Moyses hinc prius orsus est tentamenta bellicae fortitudinis. Nam cum vidisset Hebraeum ab Aegyptio injuriam accipientem, defendit, ita ut Aegyptium prosterneret, atque in arena absconderet. Salomon quoque ait: (Eripe eum qui ducitur ad mortem.) C. 6 in 6to (5, 11).... Et quidem cum liceat cuilibet suo vicino vel proximo pro repellenda ipsius injuria suum impartiri auxilium; imo si potest et negligit, videatur injuriantem fovere, ac esse particeps ejus culpae.... c. 6, § 2. X (5, 12.) Illi etiam, qui non ut ferirent, sed ut percussoribus opem ferrent, si forte per aliorum violentiam impedirentur, paulo minori debent poena mulctari: quia cum scriptum sit: Qui potuit hominem liberare a morte, et non liberavit, eum occidit: constat ab homicidii reatu immunes non esse, qui occisoribus opem contra alios praestare venerunt; nec caret scrupulo societatis occultae, qui manifesto facinori desinit obviare.

Während nun die Anerkennung der Rechtmäfsigkeit und Straflosigkeit der Tödtung zum Zwecke der Vertheidigung seiner selbst und Anderer aus den angeführten Bestimmungen unzweifelhaft hervorgeht, ja auch die Tödtung zur Vertheidigung der eigenen Person bestimmt die Irregularität nicht zur Folge hat, nach c. un. Clem. De homicid. volunt. vel. casual. (5, 4) Si furiosus, aut infans, seu dormiens, hominem mutilet, vel occidat, nullam ex hoc irregularitatem incurrat. Et idem de illo censemus, qui mortem aliter vitare non valens, suum occidit vel mutilat invasorem; ferner auch nach c. 2 X (5, 12) cit. eine solche Tödtung die Deposition des Clerikers nicht mit sich führt („si presbiter eadem fecerit, und damit ist hier sogar ein Excefs der Vertheidigung gemeint, non deponatur"), sondern es nur in sein Gewissen gestellt wird, ob er im Amte bleiben wolle, oder nicht, (nach dist. 50. c. 6 : De his clericis, pro quibus consuluisti, scilicet qui se defendendo paganum occiderunt, si postea per poenitentian emendati possint ad gradum pristinum redire, aut ad altiorem condescendere; scito nos nullam occasionem dare, nec ullam tribuere eis licentiam quemlibet hominem quolibet modo occidendi. Verum si contigerit ut clericus sacerdotalis ordinis saltem paganum occiderit, multum sibi consulit, si ab officio sacerdotali recesserit : satiusque est illi in hac vita Domino sub inferiori habitu irreprehensibiliter famulari, quam alta indebite appetendo damnabiliter in profundum demergi.); so wird darüber gestritten (7), ob nicht wenigstens die Tödtung,

(7) Phillips, Kirchenrecht, S. 595 ff., sich darauf stützend, dafs überall die Straflosigkeit einer Handlung von dem Mangel der Irregularität zu unterscheiden sei, die, weil sie nicht selbst Strafe, auch von der Strafe wenigstens insofern unabhängig sei, als sie sehr wohl eintreten könne, wo jene nicht Statt finde; dann auf die Principien des älteren Rechts und auf die Glosse zur Clem. Si furiosus. cit., welche sagt : Haec littera innuit, secus in illo, qui occiderit volentem occidere patrem, filium, conjugem, vel personam conjunctam, quam aliter juvare non poterat. Quod verum puto : quasi casus ille non includatur sub necessitate inevitabili sed evitabili. Et hoc dico, dato quod verum sit, quod notavit Innoc. d. sent. exc. si vero 1. ubi tenet: quod eo casu percutiens clericum non est excommunicatus, ut ibi

welche zur Vertheidigung eines Andern geschieht, die Irregularität zur Folge habe. Wenn man bedenkt, in welcher Weise das canonische Recht das Recht der Selbstvertheidigung überall auffafst; dafs es von seinem Grundsatze, dafs die Tödtung eines Menschen die christliche Milde verletze und darum von der Irregularität begleitet sei, bei der Tödtung zum Zwecke der eigenen Vertheidigung schon einmal ausdrücklich so wesentlich abweicht; dafs die Vertheidigung eines Dritten in so vielen Stellen verstattet, ja als ein Gesetz der Tugend hervorgehoben, die Unterlassung derselben als eine Begünstigung des Unrechts, als eine Theilnahme am Verbrechen des Angreifers angeschaut wird; dafs die citirte Stelle aus den Clementinen wohl nicht die Tödtung zur Vertheidigung Anderer hat ausschliefsen, sondern nur das Prinzip, dafs die Tödtung zum Zwecke der Vertheidigung nicht irregulär mache, durch die Hervorhebung des wichtigsten Falles, nämlich der eigenen Vertheidigung, hat aussprechen wollen; dafs schon die Bufsordnungen (z. B. Poenit. Pseudo-Bedae CXXXIX § 3: „parentes aut familias") die Vertheidigung Anderer der eigenen ganz gleichstellen; endlich dafs principiell beide Rechte auf demselben innerlichen Grunde beruhen, sittlich gemessen, und darauf ist bei Interpretation canonischer Stellen wohl besonderes Gewicht zu legen, die Vertheidigung Anderer mit eigener Gefahr sogar noch höher steht: so ist wohl auch für diesen Fall die Irregularität auszuschliefsen (8).

scripsi. Irregularitas nempe ista contrahitur sine culpa etiam ex merito, ut in judice juste occidente. — behauptet für diesen Fall die Irregularität. Richter, Kirchenrecht, § 95 geht so weit, anzunehmen, dafs die Tödtung immer irregulär mache, so lange irgend ein Grad von Zurechnungsfähigkeit vorliege.

(8) Zur Unterstützung unserer Ansicht führen wir noch zwei Stellen an, in denen die Entscheidung im Wesentlichen auf demselben

Eine andere Entscheidung mufs allerdings bei der Tödtung zur Vertheidigung von Hab und Gut eintreten. Hier mufs ebenso entschieden die Irregularität als Folge angenommen werden; denn die Ansicht des canonischen Rechts, dafs man um zeitliches Gut Menschenblut nicht vergiefsen dürfe, ist klar ausgesprochen in c. 10 X (5, 12) : Suscepimus litteras tuas, per quas cognovimus quod cum lator praesentium in custodia cujusdam domus cum altero fratre maneret, ingredientes de nocte quidam latrones, ad eos turpiter ipsos in personis affligere, et denudare vestimentis propriis praesumpserunt : in quos isti resumptis viribus insurgentes, ligaverunt illos, et detinere usque ad notitiam Capituli voluerunt. Cum autem iste rem ad tuam audientiam perlaturus, ligatos eos in fratris custodia dimisisset, et fures se solvere niterentur; frater illos, ne ipse ab eis interimeretur, occidit. Verum quoniam expediebat potius post tunicam relinquere pallium, et rerum sustinere jacturam, quam pro conservandis vilibus rebus et transitoriis tam

Princip beruht, wenn auch die in ihnen entschiedenen Fälle nicht ganz dieselben sind : c. 3 X De cler. percuss. (5, 25) : Praesentium lator in quodam conflictu asserit se fuisse, pro parte tamen illorum qui violentiam repellant : in quo lapides ipse projecit, sed aliquem non percussit. Quam nos, quia per alios illic aliqui dicuntur occisi, a celebratione missarum per biennium praecipimus abstinere. Mandamus itaque, ut si alia non impedierint, decurso hujusmodi temporis spatio, ad sui officii executionem eum admittas; und c. 4. eod. : Continentia litterarum : Cum P. Acolytus cum quibusdam ad resistendum praedonibus arma sumpsisset, in conflictu illo tres fuerunt vulnerati ad mortem, ita tamen, quod illa homicidia neque facto ejus, neque consilio perpetrata fuerunt : Consultationi tuae taliter respondemus, quod cum praedictum Acolytum ad frugem melioris vitae transivisse dicatis, poterit ipse ad Subdiaconatus ordinem promoveri, et altaris ministerium exercere.

(9) Dieser Ansicht ist auch Phillips S. 597 ff.

acriter in alios exardescere; abstineat iste humiliter ab altaris ministerio, et uterque peccatum suum ad arbitrium tuum studeat expiare : constat enim eos contra mansuetudinem ecclesiasticam ex utriusque ope interemptos. Darum bemerkt die Glosse zu dieser Stelle : Ex hoc § colligitur aperte, non licere clericis occidere latrones pro rebus conservandis. Mit Unrecht würde man gegen die Annahme der Irregularität in Folge der Tödtung zum Schutze des Eigenthums eine Stelle anführen, welche von einem Angriff durch Diebe handelt, und nach welcher allerdings dieselbe nicht eintreten soll. Allein hier handelt es sich um einen Angriff auf Leib und Gut, wie deutlich der Fall zeigt : c. 19 § 1, X (5, 12) Ad ultimum fuit ex parte tua propositum, quod quidam Scholaris metuens ne latrones in hospitio suo essent, de strato consurgens, reperit ibi furem, qui non solum ipsum Scholarem prostravit ad terram, sed pene ad mortem vulneravit eundem (Scholaris vero provocatus ab illo vim vi in continenti repellens, extracto latroni gladio eundem servato juris moderamine repercussit, qui perterritus fugam quantocius potuit arripere maturavit). Mane itaque Scholares latronem quaesiverunt eundem, quem vulneratum, inventum potestati Vincentiae tradiderunt. . . . . . latronem ipsum apparitoribus suis tradidit puniendum; qui sibi amputaverunt virilia, et oculos eruerunt : latro vero ira et dolore commotus, nec potum sumpsit, nec cibum : et sic de medio est sublatus. Unde per nostrum oraculum postules edoceri, utrum praefatus Scholaris, ad sacros valeat ordines promoveri? Nos igitur, inqui. tuae respondemus, quod si praefatus Scholaris dignis meritis adjuvatur, propter praescriptum eventum a susceptione sacrorum ordinum, nullatenus est arcendus. — Allein wenn auch die Tödtung um Gut die Irregularität zur Folge hat, so tritt doch eine Strafe bei rechter Vertheidigung des Eigenthums nicht ein; denn diese ist ja in den oben angeführten Stellen, welche von der Tödtung des fur und latro handeln, in weitem Umfange anerkannt, und auch noch anderwärts, so in c. 6 in 6to. (5,11) Praeterea cum omnes leges, omniaque jura vim vi repellere, cunctisque sese defensare permittant: licuit utique ipsi Decano (si praedictus Ballivus eum bonis suis mundanis injuriose spoliare, vel ea violenter occupare praesumpserit, ut superius est expressum) contra illius violentiam injuriamque se tueri. Et quoniam adversus ejus nimiam potentiam sufficiens temporalis defensio sibi forte non aderat, potuit se etiam spiritaliter gladio videlicet utendo Ecclesiastico defensare, ac recurrere propter hoc ad arma spiritalia, quae sunt Ecclesiae propria, et pro suo munimine illis uti.

Vierter Abschnitt.

Die Entwicklung des Rechts der Selbstvertheidigung in dem deutschen Recht.

Es ist die Aufgabe dieses Abschnitts, durch alle Stufen der Entwicklung des deutschen Rechts hindurch, die Anerkennung des Rechtes der Selbstvertheidigung in Noth nachzuweisen, nachzuweisen, wie dasselbe, wenn gleich anfangs mangelhaft formulirt, mit wenigen Ausnahmen, in den Aufzeichnugen desselben, von den Zeiten der einfachen, in den Volksrechten fixirten Rechtssitte bis zu dem ersten umfassenden Versuche, peinliches Recht und Prozefs in einem selbstständigen Rechtsbuche zusammenzufassen, in der Bambergischen Halsgerichtsordnung, einen formellen Ausdruck gefunden hat, und damit die Grundlage für das Verständnifs und die Fortbildung des heutigen Rechts zu erbauen. Wenn auch das römische Recht in diese Entwicklung eingegriffen, so war es doch seinem Einflusse so wenig vorbehalten, dem Grundsatze, dafs der Mann ein Recht habe, sich im Fall der Noth des Unrechts zu wehren, im deutschen Rechte Geltung zu verschaffen, dafs dasselbe vielmehr dazu geholfen hat, das autochthone germanische Recht der Selbsthülfe zu brechen und ihm die Schranken anzuweisen, deren Beobachtung das geordnete Staatswesen von der rohen Kraft des Individuums zu fordern berechtigt und verpflichtet ist. Das Prinzip wurzelt im germanischen Rechtsbewufstsein; bei der innigen Verwandtschaft des römischen Prinzips konnte aber das deutsche Recht sich durch die Aufnahme römischer Categorien für das Recht der Vertheidigung bereichern, das hier wahlverwandte, juristisch vollendete Recht dazu benützen, die Gestaltung seines eigenen Rechtsgedankens zu strengerer juristischer Form zu vermitteln und einzelne Starrheiten und Schranken in der Anwendung desselben zu überwinden, und zwar ohne den Boden nationaler Rechtsanschauung zu verlassen, und eine gewaltsam unnatürliche Vermischung einander innerlich fremder Rechtselemente zu vollziehen. In diesem Sinne hat Köstlin die Entwicklung des deutschen Rechts der Selbstvertheidigung als ein allmähliges Hinstreben zu dem vollen Ausspruch des im römischen Recht klar und vollständig ausgedrückten Grundgedankens bezeichnet. Dagegen hat Zöpfl (1),

(1) Archiv, Neue Folge, 1842, S. 129 ff., 161, 311 ff., 329, 336 ff.; 1843, S. 37 u. 38, 42 ff. Schon Köstlin hat gegen die Zöpfl'sche Auffassung Protest erhoben, und der Aufsatz von Berner, Archiv, N. F., 1843, S. 547 ff. ist gerade zur Widerlegung derselben geschrieben worden, „zur restitutio in integrum der älteren

im Einklang mit seiner Auffassung der rechtlichen Natur der Nothwehr, dem deutschen Rechte eine eigenthümliche „nationale“ Auffassung dieses Rechtes, welches den Römern schon juris gentium ist, vindicirt. Gegenüber dem mafslosen Prinzipe des römischen Rechts, der Identification der Nothwehr und der Selbstvertheidigung, habe der Begriff der Nothwehr im deutschen Rechte von jeher eine enger gefafste und schärfer begränzte Bedeutung gehabt, indem sich dieselbe hier zwar nicht als absoluter Gegensatz zur Selbstvertheidigung entwickelt, aber doch immer scharf von derselben geschieden habe. Die Nothwehr sei nämlich dem deutschen Rechte eine, durch den von dem Angreifer durch seinen rechtswidrigen Angriff auf die Person (und nur auf diese) herbeigeführten Nothstand, entschuldigte Tödtung oder Verwundung des Angreifers, nur eine ganz genau und bestimmt bezeichnete, nämlich die höchste, Art der in dem Nothstande erlaubten Privatgewalt, aber als solche zugleich ein höchst exorbitantes, so nahe an der Gränze der Strafbarkeit hinstreifendes Verhältnifs, dafs man sehr geneigt gewesen, sie wegen des möglicher- und muthmafslicherweise dabei vorkommenden Excesses mit einer Privatstrafe zu belegen, wenn man gleich über die Unstatthaftigkeit einer öffentlichen Strafe vollständig einverstanden gewesen sei (2). Das Wort Nothwehr begreife

Theorie, welche Zöpfl's Auffassung geradezu auf den Kopf stellt“. Köstlin konnte übrigens nach seiner umfassenden Aufgabe den Behauptungen jener Aufsätze im Einzelnen nicht nachgehen, auch Berner hat sich überwiegend an das heutige Recht gehalten.

(2) Dasselbe hatte schon u. A. Böhmer, Observationes selectae ad Carpzov. Pract. obs. 1 ad qu. 28, n. 16 ausgesprochen : Solae leges Germanorum singulare quid continere videntur, quae, tametsi publicam satisfactionem, nec in casuali, nec in necessa-

daher auch nach der deutschen nationalen Anschauung die anderen niederen Arten der Selbstvertheidigung, also diejenige gegen nicht lebensgefährliche Angriffe auf Ehre und Vermögen und diejenige, welche eine andere oder geringere Verletzung des Angreifers, als Tödtung und Verwundung, zur Folge haben, nicht unter sich. Während nun die Doctrin anfangs nur bestrebt gewesen sei, durch Verweisung auf römische Rechtssätze, die germanische Auffassung der Nothwehr aus den kaiserlichen Rechten zu rechtfertigen, so habe dieselbe später durch Hinzuziehung der römischen Doctrin über erlaubte Privatgewalt das deutsche Prinzip der Nothwehr selbst zu erweitern angefangen, und dadurch in die wissenschaftliche Behandlung Haltlosigkeit und Schwanken, in die Praxis Unsicherheit gebracht. Die Wissenschaft unseres Jahrhunderts seit Feuerbach endlich habe die Nothwehr, die bis dahin die nationale Grundlage, wornach sie eine specielle Exception in Bezug auf ein specielles Verbrechen (Tödtung und Verwundung) gewesen, dennoch noch nicht ganz verlassen gehabt, zu der erlaubten Privatgewalt zur Abwehr eines widerrechtlichen Angriffes ausgedehnt, also zu einem generellen Entschuldigungsgrunde der Strafbarkeit einer Handlung überhaupt.

Wenn auch die Zeugnisse der Quellen minder vernehmlich sprächen, so würde zur Entkräftung der eben angedeuteten Ansicht und zum Beweise der vollen und unumwundenen Anerkennung des Rechtes der Selbstvertheidigung im Fall der Noth zum Schutze von Leib und Gut im germanischen Rechte der Hinweis auf den nationalen Cha-

rio homicidio probent, non reprobant tamen eam satisfactionis speciem, qua demulcetur familia occisi. (vgl. auch die unten zu Ssp. II, 14 Angeführten.)

racter der germanischen Völker und ihres Rechtes genügen, nach dessen innerstem Wesen es schlechthin nicht gedenkbar, dafs ein so wehrhaftes Volk, welches das Waffentragen als das höchste Recht des freien Mannes, ja Recht und Wehrhaftigkeit als identisch, in dem Gottesurtheil des Zweikampfes das vorzüglichste Beweismittel, in dem Vorwurf der Feigheit den schwersten Schimpf, in seinem Hause ein durch einen besonderen Frieden geschirmtes Heiligthum anschaute, in dessen Sitte und Recht diese in den frühesten Anfängen seines Staatslebens wurzelnden Anschauungen noch bis in das späte Mittelalter fortwirkten, dessen ganzes öffentliches Strafrecht endlich langsam aus Rache und Selbsthülfe hervorwuchs, — dafs ein solches Volk in der durch Noth abgedrungenen Vertheidigung von Leib und Gut ein „exorbitantes, an der Gränze der Strafbarkeit hinstreifendes Thun, eine Missethat" erblickt haben, und anstatt dieselbe als ein ureigenes, natürliches Recht anzuerkennen, „vielmehr geneigt gewesen sein sollte, dieselbe mit einer Privatstrafe zu belegen."

Es ist begreiflich, dafs man den feinen juristischen Begriff der Nothwehr noch nicht auf derjenigen Stufe der deutschen Rechtsentwicklung suchen darf, welche die Volksrechte darstellen, in welchen das Bedürfnifs des Lebens eben erst die instinctive rechtliche Sitte in niedergeschriebenen Satzungen zu gestalten und festzuhalten begann. Ihr Inhalt sind einfache Rechtssätze, abgefafst mit noch schwacher Beobachtungsgabe, um unter der bunten Hülle der Lebensverhältnisse, aus denen die Regel zu abstrahiren ist, den rechtlichen Kern wahrzunehmen, und geringer Darstellungskraft, um denselben entsprechend zu formuliren, schlichte Aufzeichnungen, die darum ausreichen, weil sie überall ihre nothwendige Ergänzung haben in dem lebendigen Rechtsbewufstsein der das Recht

Uebenden und Findenden. So machen denn die Verzeichnisse der Bufsen, für welche es fester Ansätze bedurfte, den wesentlichen Inhalt ihrer strafrechtlichen Bestimmungen aus. Dies der eine Grund, der andere liegt in Folgendem: Da in der Regel die Missethaten der Freien durch Geld abgekauft werden konnten, wenn der Verletzte, auf dessen Wahl es natürlich gestellt war, nicht sein Recht gebrauchen wollte, mit seiner Familie und seinen Genossen gegen denjenigen Fehde zu erheben, der den Frieden an ihm gebrochen hatte, „und im Blute des Friedbrechers Genugthuung für den erlittenen Hohn zu suchen" (3), und nur erst einzelne öffentliche Strafen, wie gegen Unfreie, gegen Freie in Fällen, da der Verbrecher sich als Feind des Gemeinwesens darstellte, und in noch anderen Fällen in solchen Leges, bei deren Abfassung königlicher Einflufs die alten Volksgewohnheiten modificirte, vorkamen; so liegen hier erst die Anfänge eines öffentlichen Strafrechts, wenn auch in dem unverkennbaren Streben derselben, die Blutrache zu beschränken, in der Ausbildung eines allgemeinen Bufssystems, in dem Zwange zur Bezahlung der Bufse durch das Volksgericht, wenn der Verletzte den Schutz desselben angerufen, darin, dafs neben der Bufse an den Verletzten auch das fredum, in manchen Fällen sogar, wenn nicht ein Einzelner, sondern das öffentliche Wesen verletzt war, das fredum allein verwirkt wurde, die ersten Schritte zur Ueberwindung der rein privatrechtlichen Auffassung des Verbrechens geschehen. Denn man kann die wahre Entstehung eines Strafrechts erst von dem Zeitpunkte datiren, da das Bewufstsein, dafs nicht blofs

(3) Grimm, Deutsche Rechtsalterthümer, S. 623. Wächter, Beiträge zur Deutschen Geschichte, insbesondere des deutschen Strafrechts, S. 42 ff.

der Schaden des einzelnen durch das Verbrechen Verletzten zu ersetzen, sondern die durch dasselbe gebrochene Rechtsordnung des Staates nur durch die strafende Gewalt des Staates an dem Verbrecher gesühnt werden könne, in einem Systeme öffentlicher Strafen seinen Ausdruck gefunden hat. Es ist nun einleuchtend, dafs ein Recht, welches die Rache in der Form der Fehde am Verbrecher nach der That in der Regel freigab, das Recht der Vertheidigung gegen einen drohenden Angriff nicht erst ausdrücklich anzuerkennen brauchte, um dasselbe wirksam werden zu lassen. Erst dann, wenn das Princip der Rache und Fehde vor dem System der öffentlichen Strafen gewichen, bedarf es besonderer rechtlicher Festsetzungen für die Fälle, in welchen es nun dem Einzelnen noch verstattet sein soll, sein Recht an dem Angreifer selbst zu nehmen. Die Grundsätze über Nothwehr sind dann gleichsam der rechtliche Niederschlag aus jenen gährenden rechtlichen und gesellschaftlichen Zuständen, dasjenige, was von Rache und Selbsthülfe in dem geordneten Staate zurückgeblieben.

Wenngleich nun aber auch die älteren Volksrechte, auf welche römisches Recht und königliche Macht noch geringen Einflufs geübt, des Rechtes der Selbstvertheidigung als solchen nicht zu gedenken brauchen und seine rechtlichen Momente noch nicht zu construiren vermögen; so haben sie der Anerkennung des Selbstschutzes im Princip doch einen bestimmten, wenn auch noch juristisch rohen, Ausdruck in der Form eines Tödtungsrechts gegen den Verbrecher auf frischer That gegeben, eines Rechtes, welches gestattet, den Dieb, denjenigen, den man bei Nacht in seinem Hause antrifft, den Ehebrecher, denjenigen, der Brandstiftung versucht, „sine compositione“ zu erschlagen. Da ist der Unterschied zwischen Nothwehr und Tödtungsrecht, zwischen Vertheidigung und Rache, noch nicht hervorgebildet, da denkt man noch nicht daran, die Vertheidigung, die am Sichersten durch Tödtung des Angreifers geschieht, an bestimmte Bedingungen zu knüpfen, ihre Ausübung durch rechtliche Schranken zu hemmen. Ein solches Recht giebt Lex Bajuv. Tit. VIII, c. V. Fur nocturno tempore captus in furto, dum res furtivas secum portat, si fuerit occisus, nulla ex hoc homicidii querela nascatur; Tit. VII, c. I, 2. Et si in lecto cum illo interfectus fuerit, pro ipsa compositione quam debuit solvere marito ejus, in suo scelere jaceat sine vindicta. Decret. Tassil., de popularibus legibus III. Ut si quis domum tam liber, quam servus altius effoderit, et ibi occisus fuerit, sine compositione in sua damnatione permaneat. Si autem supellectilia abstulerit de eadem domo; et eo fugiente in curtem, vel extra curtem, hic cui damnum intulit consequitur, et interfecerit, pari subjaceat sententiae. Ganz verschiedenartige Fälle stellt Lex Fris. in Tit. V unter der Aufschrift „De hominibus qui sine compositione occidi possunt" zusammen (4): Campionem, et eum, qui in praelio fuerit occisus, adulterum et furem, si in fossa, qua domum alterius effodere conatur, fuerit repertus, et eum, qui domum alterius incendere volens, facem manu tenet, ita ut ignis tectum vel parietem domus tangat (das eigentliche „in flagranti delicto"); qui

(4) Es ist ungenau, wenn Zöpfl, Archiv, 1842, S. 133 für das hier gewährte Recht die Bezeichnung Nothwehr gebraucht, weil ja der Begriff der Nothwehr noch gar nicht in juristischer Bestimmtheit vorhanden war. Ueberhaupt hat derselbe die Stellen, die von Selbstrache, und diejenigen, welche von dem eigentlichen Recht der Vertheidigung handeln, ungeordnet und äußerlich neben einander gestellt, sowie auch die, welche seine Ansicht unterstützen, ohne innere Vermittelung neben diejenigen, welche dieselbe aufzuheben geeignet sind.

fanum fregit, et infantem ab utero matris sublatum enecat. Lex Burg. Tit. XXVII, 9. Si quis vineam fructum habentem noctu ingressus fuerit, et a custode vineae intra vineam fuerit interemtus, ab occisi domino aut parentibus non requiratur. Addit. I, Tit. XVI, 2. Certe si de nocte hoc (sc. in vineam intrare, 1) praesumserit facere, et percussus fuerit, ita ut moriatur, cujus vinea est nullam calumniam patiatur. 4. (in Beziehung auf Sclaven) Quod si de nocte intraverit, sicut superius diximus, occidatur. Tit. LXVIII De adulteriis, 1. Si adulterantes inventi fuerint, et vir ille occidatur et femina. 2. Nam hoc observandum est, ut aut utrumque occidat : aut si unum occiderit pretium ipsius solvat, sub ea traditione pretii, quae est prioribus legibus constituta. Auch die späteren Rechte kennen noch ein solches Recht : Lex Angliorum et Werinorum, Lex Francorum II, 5. (Merkel) Homo in furto occisus non solvatur, sed si proximus ejus dixerit innocentem occisum, campo eum conprobet innocentem, vel 12 hominem sacramento furem credi juste occisum. (vgl. unten.) Lex Saxonum, Lex Francorum XXXII. (Merkel) Qui noctu domum alterius effodiens vel effringens intraverit et duorum solidorum pretium abstulerit capite puniatur. Si ibi occisus fuerit, non solvatur.

In den Beschränkungen dieses Tödtungsrechtes in einigen Volksrechten, wie dafs der Verbrecher erst getödtet werden darf, wenn er nicht gebunden, ergriffen werden kann, liegen indessen schon die ersten Versuche, dasjenige, was das später entwickelte Recht Nothwehr nennt, gegenüber dem Recht der Selbstrache zu bestimmen. So in der Lex Ribuar. Tit. LXXVII. De homine furbattudo. Si quis hominem super rebus suis comprehenderit, et eum ligare voluerit, aut super uxorem, seu super filiam, vel his similibus, et non praevaluerit ligare, sed colpus ei excesserit, et eum interfecerit ...; und in dem Decr. Tassil. de pop. legg. IV. Similiter, qui liberum vel mancipium suum furaverit, et comprehendere minime quiverit, et ibidem interfecerit reum, superior permaneat sententia.

Mit dem Zurücktreten der Selbstrache und Fehde mufste das eigentliche Vertheidigungsrecht von Leib, Leben und Gut im Fall der Noth, welches früher in jenen aufging, als ein bestimmtes selbstständiges Recht seine Entstehung haben. Und so anerkennen dasselbe denn auch diejenigen Gesetze ausdrücklich, in welchen, wie in den Capitularien, den Gesetzen der Langobarden und Angelsachsen, die erstarkte königliche Gewalt die Rache und Fehde beschränkte und öffentliche Bestrafung an ihrer Statt aufzurichten versuchte. Es mufste, da alle Gewaltthat verboten war, jetzt ausdrücklich die Rechtmäfsigkeit der Tödtung ausgesprochen werden, welche der Todtschläger „se defendendo" (5) verübt hatte. Dieses „se defendere" ist die Grundlage für das bestimmte

(5) Wilda, Strafrecht der Germanen, S. 563 u. 564 nimmt den Ausdruck „se defendendo" als gleichbedeutend mit „necessitate cogente", und meint, dafs damit eine Tödtung bezeichnet werden solle, bei welcher der Thäter, ohne die bestimmte Absicht, seinen Gegner umzubringen oder in einer vorgesetzten Weise an Leib und Gesundheit zu beschädigen, durch irgend eine von diesem gegebene Veranlassung sich zum blutigen Angriff habe hinreifsen lassen. Der Sinn beider Ausdrücke ist aber durchaus verschieden, der letztere bezieht sich gerade auf das Gegentheil der Vertheidigung, nämlich auf die im Nothstand angriffsweise verübte Tödtung. Seine Auffassung des „se defendendo" hängt mit einem Mifsverständnisse in Beziehung auf Capit. a. 817 cap. 1 zusammen, in welches er die Verpflichtung zur Zahlung des Wergeldes für die Tödtung „se defendendo" mit Unrecht hineininterpretirt.

strafrechtliche Verhältnifs der Nothwehr, wenn auch die einzelnen in demselben liegenden rechtlichen Momente noch nicht oder nicht alle entdeckt und formulirt waren. So datiren wir denn die Entstehung dieses Begriffs von hier, obgleich man sich des ganzen in demselben geborgenen rechtlichen Gehaltes noch nicht bewufst geworden war, und erst die spätere Zeit denselben allmählig mit Bewufstsein erkannt und dargestellt hat. Ja der Ausdruck „se defendendo" ist noch so wenig ein technisch-jüristischer, dafs selbst in den Stellen der Capitularien, welche von der Tödtung „se defendendo" handeln, damit nicht immer die Vertheidigung gegen einen widerrechtlichen Angriff im Falle der Noth, sondern auch wohl nur Vertheidigung überhaupt, selbst gegen einen rechtmäfsigen Angriff, ein Einschreiten der öffentlichen Gewalt, gemeint ist, so dafs sich erst aus dem Zusammenhange der Stelle die Bedeutung des „se defendere" ergiebt. So bezieht sich auf die letztere Karlom. Capit. apud Vernis palat. a. 884 (Pertz, Legg. I, p. 551), wo es von dem Friedbrecher, der vom missus zur Verantwortung ad palatium geladen ist, in c. 3 heifst: Quod si ausu temerario venire contempserit, vi ad nostram praesentiam adducatur, subdendus praedecessorum nostrorum sanctionibus. Si autem et nos et missum nostrum contempserit, et ad nos venire noluerit, et se defendendo ibi occisus fuerit. . . . . Hier wird „se defendendo" von dem Widerstande gegen die obrigkeitliche Macht gebraucht, von dem Widerstande des „rebellis" (c. 10), des „in contemptu permanens" (c. 11). Dagegen sind Stellen, in welchen mit der Tödtung „se defendendo" diejenige zur Vertheidigung gegen einen widerrechtlichen Angriff gemeint ist, Hludow. Capit. Aquisgr. a. 817. Cap. legg. add. c. 1. (Pertz, Legg. I, p. 210.); Hludow. et Hlothar.

Capit. Wormat. a. 829. Cap. pro leg. hab. c. 1. (Pertz, p. 353.) (6).

Indessen werden doch, wie bemerkt, schon einzelne rechtliche Momente des Vertheidigungsrechts bestimmt hervorgehoben (7). So wird in den Capitularien das Moment der Widerrechtlichkeit des Angriffes vorzüglich betont, indem die Bezahlung des Wergeldes für die Tödtung „se defendendo“ davon abhängig gemacht wird, daſs der Todtschläger „auctor commotae inter eos rixae“ gewesen sei (s. unten). Und in den normännischen Leges Henrici I erhält eine andere wesentliche Bedingung des Nothwehrrechts, daſs die Gefahr nicht vorüber sein dürfe, schon einen bestimmten rechtlichen Ausdruck: Der Angreifer, der sich ergeben hat, darf nicht getödtet werden, c. 83 pr. Si quis juxta quod praediximus in hostem suum incidat vel vagipulantem, vel alium qui juste requisitus rectum per omnia denegave-

(6) Wenn Zöpfl S. 138 schreibt, von den Capitularien beziehe sich vornehmlich eines auf die Nothwehr, welches Ludwig dem Frommen zugeschrieben werde, und sich mehrfach in Auszügen, z. B. in Capit. Lib. IV, cap. 13, in den Legg. Langob. Ludov. Pii. c. IX etc., am richtigsten und besten aber in den Legg. Langob. Lotharii I, c. 57 erhalten habe, so übersieht er, daſs zwei Capitularien existiren, daſs nämlich das Capit. Hludow. a. 817 durch ein späteres, Capit. Hludow. et Hlothar. a. 829, abgeändert worden ist.

(7) Für die Auffassung des Rechts der Vertheidigung im Rechtsbewuſstsein jener Zeit ist auch Formul. Sirmond. XXX (Walter.) von Bedeutung, auf welche freilich das römische Recht Einfluſs gehabt hat. Wir heben folgende Stelle hervor: Auctoritate legis praeceptum est ut in toto litis termino requiratur per quem orta est contentio. Et si quis ad rapinam faciendam adgreditur, aut iter agentem insidiaverit, aut domum alterius nocturnus spoliaverit, mors animae ipsius ne requiratur . . . . Diese Formel ist noch in anderer Rücksicht interessant, davon unten beim Beweise.

rit; si tamen se reddiderit et pacem ac misericordiam vel invitus quaesierit, non occidatur; sed ad satisfactionem a reperiente custodiatur XXX noctes, et parentibus et amicis saepius interim offeratur. (Schmid p. 264.) Und der Bedrohte braucht den Streich des Angreifers nicht abzuwarten: Si inter aliquos de rebus repentinis verborum dicacitate, vel eventus aliqua procacitate dissentio consurgat, ex quo aliquis eorum gladium scogilatum evaginat, non est expectandum etiam ut percutiat (c. 83, § 5), eine Bestimmung, die den Schlufsworten des Art. 140 der P. G. O. entspricht: ist auch mit seiner gegenweer, biss er geschlagen wirdt zu warten nit schuldig. Ja es darf auch die Nothwehr nicht blofs zu eigenem Schutze, sondern auch zum Schutze der durch das Band der Lehnstreue verbundenen Personen geübt werden: Et unicuique licet Domino suo sine Wyta subvenire, si quis assalliat eum, et in omnibus legitimis obedire, praeterquam in proditione, furto, murdro, deinceps similia quae nullo prorsus ingenio fieri concessa sunt, et Legibus infamantur. (c. 82, § 3.) Ad eundem modum Dominus consilio pariter et auxilio debet, et modis omnibus potest sine forisfacto homini suo in suis opportunitatibus subvenire (§ 4. s. auch c. 88, § 10). (Aelfred's Englische Gesetze c. 38, § 5 u. 6. (Schmid p. 52).

Der nun längst entstandene Begriff des Vertheidigungsrechtes im Falle der Noth wird aufgenommen von den Rechtsbüchern, den Stadtrechten, den Reichsgesetzen, und zwar zu gröfserer juristischer Bestimmtheit hervorgebildet, als im früheren Rechte. Der Sachsenspiegel spricht indessen nur schlechtweg ohne nähere Bestimmung von „notwere, notwerunge", während das Schwäbische Landrecht die rechte Nothwehr zu definiren versucht, in Art. 79 (Lassberg) 63 (Wackernagel) Und kvmt ein man an den andern ez si nahtes oder tages. und lovfet der eine den andern an. und da ist et niemen bi und siht och niemen. Der eine wichet hinder sich. ob er mac entwichen. vnd wolte 'gerne von im komen. er sleht vf in. dirre sleht vf in hin wider und wert sich. wan er ins niht erlat. so sleht ienen zetode in rehter notwer.... der ienen da erslagen hat. dem sol man erteilen. daz er ze den heiligen swere. das er im entwiche drie schritte hinder sich. oder mere ob er entwichen mohte. daz ist ob er also gehes vf in sleht. daz er im nvt entwichen mag. und daz er sich do aller erst werte. vnde swaz er getan habe daz habe er in rehter notwer getan sines libes..... Und in art. 314, III (L.) 340 (W.) waz rehtiv notwer si daz suln wir iv sagen. Div reht notwer ist nit. wan ob ein man den andern an lovfet. und reht als hie vor geschriben ist. — Ausführliche Bestimmungen über die Erfordernisse rechter Nothwehr, wie dieselben erst ein wissenschaftlich entwickeltes Strafrecht zu geben vermag, ein Rechtsbuch aber gar nicht aufnehmen soll, lag dem einfachen Sinn der Rechtsbücher fern (8). Dem Sachsenspiegel ersetzt das trefflich zusam-

(8) So kennt der Ssp. auch eine Nothwehr gegen Thiere, sicher ein Beweis dafür, dafs die Nothwehr auch noch in dem sprachlichen Sinne einer Vertheidigung gegen jeden, wenn auch daneben in dem strafrechtlich-technischen einer Vertheidigung gegen widerrechtliche Angriffe genommen wurde. Aehnlich wird auch in der Lex Burg., Tit. XX, I neben dem Tödtungsrecht gegen Menschen ein solches gegen Thiere gegeben : Multorum Burgundionum, et Romanorum quaerimonia ad nos processit, quod vineae eorum ab animalibus, porcis, vel reliquis vastarentur. Cum optimatibus nostris de re impensius pertractantes justum esse perspeximus, et ita nobis visum est, a quocunque animalia in vinea inventa fuerint, de grege porcorum unum habeat occidendi liberam potestatem, et suis usibus vindicandum. II: Quod si facilius ad utilitatem et quietem omnium debeat pertinere,

mengefügte Wort Noth-Wehr (Noth ist die Voraussetzung, Wehr die Bedingung der rechtmäfsigen Ausübung der Vertheidigung, moderamen inculpatae tutelae) Begriffsbestimmung und Theorie, wie denn die ungebrochene Jugendkraft des Rechtsgefühles, die Frische und Lebendigkeit der unmittelbaren Anschauung des Rechts das gewährt, was eine spätere Zeit von der Uebung und Reife der Theorie fordern mufs. Eine Feststellung der Bedingungen wird aber auch durch die Grundsätze vom Beweise überflüssig, indem der Eid mit Eideshelfern nicht auf die Beobachtung der einzelnen Bedingungen, sondern auf die rechte Nothwehr geht, oder der Zweikampf über ihr Vorhandensein schlechtweg entscheidet. So darf es denn nicht befremden, dafs ein Rechtsbuch, welches nicht alles geltende Recht umfassen, sondern der rechtfindenden Thätigkeit der Schöffen Vieles überlassen will, nur der Tödtung und Verwundung in Nothwehr und nur der Nothwehr zum Schutze von Leib und Leben ausdrücklich gedenkt. Es soll damit ebensowenig eine Beschränkung derselben auf diese beiden Arten der Verletzung des Angreifers ausgesprochen, und jede andere geringere Art derselben ausgeschlossen sein (wie Zöpfl S. 161, 338 und sonst meint), als damit das Recht der Vertheidigung zum Schutze des Gutes geläugnet werden will, letzteres um so weniger, als das Rechtsbuch, welches verstattete, „in düve oder in rove" Betroffene zu tödten, damit denn doch die Selbstvertheidigung des Gutes genugsam im Prinzip anerkannt hat. Es wird dies noch dadurch bekräftigt, dafs die anderen Rechtsbücher, welche aus dem Rechtsbewufstsein der Zeit des Sachsenspiegels heraus niedergeschrieben

de animalibus vel reliquis pecoribus, praeter boves et caballos, sicut de porcis simili conditione, teneatur.

sind, und darum ebenso zur Ergänzung und Erläuterung desselben benutzt werden können, wie dieser die Grundlage zu ihrem Verständnisse bildet, dieser weiteren Momente, der geringeren Verletzungen des Angreifers, die der Sachsenspiegel als sich von selbst verstehend übergeht, und der Vertheidigung des Gutes, ausdrücklich gedenken. So spricht unter Anderem das Schwäb. Landrecht 233 (L.) 194 (W.) geradezu von Nothwehr zum Schutz des Gutes: „und wil man mir nvt gelovben. daz ich minen lip vnd min gut also mit der not wer gerettet habe"; und die Distinctt. nennen neben Tödtung und „kamphbar wunde" die „blutrunst", das „Rouffen" und „Slege mit knutlen oder mit feusten in notwere", sowie ja auch die älteren Rechte, wie die Lex Ribuaria und das Decretum Tassilonis, des Bindens des Angreifers gedacht haben.

Von den Rechtsbüchern geht der Begriff der Nothwehr, des Vertheidigungsrechts von Leib und Gut, in die Reichsgesetze und Stadtrechte. In jenen tritt namentlich der Gegensatz von unerlaubter Selbsthülfe und Nothwehr in bestimmter rechtlicher Form hervor, wie in Friderici II Const. pacis a. 1235 § 5. (Pertz. Legg. II, p. 314.) Ut nemo se vindicet sine judicis auctoritate. Ad hoc magistratus et jura sunt prodita, ne quis sui doloris vindex sit; quia ubi juris cessat auctoritas, excedit licentia seviendi. Statuimus igitur, ut nullus, in quacumque re dampnum ei vel gravamen fuerit illatum, se ipsum vindicet, nisi prius querelam suam coram suo judice propositam secundum jus usque ad diffinitivam sententiam prosequatur; nisi in continenti ad tutelam corporis sui vel bonorum suorum vim vi repellat, quod dicitur notwere. In diese dringen auch römische Begriffe und Ausdrücke zur Bezeichnung der rechten Nothwehr ein (das „vim vi repellere", (Wien, Brünn) „alio modo evadere non posse (Brünn)" (9). Es wird zum ersten Male hervorgehoben, dafs nicht nur zum Schutz von Leib, Leben und Gut, sondern auch zum Schutz der Ehre, die durch That oder Wort angegriffen wird, Nothwehr Statt finden dürfe. So in den Statut. Nordling. c. 7. (Senkenberg. Visiones diversae. p. 356) Diz ist auch ein ander reht. Darnah. ist daz einer den andern ubel

(9) Diese werden an geeigneter Stelle angeführt werden. Uebrigens ist die römische Auffassung des Rechtes der Selbstvertheidigung, bald rein, bald weniger rein, schon in den aus dem römischen schöpfenden älteren Rechten aufgenommen. So in der Lex Wisig. L. VII, T. II, c. 15 u. 16 : Fur qui per diem se gladio defensare voluerit, si fuerit occisus, mors ejus nullatenus requiratur. Fur nocturnus captus in furto, dum res furtivas secum portare conatur, si fuerit occisus, mors ejus nullo modo vindicetur. Lib. VI, Tit. IV, c. 6 : Non est putanda resistentis improbitas, ubi violenter conspicitur praesumentis audacia. Quicunque ergo incaute praesumptuosus, fuste vel gladio se quocunque ictu, percutere aliquem iratus voluerit, vel percusserit, et tunc idem praesumptor ab eo quem percutere voluit, ita fuerit percussus, ut moriatur, talis mors pro homicidio computari non poterit, ne calumniam patiatur qui praesumentem percusserit. Quia commodius erit irato viventem resistere, quam se post obitum ulciscèndum relinquere. Lib. VI, Tit. V, c. 19 : Si pater filium, aut mater filiam, aut filius patrem, aut frater fratrem, aut quemlibet sibi propinquum, gravibus coactus injuriis, aut dum repugnat occidit; et hoc idoneïs testibus, quibus merito fides possit adhiberi, apud judicem potuerit approbare, quod parricidium, dum propriam vitam tuetur, admiserit, securus abscedat, nec ullum vitae periculum, aut dispendia facultatum, vel tormenta formidet, illa discretione servata, quae in cunctis casibus est de homicidis constituta. Römischen Ursprungs ist auch eine Stelle in Lex Alamannorum Lantfridana XCVIII, 1) Si quis res alienas aut ecclesiae malo ordine pervaserit, qui facienti violencia repugnaverit nullum crimen admittat, quia non facit violencia qui repellit quia sua contradicit. 2) Nullus alienam terram sine auctoritate praesumat; qui hoc fecerit, vindictam se expellendum esse cognoscat, vel habias gadano. (Pertz. Legg. III, fasc. 1. p. 118.) vgl. auch Merkel's Note zu dieser Stelle.

handelt. ez si mit wortten oder mit wercken. swelher gewären mach. daz ez der ander. an in braht hab. der git kain beszerunge. und sol er notwer bewern. . . . . . . Kaiser Ludwigs Rechtsbuch c. 176 (Freyberg, Sammlung historischer Schriften und Urkunden IV, p. 448) : und gicht dez möcht er nicht überig werden, wann er in benött hab seines leibs und seiner eren, ee daz er sin swert oder mezze ie gezuckt hab . . . . (s. unten). — Das Moment der Widerrechtlichkeit des ersten Angriffs wird auch in ihnen besonders hervorgehoben (10). Auch wird in ihnen der Begriff von einzelnen Schranken befreit, die ihm in den Rechtsbüchern anhaften. Eine solche Erweiterung des Rechtes

(10) So in der Freyburger Handfeste c. 130 (Gaupp, Deutsche Stadtrechte des Mittelalters. II, S. 104) : Si quis defendendo corpus suum alicui malum absque morte fecerit, nulla erit satisfaccio nec ville nec domino nec leso, sed qui litem incepit, tenetur sculteto in banno trium librarum. Culmer Recht III c. 3 (Leman) . . . . unde bewyse dy not. und betzuget das myt synen schryluten. daz her den vrede an ym gebrochen habe. vnd der orhabe yenes were und syne nicht. getziuget her das alse recht ist . . . . (Andere Belege folgen unten.) Ein interessanter Schöffenspruch findet sich im Brünner Schöffenbuch 368 (Rößler, Deutsche Rechtsdenkmäler aus Böhmen und Mähren. II. B. Die Stadtrechte von Brünn. S. 167.) . . . . . Quibus sententialiter scriptum fuit. Ex quo jura originalia civitatis dicunt : Si aliqua levis et inhonesta persona verberata fuerit, quae hoc forte ipsum sua meruit insolentia, si suspectus hoc probare poterit mettercius cum viris credibilibus, liber erit a judice et actore. Ex quo etiam ille, a quo et initium et origo contentionis procedit, potius offensor quam defensor est censendus, quia defensionem non possit rationabiliter allegare : ergo »naiser« ad probandam defensionem et vim sibi factam admitti secundum justitiam non debet proprie, namque judicandus est defensor, qui non dedit operam rei illicitae et qui non est caput insaniae ac initium rixae et maxime, qui alio modo evadere non potest invasorem, nisi eum mutilet vel occidat. (vgl. Stadtrecht von Ens. c. 10.)

der Vertheidigung gegenüber dem Schwäbischen Landrechte hat das Landrechtsbuch des Ruprecht von Freysing c. 7 (Maurer). (Im I. Rechtsbuch schliefst sich Ruprecht c. 55 noch an das Schwäbische Landrecht an.) Während im Schwbsp. von dem Benöthigten verlangt wird, „das er entwiche drie schritte hinder sich. oder mere ob er entwichen mohte. daz ist ob er also gehes vf in sleht. daz er im nvt entwichen mag. vnd daz er sich do aller erst werte“, so bestimmt Ruprecht: (Item es lauffen tzwen man an einander an uber ein weg dy veind an einander sein. jr yettweder mag dy nottwer pringnn wann sy paid an einanndet an geloffen sind.) oder get ein man auf der strassen und hat ainen veind unnd laufft jn an unnd wil jn schlahen. ener stet still unnd schampt sich das er weichnn sol. diser zuckt sein swert unnd wil jn slagenn. er sol das sein auch zuckenn unnd sich sein wern. dy nottwer sol er auch beredenn alzo das ener sein swert ee gezuckt hat. hab dann er dy nottwer sol man pringnn als vor geschriben ist.

Gegenüber dieser Erweiterung des Rechtes der Nothwehr bei Ruprecht, der dasselbe überall begünstigt, wie in c. 16 (Get ein priester oder evangelist oder ein letznär jn ein leuthaus unnd treytt ein langs messer an jm unnd hebt ain krieg mit ainem laienn an. der lay sol jm weichnn wie er mag von der weich wegnn. mag er aber nicht weichnn sol er sich wernn unnd schlecht er jn zue tod unnd wirt gefanngnn. er sol sein notwer pringenn als vor geschriben stet für den weltlichnn richter unnd auch für den geistlichnn.) und in cap. 25 (Wie ein wirt sein gesst beschützenn sol. Ob ein gastgeb ain gast hab der sein pfennig bey im zert unnd laufft ainer oder mer hinein unnd wellen den gast schlahenn. so sol der wirt schaidenn angevär. unnd wil sein ener nit lassenn durch seinenn wellenn er well den gast schlahenn. so sol der wirt dem gast zue legenn. unnd wurd enem von jn erslagenn das ist notwër. dy sullenn sy berednn als recht ist. ist aber das der gasst flüchtig wirtt. so sol man des wirts redt darumb nemenn das er gernn hiet geschaidenn angevär so er pësst möchtt. damit sol er ledig sein. alzo hab wir von todslegnn.) — ist dann die Beschränkung derselben in § 158 des Bamberger Stadtrechts auffällig : Der Benöthigte „schol ein offen wunten weysen in den leip nit in daz gewant. und schol sweren. Umb den mort als man im zu spricht. daz er dar an niht anders getan noch begangen hab. denn daz er seines leibs in rechter notwer gegen im gestanden sey. Und die wunten dy er gewiset hat. daz er dy von demselben enphangen hab vor. e er im ye kein leyt getan habe mit worten oder mit werken und da mit schol er denn ledig erteylt dar umb werden. und im fride gebannet werden als vor unterscheyden ist (11). Darum wendet sich Schwarzenberg, der mit Ruprecht eine schimpfliche Flucht nicht fordert, in der Bambergensis art. 165 mit den kräftigen Worten polemisch gegen diese Bestimmung : ist auch mit seiner gegenwerh nit schuldig zu wartten biss er geschlagen wirt, „als etlich unverstendig lewt meinen". (Diese noch in dem I. Project stehenden Worte sind in dem gesetzlichen Text der P. G. O. dahin modificirt „unangesehen ob es geschriben rechten unnd gewonheiten entgegen wer".) (12).

(11) Zöpfl, Das alte Bamberger Recht als Quelle der Carolina. Urkundenbuch. p. 46, 47; auch § 164 p. 48.

(12) Zöpfl, a. a. O. S. 148.

6*

So sind denn die wesentlichen Momente des Begriffes der Nothwehr allmählig aufgefunden und rechtlich dargestellt worden: der Peinlichen Gerichtsordnung war es vorbehalten, diesen vorhandenen Rechtsstoff, der sporadisch in den einzelnen Rechtsbüchern zerstreut lag, zusammenzufassen, weiterzubilden und, mit Hülfe des römischen Rechts, zu einer die geschichtliche Entwicklung abschliefsenden Formulirung zu bringen. Aus diesem Grunde werden wir das Recht der Carolina erst nach der Untersuchung der Frage nach der rechtlichen Natur der Nothwehr im deutschen Recht, nach den Garantien für ihre rechte Ausübung und nach den Grundsätzen des Beweises derselben, also am Schlusse der geschichtlichen Ausführung, im Zusammenhange entwickeln.

Die Darstellung wendet sich demgemäfs jetzt zur Untersuchung der rechtlichen Natur der Nothwehr. Es ist dem deutschen Rechte schon frühe lebendig zum Bewufstsein gekommen, dafs die in rechter Vertheidigung verübte Verletzung der Rechte des Angreifers eine durchaus rechtmäfsige ist, dafs hier weder von Bezahlung des Wergelds, noch von öffentlicher Strafe, selbst wenn ein Todtschlag die Folge war, gesprochen werden kann, mit Einem Worte, dafs es ein Recht der Nothwehr giebt. Wir werden, da es nun gilt, diese bereits im Eingange zu diesem Abschnitte ausgesprochene Behauptung eines Rechtes der Nothwehr im germanischen Rechte zu rechtfertigen, Zeugnisse der Quellen vorführen, welche beweisen, dafs dieser Grundsatz auch in allen Phasen der deutschen Rechtsentwicklung demselben zum Bewufstsein gekommen ist. Gegenüber den unzweifelhaften und bestimmten Aussprüchen der meisten Rechtsbücher, konnte man nur dadurch zu der ungermanischen Auffassung der Tödtung in Nothwehr, als einer „entschuldigten Missethat“, gelangen, dafs man Stellen auf die Selbstvertheidigung bezog, die von ganz anderen rechtlichen Verhältnissen handeln, dafs man in anderen, in welchen bei Gelegenheit derselben einer compositio gedacht wird, die wahre Bedeutung dieser compositio nicht verstand, dafs man die in ihnen aufgestellten Grundsätze vom Beweise nicht zurecht zu legen wufste, dafs man transitorische, von den Königen zur Verhütung aller Gewaltthat erlassene, Verordnungen, oder Irrthümer der Praxis der Gerichte für den Ausdruck des wahren deutschen Rechts nahm, oder nicht erkennen wollte, dafs die Eigenartigkeit der städtischen Verhältnisse zur Bewahrung des inneren Friedens Beschränkungen der Selbsthülfe aufzurichten gebot, aus deren polizeilicher Singularität nicht auf das Dasein eines Prinzips im deutschen Rechtsbewufstsein, als Quelle derselben, geschlossen werden darf.

So hat man in die Lex Burgundionum, welche das Recht der Selbstvertheidigung noch in der Form eines umfassenden Tödtungsrechts gegen den adulter, gegen den, der zur Nachtzeit in einem fremden Weinberge betreten wird, anerkennt (siehe oben), welche den angreifenden latro zu tödten verstattet, in Tit. XXIX, II. Quod si superventum inferens, ab his quos latrocinio suo crediderat expetendos fuerit interfectus, nulla interfectoribus ab occisi dominis aut parentibus moveatur ex hac parte causatio — die Verpflichtung zur Zahlung des halben Wergeldes hineininterpretirt. Die eine Stelle, auf welche man diese Ansicht gegründet hat, ist Lex Burgund. Tit. II, 2. Illud sane huic legi rationabili censuimus provisione subjungi, ut si cui forte a quocunque inlata vis fuerit, ut aut ictibus verberum, aut vulneribus urgueatur, et dum insequitur percutientem dolore aut indignatione compulsus occiderit, atque ita factum re ipsa, aut idoneis, quibus credi possit, testibus fuerit comprobatum, medietatem pretii secundum qualitatem occisi parentibus cogatur exsolvere: hoc est, si optimatem nobilem occiderit, in medietatem pretii CL. sol. Si aliquem in populo nostro mediocrem, C. pro minore persona LXXV sol. praecipimus numerare (13). Der Fall, den diese Stelle behandelt, ist nicht die in der Noth eines Angriffes zur Abwehr desselben verübte Tödtung des Angreifers, sondern ein nach vorübergegangener Gefahr von dem Verletzten, der den Angreifer verfolgt (insequitur), geschehener Todtschlag. Hier soll der durch Schläge oder Wunden zur Rache gereizte Todtschläger für den Todtschlag, den er in der, durch die an ihm verübte Verletzung hervorgerufenen, Aufregung (dolore aut indignatione compulsus) begangen hat, um dieser Aufregung willen, nicht das ganze Wergeld, sondern nur „medietatem pretii“ zahlen. Und wie diese Bestimmung nur zum Beweise der Anerkennung des Affects als eines strafmildernden Moments, nicht aber der Zahlung des Wergelds bei Tödtung in rechter Selbstvertheidigung dienen kann, so wenig kann eine andere, Tit. XLVIII, 4, zu diesem Zwecke benützt werden. Dieselbe lautet: Ceterum si quicunque in rem suam violenter resistens, haec quae dicta sunt, ex necessitate commiserit, is qui inlaesus abscesserit, medietatem statutae solutionis, prout diversitas culpae poposcerit, imminente judice cogatur inferre. Wenn auch hier allerdings an eine Verwundung

(13) Zöpfl, a. a. O., 1842, S. 131 benützt die Stellen wiederum dazu, um die Zahlung des Wergeldes im Falle der „Nothwehr“ zu erweisen. Ebenso Abegg, Untersuchungen, § 71, welcher auch überhaupt in der Nothwehr im deutschen Rechte nur einen Rechtfertigungsgrund der Ausschliefsung der Strenge des Strafrechts, einen Grund für die Ausschliefsung der öffentlichen Strafe anerkennt.

(der Tit. handelt „de inflictis vulneribus“) gedacht ist, welche von dem Vertheidiger seines Eigenthums im Falle der Noth — ex necessitate — dem Angreifer zugefügt wird, so wird doch dafür nicht unbedingt, sondern nur für denjenigen Bufse gesetzt, welcher ohne Verletzung davongekommen ist (qui inlaesus abscesserit). Der Grund der Bestimmung ist, dafs der seine Habe Vertheidigende, der einen Andern verletzt hat, ohne selbst verletzt worden zu sein, wahrscheinlich die Gränzen der Vertheidigung überschritten hat. Dafür zahlt er Bufse, allein, weil er denn doch das Recht der Vertheidigung geübt, nicht die ganze, sondern nur „medietatem pretii“. Es kehrt diese Anschauung in ähnlicher Weise in dem oben citirten Bamberger Recht wieder: dort mufs der Benöthigte die Wunde zuerst empfangen haben, hier nur überhaupt verwundet worden sein, um aller Strafe zu entgehen.

Obgleich es dem Gelingen des Beweises, dafs im deutschen Recht und denjenigen Darstellungen desselben, welche das wahrhaftige deutsche Rechtsbewufstsein repräsentiren, stets ein Recht der Selbstvertheidigung anerkannt worden sei, nicht präjudiciren würde, wenn die carolingischen Könige in ihrem Bemühen, dem Fehderechte Schranken zu setzen, in den Capitularien auch für die Tödtung in Nothwehr die Bezahlung des Wergelds überall angeordnet hätten, so legt nun aber der Umstand, dafs dies nicht von ihnen geschehen ist (14), Zeugnifs dafür ab,

(14) Man kann die entgegengesetzte Ansicht nicht auf Capit. Caroli M. dupl. in Theod. villa promulg. a. 805 (Pertz, p. 133) stützen: Et si aliquis post pacificationem alterum occiderit, conponat illum, et manum quam perjuravit perdat, et insuper bannum dominicum solvat. Denn darauf, dafs zwei Codd. hinter „conponat illum“ die Worte „si se defendendo fecerit si vero aliter omnem substantiam suam amittat“ einschieben (Note b. P.), ist kein Gewicht zu

wie tief die Ansicht von der Rechtmäfsigkeit der Tödtung in Nothwehr in der nationalen Ueberzeugung Wurzel geschlagen hatte. Hludowici I Capit. a. 817, c. 1, welches man für den Beweis des Wergelds angerufen, kann dazu in keiner Weise benützt werden: De honore ecclesiarum. Si quis aut ex levi causa aut sine causa hominem in ecclesia interfecerit, de vita componat. Si vero foris rixati fuerint, et unus alterum in ecclesiam fugerit, et ibi se defendendo eum interfecerit, si hujus facti testes non habuerit, cum duodecim conjuratoribus legitimis per sacramentum adfirmet se defendendo eum interfecisse, et post haec sexcentos solidos ad partem ecclesiae quam illo homicidio polluerat, et insuper bannum nostrum solvere cogatur; is vero qui interfectus est absque conpositione jaceat: ac deinde interfector secundum judicium canonicum congruam facinori quod admisit paenitentiam accipiat. Si proprius servus hoc commiserit, judicio aquae ferventis examinetur, utrum hoc sponte, an se defendendo fecisset. Et si manus ejus exusta fuerit, interficiatur. Si autem non fuerit, dominus ejus juxta quod wirgildus illius est, ad ecclesiam persolvat; aut eum, si voluerit, eidem ecclesiae tradat. De ecclesiastico et fiscalino et beneficiario servo volumus, ut pro una vice wirgildus ejus pro eo conponatur, altera vice ipse servus ad supplicium tradatur. Hereditas tamen liberi hominis qui propter tale facinus ad mortem fuerit judicatus, ad legitimos heredes illius perveniat. Si in atrio ecclesiae, cujus porta reliquiis sanctorum consecrata est, hujuscemodi

legen. Wilda a. a. O. S. 231 Not. 2 benützt diese Stelle zur Unterstützung seiner Ansicht über die Bedeutung des »se defendere«, übersieht aber, dafs die Worte »et manum quam perjuravit perdat« sich nicht auf die Tödtung se defendendo, sondern gerade auf andere Tödtungen — si vero aliter — beziehen.

homicidium perpetratum fuerit, simili modo emendetur vel conponatur. Si vero porta ecclesiae non est consecrata, eo modo conponatur quod in atrio committitur, sicut conponi debet quod in inmunitate violata committitur. — Es wird hier im Gegentheil das Wergeld ausdrücklich ausgeschlossen — absque conpositione jaceat —, und nur an die durch vergossenes Menschenblut entweihte Kirche ein Sühngeld, und an den König, als Beschützer der Kirche, der bannus entrichtet, weil der Todtschlag in der Kirche verübt worden. Die entschiedenste Anerkennung des Rechts liegt aber in einem spätern Capitulare. In dem Capit. Hludow. et Hlothar a. 829 ist nämlich das Capit. a. 817 dahin modificirt, dafs an die Stelle der ad partem ecclesiae zu zahlenden DC sol. die Zahlung des Wergeldes in folgender Weise treten soll: Et si ipse auctor commotae inter eos rixae exstiterit, leudem interfecti . . . . . . cogatur solvere. . . . . Sin autem non ille qui alterum interfecit, sed is qui interfectus est, eandem rixam commovit, absque conpositione jaceat. (In Beziehung auf den Sclaven heifst es hinter „utrum hoc sponte an se defendendo fecisset“: Et si manus ejus exusta fuerit, interficiatur. Si autem non fuerit, publica poenitentia multetur. Nisi forte et ipse auctor commotae inter eos rixae inventus fuerit: tunc dominus ejus, juxta quod wirgildus est illius ad ecclesiam persolvat, aut eum, si voluerit, eidem ecclesiae tradat.) Es wird diese Bestimmung leicht verstanden, wenn man erwägt, wie die im Reiche mächtig zunehmenden Verbrechen und Gewaltthaten die Kaiser leicht zu strengeren Strafdrohungen gegen jeden Todtschlag, auch denjenigen, welcher zur Vertheidigung verübt worden, bestimmen konnten, wenn dem Todtschläger nur irgend eine Schuld daran beizumessen war. Und in welch' bedenklicher Weise die Verbrechen mögen um sich gegriffen haben, das beweist ein von denselben Kaisern Hludowicus und Hlotharius in den Capitt. Excerptt. a. 826. c. 13 (Pertz p. 255.), aus dem Conc. Turon. c. 41 entnommener, Ausruf: Incestuosi, parricidae, homicidae multi apud nos heu pro dolor! repperiuntur, sed aliqui ex illis sacerdotum nolunt admonitionibus aurem accomodare, volentes in pristinis perdurare criminibus: quos oportet per secularis potentiae disciplinam a tam prava consuetudine cohercere, qui per salutifera sacerdotum monita noluerunt revocari: quorum aliquos jam excommunicavimus, sed illi hoc parvipendentes in hisdem perdurarunt criminibus. Quamobrem vestra decernat mansuetudo, quid de talibus deinceps agendum sit. So wird denn von den Kaisern nicht ohne Weiteres für die Tödtung, welche Jemand se defendendo verübt, Wergeld gesetzt, sondern dessen Zahlung nur demjenigen auferlegt, welcher den Streit und Kampf veranlafst hat, der mit dem Todtschlag endigte, als Strafe dafür, dafs er den Streit angefangen; derjenige aber, welcher ohne seine Schuld in eine Lage gekommen, in welcher die Selbstvertheidigung ihn zu einem Todtschlage zwingt, von der Zahlung desselben befreit. In dieser Bestimmung „si is qui interfectus est, eandem rixam commovit, absque conpositione jaceat" ist die volle und ganze Anerkennung des Rechts der Selbstvertheidigung unumwunden ausgesprochen.

So wenig aus den Bestimmungen der Capitularien auf dasjenige geschlossen werden darf, was im Recht und rechtlichen Volksbewufstsein ihrer Zeit lebendig war, so wenig sind solche Schlüsse gerechtfertigt aus den Edicten der langobardischen Könige. In ihnen tritt ebenfalls überall das Bestreben, alle Gewaltthat aus dem Reiche zu verbannen, hervor, und führt zu strengen Strafansätzen.

Daraus erklärt sich unter Anderem diese Fülle der bis in das Einzelste gehenden Strafbestimmungen gegen Verwundungen in dem Edict von König Rotharis. Es darf demgemäfs nicht befremden, wenn auch die Tödtung zum Zwecke der Selbstvertheidigung gebüfst werden mufs. Gleichwohl anerkannte noch das Edictum Rotharis die Rechtmäfsigkeit derselben überall. So ist in cap. 32 und 33 (Baudi a Vesme-Neigebaur.) bestimmt: 32, (De curte.) De homine libero, si nocte in curte alterius inventus fuerit et non dans manus legandi, et occiditur, a parentibus non requiratur. Et si manus dederit ad legandum, et legatus fuerit, dit pro se octugenta solidos: quia non convenit rationi, ut homo noctis tempore in curtem alienam silentio aut absconse ingreditur; sed si quacumque utilitatem habet, priusquam intret clamet. 33, Si servus in curtem aliena noctis tempore inventus fuerit, et non dans manus ad ligandum, si occiditur, non requiratur a domino; et si manus dederit et legatus fuerit, libere se cum quadragenta solidos. Und in gleicher Weise wird dies Prinzip ausgesprochen in c. 280. De rusticanorum seditionem. Si per quacumque causa homines rusticani se collegerint, id est concilios, et seditionis facere praesumpserint, et cuicumque se anteposuerint, et mancipium, aut peculium de manu tullerint quod de casa servi sui dominus tollere voluerit: tunc ille, qui in caput ex ipsis rusticis fuerit occidatur; aut redimat animam suam quantum appretiatus fuerit: et unusquisque qui in ipsam seditionem cucurrerit ad malum faciendum, conponat sol. XII, medietatem Regi, et medietatem cui injuria fecerit aut se anteponere presumpserit. Et si ille qui rem suam querere aut exegere videtur, ab ipsis rusticis feritas aut plagas habuerit facta, sicut superius statutum est ei conponatur: nam pro presumptione tantum, pena suprascripta patiantur. Et si aliquis ex ipsis rusticis occisus fuerit, non requiratur, quia ille qui eum occisit se defensandum et res suas vindicandum hoc egit. Und es liegt dem cap. 323 zum Grunde: De hominem rabiosum. Si peccatis eminentibus homo rabiosus aut demoniaticus factus fuerit, et damnum fecerit in hominem aut in peculium, non requiratur ab heredibus; et si ipse occisus fuerit, simili modo non requiratur: tantum est, ut sine culpa non occidatur.

Im Gegensatze zu Rotharis Gesetzen bestimmt aber das Edict König Liutprand's c. 20. (De homicidium.) Si quis liber homo, se defendendum, liberum hominem occiderit, etsi provatum fuerit quod se defendendum ipsum hominem occisessit, sic eum conponat, sicut in anteriore Edicto contenit, quod gloriosae memoriae Rothari rex facere visus est. Nam qui super alium ambolaverit, et sic eum pro quacumque causa occiserit, omnem substantiam suam amittat, et habeant heredis ipsius qui occisus fuerit: in hoc ordine, ita sane ut si minus fuerit ipsa substantia humicidae, quam anterior conpositio erat, aut nisi tantum, tunc et res suas perdat ipse humicida, et persona ejus tradatur ad propinquos defuncti; nam si amplius habuerit ipse humicida substantia, quam ipsa conpositio anterior erat, amittat omnes res suas, et accipiant heredis ipsius qui occisus fuerit in antea tantum, quantum conpositio antiqua fuit, et quod superfuerit medietatem habeat curtis regia, et medietatem heredis defuncti: et ipse humicidam animam suam liberit. Und in c. 62 wird die Gröfse der conpositio festgestellt, und dabei das Princip wiederholt in den Worten: Reminiscimur enim qualiter jam statuimus, qui hominem liberum occiserit ut res suas in integrum perdat; et qui se defendendum hominem occiserit, conponat secundum qualitatem personae. . . . . . Darnach wird also die Tödtung eines Menschen „pro quacumque causa“ mit dem Verlust des ganzen Vermögens gebüfst — omnem substantiam amittat —, diejenige, welche zur Vertheidigung geschieht, mit der Bezahlung des Wergelds. Nur für Einen speciellen Fall wird die conpositio ausgeschlossen, in c. 143 (15), woselbst strenge Bestimmungen gegen aufrührerische Weiber, freie und unfreie, gesetzt werden, die von den Männern zu gewaltthätigem Gebahren aufgeregt worden sind.

Damit, dafs Kaiser Hlothar unter seine für die Langobarden bestimmten Gesetze das oben angeführte

(15) Relatum est nobis, quod aliquis perfidi et in malitiam astuti, dum per se non presumpsessent mano fortia aut violento ordinem intrare in vicum aut in casam alienam, timentes illam conpositionem que in antiquo Edicto posita est, fecerunt collegere mulieres suas quascumque habuerunt, liberas et ancillas, et miserunt eas super homines qui minore habebant virtute; et adprehendentes hominis de ipso loco, et plagas fecerunt, et reliqua mala violento ordine, plus crudeliter quam viri, exercuerunt. Dum autem hoc ad nos pervenissit, et ipsi homines pro sua violentia qui minus potebant interpellabant : ita prospeximus in hoc Edicto adfigere, ut si amodo mulieres hoc facere in qualecumque locum presumpserint, primum omnium decernimus, ut si aliqua injuria, aut obprobrium, aut plagas, aut feritas, aut mortem ibi acceperint, nihil ad ipsas mulieres, aut ad viros aut ad mundoald earum conponat ille qui se defendendum eis aliqua fecerit lesionem aut internicionem. Insuper et publicus, in quo loco factum fuerit, conprehendat ipsas mulieres, et faciat eas decalvare et frustare per vicos vicinantes ipsius loci, ut de cetero mulieres tale malicia facere non presumant. Et si in ipsa causa feritas aut plagas fecerint ipse mulieres cuicumque homini, mariti earum conponant ipsas plagas aut feritas quas ipsa fecerunt, secundum Edicti tinore. Hoc autem ideo prospeximus tam de disciplinam quam et de conpositionem, quia non potuimus mulierum collectionem ad arischild adsimilare, neque ad seditionem rusticanorum, quia istas causas viri faciunt, nam non mulieres : ideoque sic de ipsis mulieribus faciat, sicut statuimus supra. Si quidem simpliciter in scandalum qualiscumque mulier cucurrerit, et mortem aut plagas vel feritas ibi acceperint, sic ei faciat justitiam, sicut decessor noster Rothari rex instituit et judicavit.

Capitulare a. 829 aufnimmt, ist denn später auch für das langobardische Recht die volle Anerkennung des Rechtes der Vertheidigung, gegenüber den transitorischen Gesetzen Liutprand's von 721 und 724, ausgesprochen. Ihering sagt einmal : Gesetze können freilich in kurzer Zeit viele erlassen werden, aber nicht jedes Gesetz betrachte ich als ein geschichtliches Ereignifs. Die Gesetze können sich drängen, wie die Wolken bei bewegtem Himmel, aber wenn sie ebenso wie letztere rasch vorüberziehen und keine Spur zurücklassen, so rechne ich sie nicht zu den Productionen der Geschichte, sondern zu dem Abfall, den Spänen, die davonfliegen, wenn die Geschichte arbeitet. Diese Worte sind gegen diejenigen geschrieben, welche in solchen Gesetzen, „die ihrer transitorischen Bestimmung oder ihrem untergeordneten, nichtssagenden Inhalt nach so bedeutungslos sind, dafs sie sich zu der Geschichte des Rechts verhalten, wie etwa die gewöhnlichen Lebensverrichtungen eines Individuums zu dessen Lebensgeschichte," ein Zeugnifs für die Existenz eines Rechtsprinzips anerkennen. Was insbesondere das Langobardische Recht angeht, so legen schon die Lombardisten Ariprand und Albertus (16) nicht die Liutprand'schen Gesetze,

(16) Vgl. Die Lombarda-Commentare des Ariprand und Albertus. Nach den Handschriften zum ersten Male herausgegeben von Anschütz. p. 23 sqq. Von dieser Frage handelt Lib. I, Tit. IX. De homicidiis liberorum hominum. Ihre Ausführung resümirt sich in Folgendem : Ariprandus : Si vero masculus (occiditur), distinguitur super eum ambulando vel se defendendo. Si super eum ambulando, amittit omnem substantiam suam, ut widrigild accipiant heredes defuncti, reliqua inter heredes et curtem regis dividatur. Si vero se defendendo, distingit Eriprandus, utrum auctor rixe fuerit mortuus, an non : ut si auctor fuerit rixe, jaceat sine compositione. Si vero non, componat widrigild. Set hoc communi contradicit sententiae. Albertus : In masculo autem libero, laico et jam nato et in mani-

sondern das Hlothar'sche Capitulare ihrer Interpretation zum Grunde, und unterscheiden demgemäfs bei der Tödtung „se defendendo", ob der Todtschläger auctor rixae gewesen, oder der Erschlagene, wäh-

festo, si super eum ambulando simpliciter stantem interfecerit, substantiam suam omnem amittat hoc scilicet ordine, ut ex ea guidrigild defuncti ejus heredes recipiant, reliquum vero inter heredes et curtem regis equaliter dividatur, si interfectoris substantia erit major defuncti compositione. Set si minor fuerit, tunc heredibus defuncti interfector tradatur. Si vero auctor commote rixe fuerit et se defendendo hoc egerit, guidrigild defuncti dumtaxat prestabit. Set si simpliciter stans et se defendendo hoc fecerit, absque compositione jacebit . . . . Item interest, utrum in ecclesia an extra. Nam si in ecclesia fuerit et super eum ambulando simpliciter stantem hoc fecerit, de vita componat. Ejus autem bona ad suos legitimos heredes deveniant, ita tamen, ut guidrigild heredibus defuncti et DC solidi ecclesie prestentur. Set si, cum est auctor commote rixe, hoc egerit se defendendo, guidrigild defuncti heredibus et DC solidos ecclesie prestabit, mortis autem sententiam non incurret. Si autem se defendendo simpliciter stans hoc fecerit in ecclesia, nec ecclesie nec defuncti heredibus aliquid prestabit. Hoc autem totum intelligas, si infra ecclesiam consecratam vel in ejus atrio factum fuerit . . . . Nunc autem de servo restat animadvertere . . . . : Set si domino nolente hoc egerit et si super liberum hominem ambulando simpliciter stantem interfecerit, tunc dominus servi guidrigild defuncti et insuper servum heredibus ejus prestabit. Si autem servus auctor commote rixe fuerit et se defendendo alium peremerit, dominus ejus guidrigild defuncti et servum infra compositione heredibus ejus prestabit. Set si simpliciter stans se defendendo hoc egerit, dominus nichil prestabit . . . . Set si in ecclesia domino nolente homicidium fecerit super eum ambulando simpliciter stantem, dominus pro servo guidrigild defuncti ejus heredibus prestabit et insuper servus interficiatur. Set ecclesiae nichil prestabit, quoniam servo caret nec dolo fecit, quominus eum habeat. Set si auctor commote rixe extiterit et se defendendo hoc egerit, dominus pro eo guidrigild defuncti ejus heredibus et servum vel ejus estimationem ecclesie prestabit. Si autem se defendendo simpliciter stando hoc egerit, nulla erit compositio.

rend sie für den Gegensatz derselben, den Todtschlag „super eum ambulando", sich auf das Liutprand'sche Gesetz beziehen. Obwohl sich Ariprand, welcher also gegen die beschränkenden Königsgesetze die alten wahren Grundsätze des germanischen Rechts festhält und damit beweist, dafs diese nicht aus der rechtlichen Ueberzeugung der Juristen hatten verdrängt werden können, zur Unterstützung seiner Ansicht weiter auf das Gesetz von Rotharis, l. 3 Lomb. I, 17, und das spätere von Liutprand, l. 5 Lomb. eod., beruft; mufs er indessen zugeben, dafs er damit der gemeinen Meinung entgegentrete, welche diese Gesetze für „leges casuales", jenes Liutprand'sche, l. 19 Lomb. I, 9, welches für die Tödtung „se defendendo" Wergeld setzt, aber eine „lex generalis" nenne. Dafs diese communis sententia sich aber später den echten Principien des germanischen Rechts in der Auffassung des Rechtes der Selbstvertheidigung angeschlossen haben mufs, geht augenscheinlich daraus hervor, dafs der spätere Ueberarbeiter des Ariprand'schen Commentars, Albertus, ihrer als einer entgegenstehenden gar nicht mehr gedenkt.

Während die angelsächsischen Gesetze (17) das Recht des Selbstschutzes, gleich den älteren Rechten

(17) So Wihträd's Gesetze 26. (Schmid p. 13) Wenn Jemand einen Laien beim Diebstahl erschlägt, so liege er ohne Wergeld. (Es ist bedeutsam, dafs auch die englische Kirche diese Bestimmung ausdrücklich billigte: Concil. Berghamstedense XXV (Bruns II, p. 318.) Ine's Gesetze 16. (p. 17) und 35. (p. 21) Wer einen Dieb erschlägt, der mufs eidlich bewahrheiten, dafs er ihn schuldig erschlug, nicht die Genossen. — Wer einen Dieb erschlägt, kann eidlich bewahrheiten, dafs er ihn auf der Flucht als Dieb erschlug, und die Magen des Todten sollen ihm Urfehde schwören. Aelfred's mosaische Gesetze 25. (p. 35) Wenn ein Dieb jemandes Haus des Nachts erbricht und er wird da erschlagen, so sei der nicht des Todschlags

der germanischen Völker diesseits des Meeres, in der Form eines Tödtungsrechts, wie namentlich gegen den Dieb, gewähren, so wird durch diejenigen Gesetze, welchen schon frühe der Begriff des Vertheidigungsrechts aufgegangen, durch die normannischen Gesetze König Heinrich's I die Rechtmäfsigkeit derselben, als solcher, unbedingt anerkannt. So in c. 72. (S. p. 257) Definitio homicidii. Homicidium fit multis modis, multaque distantia in eo est in causa et in personis. Aliquando autem fit per cupiditatem vel contentionem temporalium, fit etiam per ebrietatem, fit per jussionem alicujus. Fit etiam pro defensione et justitia, de quibus ita meminit beatus Augustinus de sermone Domini in monte : § 1. Si homicidium est occidere, potest aliquando accidere sine peccato. Nam miles hostem, et judex nocentem, et cui forte invito vel imprudenti telum manufugit, non mihi videntur peccare cum hominem occidunt. In seiner ganzen Reinheit ist aber das Princip ausgesprochen in c. 83 pr. (S. p. 264) Quod unicuique licet se defendere in quolibet negotio praeterquam contra Dominum suum. Unicuique licet se defendere, si quis eum assailiat in omni loco vel negotio excepto contra Dominum, quem tolerandum, non occidendum jugiter ac salubrieter frequentamus advertendum. Es wird sogar in § 5, dessen wir weiter unten noch gedenken werden, die Selbstvertheidigung mit der Blutrache zusammengestellt : Si quis in vindictam vel in se defendendo occidat aliquem . . . . .

schuldig, der ihn erschlug. Wenn er es aber später nach Sonnenaufgang thut, so ist er des Todschlags schuldig, und er sterbe dann selbst, aufser wenn er es aus Noth gethan hat. Aethelstan's Gess. (Concil. Greatanleag.) 1 § 2. Wenn er (der Dieb) sich aber wehren will oder er entflieht, dann schone man ihn nicht. (vgl. auch 2 § 1.)

Ja das Recht der Vertheidigung wird anerkannt, selbst wenn dadurch der Friede der curia regis gebrochen wird, wenn auch hier für den Bruch des Pallastfriedens eine Bufse gezahlt werden mufs. Denn während c. 80 § 7 (S. p. 262) bestimmt : Si quis in domo vel in curia regis fecerit homicidium vel Hominiplagium de membris componat, so fügt nun § 8 hinzu : Si quis tamen legitimos coactionis testes habeat, vel Dei judicium offerat quod se defendendo fecerit, Dei rectum est, ut emendare liceat. Und § 4 sagt : Forestal est, si quis ex transverso incurrat vel in via expectet et assalliat inimicum suum; si post eum expectet vel evocet ut ille revertatur in eum, non est Forestal si se defendat (18).

Wie die Capitularien, so legen auch die kaiserlichen Landfrieden Zeugnifs ab für die Anerkennung des Rechtes der Nothwehr im deutschen Rechte : denn sie nehmen die Verletzung in rechter Vertheidigung ausdrücklich von der Strafe des Landfriedensbruches aus. So Friderici I Constit. De pace tenenda et ejus violatoribus. a. 1156. (Pertz, Legg. II, p. 101) § 1. Si quis hominem infra pacem constitutam occiderit, capitalem subeat sententiam, nisi per duellum hoc probare possit, quod vitam suam defendendo illum occiderit. § 2. Si quis alium infra pacis edictum vulneraverit, nisi duello quod vitam suam defendendo hoc fecerit probaverit, manus ei amputetur, et sicut superius dictum est, judicetur. § 13. Mercator negotiandi causa per provinciam transiens, gladium suum suae sellae alliget, et super vehiculum suum ponat, ne unquam laedat innocentem, set ut se a praedone

(18) c. 80 § 1. Si in via regia fiat assultus super aliquem, Forestal est, et C. sol. emendetur, si ibi calumpniam habeat, ut divadietur vel retineatur ibi malefactor.

defendat. (Ueber die den Beweis betreffenden §§ 7 u. 8 vgl. unten.) Friderici II Constit. pac. a. 1235. § 5. (siehe oben.) In der dieselbe bestätigenden Rudolfi I Constit. pacis in Franconia a. 1281 (Pertz, p. 432) heifst es : § 2. Wir setten unde gebeden, so wat schaden ene manne gesche, dat he dat selven nith richte, he ne claget al irst sinen richtern, unde volge siner clage an dat ende alse reth is, it ne sie dat he dar to hant sie to notwere sines lives oder sines gudes. (Wiederholt in desselben Kaisers Constit. pacis. a. 1287 § 7 (Pertz, p. 449).

Ein Rechtsbuch, welches die Tödtung des Diebs und Räubers, des Friedebrechers gestattet, (Ssp. II, 69. Homeyer), welches den Verbrecher in handhafter That zu ergreifen (I, 66) oder mit Gerüfte, dem Jeder bei Strafe bewaffnet folgen mufs, zu verfolgen gebietet (I, 53 § 1; II, 71 § 3), mufs die Rechtmäfsigkeit der Nothwehr anerkennen. So wird dieselbe denn überall im Sachsenspiegel ausgesprochen. Tödtung oder Verwundung in Nothwehr ist nicht Felonie : III, 78 § 6. Wundet ok en man sinen herren, oder sleit he ine dot an notwere, oder die herre den man, he ne dut weder sine trüwe nicht, of die not up ine mit rechte volbracht wert (19). (Die Leges Henrici I hatten gegen den Dominus das Recht der Vertheidigung ausgeschlossen.) Der Todtschläger in Nothwehr verliert nicht sein Wartrecht : III,84, § 3. Dodet ok en man sinen vader oder sinen bruder oder sinen mach oder jemanne, des egenes oder lenes he wardende is, al sine wardunge hevet he verloren; he ne du't in notwerunge sins lives, unde die not uppe

(19) Schwäb. LR. 151 (L.) 202 (W.) Sächs. Weichb. art. 129 (Thüngen)

den doden beredet werde, oder he ne du't unwetene so, dat it geschi ane sinen dant (20). Die Handlung in Nothwehr ist also hier dem gleichgestellt, was man „unwetene" thut. Die Nothwehr wird auch zum Schutze Dritter anerkannt: III, 78 § 5. Jewelk man mut wol helpen weren stede, bürge unde land und lif sines herren unde mages unde mannes unde san sines vründes, weder herren unde mage unde manne, die sie geweldichliken süken, unde mut wol uppe si striden, unde ne dut weder sine trüwe nicht; deste he selve irs selves have nicht ne neme; und § 7. Sineme wechverdigen gesellen unde sime werde, dar he geherberget is, unde sime gaste unde svie to sinen gnaden vlüt, deme sal die man helpen weder allir manlikeme, dat he sik irwere unrechter gewalt, unde ne dut weder sine trüwe nicht (21). Die Tödtung eines Thieres wird durch Nothwehr gerechtfertigt: II, 62 § 2. Sleit en man enen hunt dot oder beir oder en ander dier binnen des it ime scaden wil, he blift des ane wandel, of he dat geweren darn uppe'n hilgen, dat he't notweringe dede; und III, 48 § 4: Belemt aver en man enen hunt oder sleit he ine dot, dar he ine biten wel, oder dat he sin ve bit up der strate oder uppe'n velde, he blift is ane wandel, geweret he't uppe'n hilgen, dat he ime anderes nicht gesturen ne kunde (22). Die Bedeutung

(20) Weichb. art. 131. Distinctt. I, 39 dist. 4. (Ortloff)

(21) Prager Rechtsbuch 194. (Röfsler, Das altprag. Stadtr. Der Deutschen Rechtsdenkmäler B. I, p. 160.)

(22) Goslar. Statut. S. 43. (Göschen) Weichb. art. 304. Distinctt. II, 9 dist. 3. Eisenach'sches Rechtsb. III, 67. (Ortloff.) Das Schwäb. LR. 342, 343 (L.) 278 (W.) schliefst sich hier an ältere Reehte an. 342: Unde ist daz ein hvnt einen man an lovflet und in sin gewant bisset. oder in sine blozze hvt. swa daz

dieser Stellen, die in ihrer einfachen Bestimmtheit einer weiteren Interpretation gar nicht bedürfen, wird auch nicht nur nicht durch den vielbestrittenen art. 14 des II. Buchs, welchen man namentlich zum Beweise der Verpflichtung zur Zahlung des Wergeldes angerufen, abgeschwächt, sondern wird durch denselben noch ganz entschieden verstärkt. Wir können denselben indessen erst im Zusammenhange der Lehre von dem Beweise und den besonderen Garantien, welche das deutsche Recht für die Vollständigkeit desselben verlangt, interpretiren.

Das Prinzip des Sachsenspiegels, in seinen Anwendungen zum Theil wörtlich in die auf der Grundlage

an sinem libe ist. vnde weret er sich und sleht er in zetode. er sol im einen alse guten geben. alse jener waz. vnde einen phenning nvt. ez sol aber iener dez der hunt waz ienem sinen schaden halben ab legen oder er sol in dez hvndes nvt gelten. und sol ovch dem rihter nvt bvzzen. wie sol er daz beweren der den hvnt stal oder slvg. daz dirre also gut si. den er im da fvr ienen git. alse iener waz. da sol er zen heiligen swern daz er alse gut si alse iener waz. wil aber er nvt swern. so mvzzen ez frvmme lvte scheiden. 343 : Unde ist daz ein man einen hvnt lemet. daz er in verwundet daz er lan wirt. an den beinen so ist er nieman nvtze. so sol er im den lammen hvnt han. vnd sol ienem einen alse gvten geben alse iener waz. vnd alse vil phenninge dar zv alse da vor geschriben ist. Disv reht saste kivnig Karle ane den babest Leo. von hvnden und von veder spil. Diese älteren Rechte sind die Lex Alamann. Hloth. LXXXIV, 5. (Pertz, Legg. III. F. 1, p. 75.) Si quis canem, qui curtem defendit alicujus, occiderit, uno solido componat. Et si ipse canis eum per vestimentum adprehenderit, et eum quasi volens percusserit, et mortuus fuerit : juret ut per invidiam non fecisset nisi ad defendendum; donet alium catellum qui jugo transpassare possit. Lex Bajuvar. Tit. XIX, 10. Si autem canis per vestimentum aut per membrum hominem tenuerit, et de manu eum percusserit, ut moriatur, similem reddat, et amplius non requiratur. Et dominus canis quod canis fecit componat medietatem ac si ipse fecisset. Si hoc noluerit, canem non requirat.

des Rechtsbuches unmittelbar stehenden Rechte übergegangen, wird auch von allen übrigen Stadtrechten anerkannt. So bestimmen König Wenzel's Stadtrechte für Brünn c. 7. (Rössler, II, p. 345) Item, si quis de homicidio incusatus confessus fuerit, quod id fecerit vim vi repellendo, id est notwernde, si hoc probaverit .... innocens erit (oder nach der Ueberarbeitung: so wirt er gar unschuldig.) Brünner Schöffenb. 367. (Rössler, II, p. 167) Item qui pro homicidio vult innocentiam suam ostendere, vel vim vi repulisse, quod vulgariter dicitur „notwer" (23). So sagt das Recht der Stadt Ens c. 9. (Gaupp, II p. 219) Si aliquis civium infra ambitum civitatis nocte se defendendo quem vel occiderit, vel aliquo membrorum mutilaverit, probet hoc ..... et sit liber a judicio. Das älteste Recht von Wien c. 2. (Gaupp, II, p. 239) Si

(23) Dasselbe Princip sprechen zwei andere Schöffensprüche aus, nämlich Schöffenb. 95. (R. II, S. 49) Tertio interrogant utrum in omni casu vulnerationis judex habeat potestatem a reo arma recipere, vel si aliquis sit casus, in quo ipse non debeat exigere de jure ..... Circa tertium vero est distinguendum, quod si incusatus pro causa sanguinis vel indisciplinae respondendo confessus fuerit, quod id fecerit, vim vi repellendo, id est notwer, et hoc secundum justitiam probaverit, tunc judex non habet jus ad arma. Talia enim sunt arma defensoria, quibus est licitum homini uti, sicut licet sibi a violentia se et sua defendere. Si autem alio modo responderit, et in causa ceciderit vel composuerit, tunc arma sunt judicis. Talia namque sunt arma offensoria, quorum usus est prohibitus, sicut et offensio est prohibita, vicem jure etiam naturali Und Einzelne Schöffensatzungen 206. Von der gewer und von den waffen. Wer sich notwer seines leivs wert, der schol der richter drower nicht nemen, awer an anderm gevecht, so gevelt dem richter von dem swert aus der schaid lx haller, und in di schaid auch lx haller. (Röfsler II, Beilage, p. 396.)

vero homicida confessus fuerit, se homicidium perpetrasse vim vi repellendo i. notwernde (24) probet hanc notwer ..... Si probaverit, liber sit ab actore et judice. (Die späteren Frider. Bellic. Legg. pro Heimb. Sec. XIII in Senkenberg. Vision. p. 269 : Bewärt er itz so sei frey von dem richter und dem chlager). Jus antiquiss. Austr. XLIV, b (LXIV) (Senkenb. App. p. 250.) Ist das der Landesherr sein Haussgenossen will angreifen, von Gewalt oder von übermuth, so soll Ihm weder Graff noch Freyherr, noch Dienstmann nicht helffen noch eygen in dem Landt, an sein eygen Leuth undt an die er bitten mag, undt erkauffen mag mit seinen guth. Will aber ihn sein Haussgenoss angreiffen mit Gewaldt undt unrecht, so sollen im alle die in dem Landt sind, das Landt helffen zewern, undt das gemerckht alss ver undt alss sy leyb undt Guett gewertt. Rechtsbrief Rudolf's I für München § 28. (Gengler, Stadtrechte des Mittelalters p. 296.) Swer ein unzuht tuot si sei chlein oder groz, wirt er darumb angesprochen, und mag er daz bringen, daz er ez hat getan notwer sines libes, der sol darumb dcheinem rihter niht buezzen. Augsburger Statut. c. 102. (Walch, Verm. Beitr. zu dem deutschen Recht. IV, p. 123) ... als das geschiht (Bereden der Nothwehr) ist er dem Vogt nichts schuldig, noch dem kläger. Stadtrecht von Cleve (Mitte des 15. Jahrh.) c. 126. (Die Stelle ist mitgetheilt aus einem Haager Ms. von Birnbaum. Neues

(24) In dem Wiener Recht c. 4 wird der Gegensatz der Nothwehr in folgender Weise bezeichnet : Si autem homicida deprehensus fuerit in ipsa actione i. an der hanthaft, cum sanguinolento gladio, et si judex hoc probare poterit cum VII viris honestis et credibilibus, qui dixerint eum homicidium hoc perpetrasse vim vi non repellendo i. unnotwernde, capite puniatur.

Arch. XIII, p. 278 Not. 96.) Man doidet den andern vierderley, den eersten myt wille sonder redelike saicken und dat is eyn moird. Then andern mit wyll nit sonder saiken als ynne notweren, des blyvet eyn man sonder schäden, in dien hie das bewiese. Then derden man doidet eynen man, soe dat hie sich selven verwairloist .... wen dair wat geschuydt, des thye hie sich selven. Then vierden doidet die eyn den andern von synen wairlose und doch sonder synen will. Jnd des werlugst hie syn wergelt. Landrecht von Jülich II, 1. (bei Lacomblet, Arch. für die Geschichte des Niederrheins. Bd. I, S. 114). Item eyn yecklicher der geslagen wyrdt mach sich syns liffs erweren, und off der anhever doit geslagen wurde, ist der ghynner, die notwer dede, neit plychtig noch schuldich deme heren noch ouch den frunden enche besseronghe zo dein.

Ja es braucht öfter nicht nur der Benöthigte nicht Bufse nnd Wette zu zahlen, sondern der Benöthiger mufs ihm büfsen. So im Lübischen Recht LI. (Hach, Das alte Lübische Recht, IV. Abtheilung, p. 571) Van blodt offte blaw offte lemede. Worde ein minsche geslagen blodt unde blaw offte lemede, efte andere sake, worde he darmede beclaget vor gericht efte vor raede, mochte he dat tuegen, de dar beclaget werdt, dat he sick rechte noetwere geweret hebbe, so dorff he nicht antwerden tho dissen saken, men de vorwunnen werdt mot beteren. Rechtsbrief des Bischofs Bernhard für Passau (Gengler, p. 352) § 43. Wer den andern ze tod slecht notber seins leibs, mag er das bringen als notwer recht ist, So sol er sein nicht entgellten. § 44. Wer den andern anspricht, er hab In gewuntt, oder swert gegen In gefüret, mag diser das bringen, daz er In sein genöttet habe mit plösser were, daz er sich sein weren muesst, so sol der, der die schulde da hat, dem Richter baide wanndel geben. Kaiser Ludwig's Rechtsbuch c. 166 (Freyberg, IV, p. 445). Umb rauffen oder umb slahen. Da ainer den andern wunt, raufft oder slecht, wie er im daz getan hat, spricht dann iener, ich laugen nicht, ich han ez getan, ich mocht sein aber nicht überig werden, er huob ez mit seiner weer dez ersten gen mir, da sol man dez chlagers laugen umb nemen, ez bezeug dann der antwurter mit zwain zuo im, daz er ez getan hab, dez sol er geniezzen, und sol gen dem chlager und gen dem gericht ledig sein, und sol ez der chlager puezzen, alz vor geschriben ist dar nach, und die schuld ist, die er im getan hat. (Der verwundete Benöthiger ist hier als Kläger aufgetreten.) c. 176. Umb wunten mit gewaffenter hant.... ist er aber im an laugen, er hab im den schaden getan, und gicht dez möcht er nicht überig werden, wann er in benött hab seines leibs und seiner eren, en daz er sein swert oder mezzer ie gezuckt hab; mag er daz bereden mit zwain zuo im die daz gesehen habent, so sol er gen dem gericht und gen dem chlager ledig sein und sol der chlager dem gerichte püzzen mit sechtzig und fünf pfunt pfenningen. (s. oben.)

Die Anerkennung des Rechts, zum Schutz des Hausfriedens den Heimsucher zu tödten oder zu verwunden, ist nur eine, öfters die einzige, Anwendung des Prinzips der Nothwehr, welche die Stadtrechte aussprechen. Kaiser Ludw. Rechtsb. c. 180. (Freyberg, IV, p. 449) Umb haimsuocher. Waer auch daz ainer den andern bechlagt, er hab in haimgesuocht mit gewaffenter hant, in seinem haus oder in seinem hof; stet er im daz an laugen, so sol er ims püezzen mit sechtzig und drew pfunt pfenning, und dem richter halb alz vil, stet aber er sein mit laugen, so sol man sein recht von im darumb nemen: ez mache dann der anchlager war mit zwain zuo im. die ez gesehen habent, daz er ez getan hab, dez sol er geniezzen: rett aber er sein hausere an totsleg, er ist dem gericht nichtz schuldig, und auch dem, der in haimgesuocht hat; ez mügen auch des wirtes chnecht oder sein ingehaeus, daz man sint und zuo iren tagen chomen sint, guot zeug gesein: enbräst aber der antwurter den chlager, so ist der chlager dem antwurter und den gericht, ir iglichem halb alz vil schuldig. Stiftungsbrief Conrads von Zähringen für Freiburg im Breisgau 9. (Gaupp, II, p. 20) Si quis aliquem in ipsa harea vi invaserit. quidquid ei malefecerit. sine omni satisfactione evadet. Freiburger Stadtrodel 42. (Gaupp, II, p. 33) Si quis burgensem in propria area vi invaserit vel temere domi quesierit, quicquid ei mali fecerit, non nemedabit. Berner Handfeste. 27. (Gaupp, II, p. 49) De domo sua cuique sancta. Si quis burgensem in domo propria et area temere die vel nocte quesierit aut invaserit, quicquid ei ibidem mali fecerit, sine omni satisfactione evadet, et ille dampnum suum et confusionem portabit. si autem injuriam suam vindicare non potuerit aut noluerit, si conquestus fuerit judici, reus convictus testibus tres libras emendabit judici, et tres conquerenti. Handfeste von Freiburg im Uechtlande 62. (Gaupp, II, p. 94) Si aliquis ultra contradictionem alicujus burgensis domum ejus intraverit, quitquid mali et dampni intratori infra domum evenerit, nulla erit satisfaccio, sec ville nec domino nec leso. Recht der Stadt Colmar 9. (Gaupp, I, p. 116) Swer den andern in sime huse, da er inne sezhaft ist, frevenlich suchet, swaz ime der da inne tut, da sol dekein gerihtte nach gan.

Statuta und Concordata der h. Freyen Reichs Statt Cölln, (auffgericht Anno Domini 1437) 85. Straff und Poen das Niemands dem anderen in sein Hausz oder Hoff steigen/ noch brechen soll. Item wer dem anderen bey Nacht oder bey Tag in sein Hauſs oder Hoff steigt/ den mag man halten/ biſs an das Recht/ und die Richter und Schäffen sollen uber jhn richten/ als sich das dann erfind/ gezimpt/ und gebürt/ uñ wolte er ungehalten sein/ und in der manglung sich machte/ das der jehner/ der also eingebrochen oder gesteigen were/ gewundt oder gelämbt worden/ oder todt blibe/ darumb soll der jehne/ dem also in sein Hoff oder Hauſs und Garten/ gesteigen/ oder gebrochen were/ unser Statt nicht verwürckt haben/ noch keine wandell/ oder besserung thun der Statt/ dem Gericht/ noch niemands anders.

Die beweisende Kraft dieser Zeugnisse für die Anerkennung des Rechts der Nothwehr, die wir noch um viele vermehren könnten (25), wird durch die Beschränkun-

(25) Für das spätere Recht wollen wir noch hinweisen auf Statuta unde Ordele der Stadt Bremen. Statut 98. (Pufendorf, Observatt. jur. univ. II. App. p. 65). Toge ok ein Mann ein Mest ofte ein ander wapen, sine noth mede to werende, so is idt eine nothwere, mach he dusse Nothwere tuigen mit twen Borgern unberopen ores Rechtes, he en heft neine broeke. (Dasselbe wörtlich in Statuta Verdensia. Stat. 158. (Pufendorf I. App. p. 128) Newe Eindracht von Bremen 5. (Pufendorf II. App. p. 147) So we ok jemandt dot schloge, wurde he darup begrepen, undt dessen wo recht avertuget, men schall ohme sin hovet afschlan, wurde he averst verfluchtig, he schal fredelos sin und nich toh bremen kamen, queme he averst wedder in der Stadt edder des Rahdes gebede, schall he sine gebohrnde straffe utstahn, idt were den dat he nohtwehre wo recht by thobringen und toh bewisen hedde, schall he darmede gehoret werden und dessen toh geneten haben. Constitution des Altenlandes 10. (Pufendorf

gen desselben in einigen Stadtrechten nicht erschüttert, Beschränkungen, die, wie schon bemerkt, durch die Besonderheit der städtischen Verhältnisse geboten, und durch das Bestreben der städtischen Gemeinde, alle Gewaltthat aus dem friedlichen Verkehr der Bürger zu verbannen, gerechtfertigt sind. Ein Abfall vom deutschen Princip des Nothwehrrechts kann darin um so weniger erblickt werden, als dieses selbst hinter diesen Beschränkungen bestimmt erkennbar ist. Denn es soll in solchem Falle milde gestraft werden: Stadtrodel von Murten 11. (Gaupp. II p. 154) Consuetudines vero quae pro jure habentur in dicta villa hae sunt. Quicunque manu armata alii sanguinem effuderit in villa, manus in potestate et arbitrio civium est, et tenetur illi cui vim intulit LX sol. emendare et sculteto LX, nec propter hanc emendam amici remanent nisi voluerit qui violentiam passus est et hoc si ille evaserit. si autem ad mortem percussit, caput in arbitrio et potestate civium est, et omnia sua sunt justitiario, nisi forte talia perpetraverit vim alterius repellendo, vel ulciscendo tale dedecus vel injuriam, quod severitatem facti adtenuet secundum arbitrium honestorum, quia tunc est mitius judicandum. Statuta Civitatis Goettingensis. XXXII (Pufendorf, III. App. p. 163) We anverdighet use borghere. Were ouch dat eyn user borghere worde angheverdeghet. also dat he

IV. App. p. 51) Welck man dodtschlagh deith, de nicht hemelick dan apenbahr is, de schall behardet und angeholden werden, wo desulveste averst en wech keme, schall in Land nicht geleidet werden he hebbe Gode dem Almechtigen, den fründen dafür lick gedan, und minem Gnedigsten Herrn eine waldt, dat is Söstich Mark gebetert, overst welker vorsatigen einen dodtschlagh deith, den schall men straffen alsz sich dat na Rechte behordt, idt sy den dat he möge nothwere bewiesen etc.

muste eyne nothwere don. und slughe he den de un anverdeghede dot eder dat he er ouertale mede verschulde. mochte he des hebben twene user borghere to tughe. dat he eyne nothwere ghedan hebbe. so ledeghet he sick der twiger iar mede ut to wesende. mach he aber der tughe nicht hebben. so ledeghet he sick mit sime rechte. aver de ouertale mut he dugen. Auch XXX. Worde ouch dar iemant to gheladeth de dar to helpen wolde euez noyt were. bekennet he des so schal to hant wiken twey iar und nicht er hir in komen. bekent he des aver nicht. so scal he sich ledeghen mit sime rechte. Worden dar ouch gheste to gheladet dat se dar do helpen wolden. evez noth were. und bekennet se des. so scholden se to hand wiken. und scholden iummer me der stat to gothingen enberen. We aver spreke, dat he des unschaldich were. de scal sich ledechen des mit sime rechte. — Pact. Ganerb. inter Engelb. Johann. et Johann. Comites Nassovios, et Godefredum Eppenstein, arces Deciam et Camburgum conc. (Senkenberg, Selectt. jur. et histor. Tom. II, p. 381) Sluge aber einer den andern todt, von dem sulde man riechten als sich das geheischet, es enwere dann das der, der dann den Doetslag gethan hette, mit erber reddelicher Kuntschafft zubrechte und erwysete, das er zur Lipwerunge gedrungen were, So stunde es dann an des Bumeysters und der Gemeyner Gnaden.

Oder die in einigen Stadtrechten für Tödtung oder Verwundung in Nothwehr gesetzte Geldbuſse wird gezahlt wegen Uebertretung eines besonderen unter den Bürgern aufgerichteten Friedens (26). Frid-

(26) Ein solcher Friedensbrief ist für die Stadt Regensburg 1331 aufgerichtet (Freyberg V, p. 109.) : Wir Friderich der Awar

gerichts-Puech der Stat Regenspurg. (Freiberg,V, p. 66, 71 u. 72.) Von der manslacht. Und pringet aber der manslacht die notwer mit czwain der genanten, so ist er ledig von dem clager und von der Stat, Und püſst dem Richter nach dem alten fride. Umb flieſsende Wunden. pringt aber er die notwer mit den genanten, So ist er ledig von dem clager und von der stat, und püſst dem richter nach dem alten frid. Von Rauffen und slahen. Pringet aber er die notwer mit VI wirten, So ist er ledig von dem clager und von der stat und puez dem richter nach dem alten fride. Bamberger Stadtr. § 160, 161. (Zöpfl, Urk. p. 47.) § 160. Und ist ez an dem. Statgerihte so ist er dem Schultheissen umb notrecht. Sechzig pfennig der alten muntz veruallen. und schol im dy zv hant

von Brennberg, Purgermeister, der Rat und alle gemain der Purger ze Regenspurch, veriehen und tun chunt alle den, die disen Brief ansehent oder horent lesen, daz wir nach den warten des alten fridbrifes, der nur auf ain churtzen vrist was gemachet uns durch vride und durch genade mit trewen und mit ayden zu einander gemachet haben, daz wir understen, was in der stat auflaufes wer oder furbas wurde, Und schol ich, Friderich von Awe, der Meister, dez mein trewe geben oder swer danne maister ist, ob ich nicht maister pin, und schol die sweren ze behalten. daz der oder ich den gesworen purgern und den geschriben und auch armen und reichen hie pei geste und in ze gelicher weis angevär helfe understen, swa ein zerwerfnuzze in der stat werde, So haben auch wir alle gesworen, die an dem brif geschriben stet, und alle unser purger arme und reich, daz wir sein dem maister helfen ob ain geschiht in der Stat geschehe oder ein gestozze werde, daz wir dann dem maister zu laufen, swer maister ist, durch understen und durch scheiden ongevär, und schol auch man den chlainen klochen lauten, swer dann nicht enchumt und mach er sich dez nicht bereden mit sein eines ayde, daz er der Glochken nicht gehort hab, der geb funfzich pfunt und sei dan noch ein iar aus der stat. u. s. w. (folgen namentlich die Buſsen.)

richten. oder verphenden oder versichern. § 161. (Umb buss unnd Recht.) Ist ez aber an der zente. so ist dy selb buz des zentgrefen. und alle gesatzte buz an der zente sint dez zentgrefen. ez sey von notwer wegen. oder von leme. Oder von wunten wegen.

Wenn endlich in einigen Stadtrechten das Tragen gewisser Waffen verboten und ihr Gebrauch, wenn sie zur Selbstvertheidigung angewendet werden, nicht straflos ist, so liegt der polizeiliche Character dieser Bestimmung, nicht aber ein Odium gegen das Recht der Nothwehr, darin klar zu Tage. So hat das Wiener Recht von 1221, welches in c. 26 bestimmt : Volumus quoque ut unicuique civium domus sua sit pro munitione et commansionariis suis et cuilibet fugienti vel intranti domum, dennoch eine solche Beschränkung des Rechts der Vertheidigung des Hauses in c. 28 : Item si alicujus domus invaditur, liceat ei defendere eam omnibus modis quibus potest praeter arcus et balistas. Qui contrarium fecerit det nobis X talenta. (Frid. Legg. pro Heimb. c. 7. Ob dhains mannes Hause wirt angriffen. dem sei erlaubt daz er iz besherm. und bewer mit aller der weis und er mag. an mit arm und mit pogen.) Und die flandrischen Rechte kennen öfter ein solches Verbot : So die Keure von Furnes XXXII. (Warnkönig, Flandr. Staats- und Rechts-Gesch. II, 2. Urk. S. 76) Quidquid aliquis se defendente fecerit, vel notwers, nisi cum canipulo se defenderit, liber erit a forisfacto, et insultor pro utroque emendabit. Die Keure des Landes Waes 40. (W. II, 2. Urk. S. 183) Licitum erit cuilibet pro Noot-weere corpus suum defendere sine omni fore-facto, nisi cum armis interdictis per scabinos. Die Keure der 4 Aemter XIII, 40. (W. II, 2. Urk. S. 192) Si quis homicidium perpetraverit et super hoc convictus fuerit, in potestate comitis et castellani erit de corpore et de omni possessione sua. Consanguinei illius, qui causa homicidii bannitus est, reconcilientur consanguineis hominis occisi cum decem libris. Homicida vero cum comite et castellano reconciliari non debet nisi prius facta pace cum amicis occisi. Sciendum autem, quod cuilibet licet per noetwere, corpus suum defendere sine omni forefacto, dummodo hoc faciat armis non interdictis, et invadens solvet emendam utriusque. Gerade die flandrischen Gesetze anerkennen aber sonst das Recht der Selbstvertheidigung unbedingt, ein Beweis, wie wenig von dieser polizeilichen Satzung das Princip selbst berührt wird. So der Keurbrief der Chatelenie von Brügge § 41. (s. unten Note 31.) Aelteste Keure der Städte Gent, Brügge, Ypern und Audenarde 4. (W. I, Urk. S. 34) Si quis insiliatur quidquid ipse faciat in defendendo corpus suum, nullo tenebitur forisfacto. Dasselbe wörtlich in der Keure von Dendermonde V. (W. II, 2. Urk. S. 232.) Entwurf einer Keure für die Stadt Ardenburg § 13. (W. II, 2. Urk. S. 54) Item si quis aliquem invaserit, nec invasus aliter evadere possit, nisi se defendat, quaecunque invadenti fecerit, nullo tenetur forefacto, dummodo debito moderamine se defendat et hoc legitimo testimonio cognoscatur (27). Keure von Furnes XLIV. Si quis extraneus, qui non pertinet ad coram, assilierit aliquem, qui ad coram pertinet, qui illum de cora adjuverit, de forefacto liber erit (28).

(27) Der Bevollmächtigte des Grafen von Flandern bemerkt noch gerade zu dieser Stelle des Entwurfs : Bonum est.

(28) Das hierin sich aussprechende Princip kehrt mehrfach in den Stadtrechten wieder, so in denjenigen von Ens c. 24, von Wien c. 32, in den neuen Statuten von Arnstadt von 1543, 2. (bei Michelsen, Rechtsdenkmäler aus Thüringen, 1. Lieferung, S. 42.)

Wie in allen diesen Beschränkungen des Nothwehrrechtes ein Abfall vom Prinzip des deutschen Rechts nicht gelegen ist, so kann ein solcher in der hie und da vorkommenden Scheinbufse auch nicht gefunden werden, welche für den in Ausübung der Selbstvertheidigung erschlagenen Heimsucher gesetzt ist. Ja es ist sogar, nach dem rechtlichen Character dieser Bufse, „welche Unfreien, unehrlichen, verächtlichen Leuten, die im Grunde rechtlos sind und von Jedem ungeahndet beleidigt werden dürfen, zukommt", in dieser Gleichstellung des in Nothwehr Erschlagenen die entschiedenste Anerkennung desselben ausgesprochen. Eine solche ist angeordnet im Rheingauischen Landrecht art. 72. (Bodmann, Rheingauische Alterthümer, II. Abth. S. 628) It. Is ist Lantrecht: werez, daz eyn Man, der in syme eigen Hufs gesucht worden, manlichen daz virwerte, vnd den Hussucher vnde alle syne Midegesellen, die dar mide waren, doit sluge, der sulde gelden myme Hern von elcken irslagen man vier phennige, vnd is myn Herr, ader sine nachkomen plichtig, den Man dar umb zu schuren vnd zu beschermen vnd auch zu virsunen ghein des doden ader der doden fruntschafft, vnd ym eyn vesten vreden zu geben. Grimm, R. A. S. 679 giebt noch Stellen aus dem Benker Heidenrecht § 25. und Wendhagner Bauernrecht 200; nach dem ersteren soll „de hushelder en hoel unter die soelen desselvigen huses untergraven und unter der soelen hertreken und legen ihme enen cruzpfening op sin borst"; nach dem letztern soll „der hauswirt den der einem gewalt thut auf dem seinen todschlagen und unter dem sülle ein loch graben und ziehen den thäter darunter durch und legen ihm einen dreier auf die brust, oder kann er den nicht haben, dem hanen den kopf abhauen und legen ihm denselben auf die brust, damit sol er gebessert sein."

Wenn in den langobardischen Königsgesetzen und in diesen das freie Vertheidigungsrecht beschränkenden Bestimmungen der Stadtrechte nicht Ausflüsse, sondern Abweichungen von der Reinheit des germanischen Rechtsgedankens zu erblicken sind, so liegt auch nur eine solche in der Verirrung der sächsischen Gerichte, die nach dem Zeugnisse Carpzovs Pract. nov. P. I, q. XXVIII nr. 34, auf die „poenam unius Wergeldi ipsius occisi Agnatis, et insuper in mulctam 60 solidorum Judici", auch wenn der Todtschläger „moderamen inculpatae tutelae observavit, neque ullo modo istud excessit" längere Zeit hindurch erkannten. Den positiven Anhaltspunkt der Praxis bildete wohl das Rechtsbuch nach Distinctionen. Dasselbe setzt nämlich allerdings in zwei Fällen Wergeld und Wedde für die in rechter Nothwehr zugefügte Verletzung. Zwar bestimmt Distt. IV, c. 1, dist. 2. Geschet eyn blutrunst in notwere, der man bekennet vor gerichte, mag her dy notwere bewisen selbsobende, daz er sich sinez libez geschuczt habe, unde dy notwere sy geschen wedder sinen willen und wider sinen dank, so ist her ane wandel kegen deme cleger unde kegen deme gerichte; c. 2, dist. 3. Rauft sich einer mit dem andern in notwere, wil er dy bewise sebVII, daz mac er tun; ob er wil, so vorleget er yeme dy vorklage. Volkumet er siner klage, yener muz ym wetten und busen, und mac dy sache czu desim nicht weder geklagen, sint er bewist hat dy notwere; und c. 4, dist. 3. Slecht einer einen mit knutlen oder mit feusten in notwer, czuhet er sin notwer, furab ez czu klage kumt, kan er dy notwer bewisen selbVII, er wird ledic ken dem richter und lidet keine not ken dem cleger, an so vil lede er smerczen (29), den muste er erlegen mit XXX schillingen. Allein für „kamphbare wunden" setzt cap. 5, dist. 2. Wer eyn wundet eyner kamphbar wunden in nod, magk her dy nodwer bewisen selbsobende, so mag man on dorumbe nicht bekempphen. Mit deme cleger mus he sich berichten noch gnaden, ab her mag. Mag her des nicht getun, so gebe her der wunden or ersacztes wergelt. Dy hand had her nicht vorbort, wan her is in nodwer getan had, sundern deme gerichte mus her wetten. (vgl. auch dist. 4 u. dist. 7). Und für Tödtung in Nothwehr entscheidet c. 6, dist. 1. Slet eyner den andern czu tode in notwer, had her des sine schrylute, unde irczugete ir daz selbsebende, he gibt den frunden das wergelt noch siner geburt, unde deme gerichte sin gewette. Dornoch sal man ome frede werken kegen sinen frunden mit orteylen, zcu libe unde zcu gute. Es wird diese Abweichung des Rechtsbuchs von seiner Grundlage, dem „missener lantrecht" (Ssp.), um so auffallender, als die beiden Rechtsbücher, auf welche der vermehrte Sachsenspiegel Bezug nimmt, nämlich das Goslarer Recht („Keyszerwichbilde") und das Weichbild („Wichbilde sechser art") des Wergeldes bei Tödtung in Nothwehr nicht gedenken. Namentlich sagen die Goslar. Statuten p. 34 ausdrücklich : Anverdighet ok en den andern unde in der notwere ienen vorwundet unde doch upgeholden wert, unde de de dar bi hebbet ghewesen, dat he ene rechte notwere hebbe ghedan, willen tüghen, wanne se dat hebbet getüghet, so is he des ledich unde los, unde so mot men ime

(29) Bei Pölm. heifst es hier : sondern hat er schmertzen empfangen, den sol man jm. . . . . (Ortloff I, Anmerkgg., p. 488)

antwarden umme dat unrecht dat an ime gheschen is(30). — Es hat aber zur Entstehung des Irrthums der Praxis der Umstand noch weiter beigetragen, dafs die Gerichte die Grundsätze des Beweises, wie dieselben der Sachsenspiegel aufstellt, nicht mehr verstanden, und so den art. 14, II im Sinne der Verpflichtung zur Zahlung des Wergelds interpretirten. Zwar die Glosse, mit den römischen Grundsätzen von dem Rechte der Selbstvertheidigung vertraut, bemerkt zu dem art. 14 : Jnn diesem § sagt er, dafs man in solchem fall dem Richter wetten/ und den nechsten schwertmagen ein wehrgelt geben soll. Nuhn möchstu fragen/ Warumb geschicht aber das/ dann hat er difsfals verbrochen/ solches mag er jo mit gelt nicht ablegen/ hat er aber nichts vorwircket/ warumb kommet er dann umb sein gelt? Das er aber ohne schuldt sei/ hastu C. ad l. Cornel. de sicar. l. is qui, und l. si ut allegas et ff. eo tit. l. 1 § divus Hadrianus. Auch stehet hie inn diesem Rechten ausdrücklich/ Er habe nichts verbrochen. Darum weil gleichwol defs todten schwertmagen von jhm das gelt nemen/ so müssen sie es ja mit unrecht nemen/ so doch das nicht sein soll/ das jemandt mit eines andern schaden oder gut unredlicher weise reicher werde/ de reg. iu. l. iure naturae? Sage sie nemen es mit gutem Recht. Dann weil jhener die wahl hat/ ob er will vorkommen/ dasselb zu behalten/ und es aber lieber geben wil/ so mögen sie es jo auch alssdann mit Rechte nemen. Und noch bestimmter spricht sie sich aus zu II, 38 : .... Als geschihet in nothwehr. Und dieses bleibt einer ohne allen scha-

(30) Gegenüber dieser Stelle und der oben citirten (Statuten p. 43) ist dann Göschen's Behauptung p. 345 unrichtig.

den/ als fern er nur die nothwer/ wie recht ist/ beweiset. Kompt er aber nicht vor wegen angst und gefahr/ so wirdt er doch lofs mit defs entleibten wehrgelt. Vgl. auch Glosse zu I, 50 n. III, 78. Ihr folgt Zobel, Summaria zu Ssp. II, 14, zu I, 50, Note b, und in seiner Abhandlung „über Wetten und Bufsen, auch allerley brüchen und straffen, nach Sechssischem Recht und desselbigen gebrauch", Bl. DXLVIII im Anhang der Ausgabe des Ssp. — Vor Allem aber erklärt sich Carpzov, l. c. nr. 41. mit aller Entschiedenheit gegen diesen Mifsbrauch (occisorem nullatenus condemnandum, neque solutionem Wergeldi et mulctae 60 solidorum, vulgo des höchsten Gewetts, ab ipso exigendam esse existimo), obwohl auch er den art. 14 nicht richtig versteht, wenn er, im Anschlufs an die Glosse, schreibt: Apparet manifeste, ibidem agi de consuetudine peculiari Saxonum antiquorum, qua occisor, allegans moderamen inculpatae tutelae, et in judicio, antequam aliquis contra eum ageret, offerens se de eo justificari, solutione Wergeldi et mulctae, quasi pro redimenda vita, et in casum commissi excessus, satisfaciendo per id Agnatis occisi, ut et judici, ab omni ulteriori poena sese liberare poterat; Secus, si contra eum prius actum fuisset, quo casu poenam promeritam luere, aut moderamen inculpatae tutelae sufficienter probare debebat. Er giebt demgemäfs Wergeld und Bufse nur für den Excefs zu (alias, si excessum moderaminis inculpatae defensionis qualem qualem, etiam leviusculum commiserit, eum ad minimum ad solutionem Wergeldi, quandoque etiam simul ad mulctam summam 60 sol. condemnandum esse, facillime concesserim). Und wie aus den von ihm (q. XXVIII, nr. 45—50) angeführten Schöffensprüchen aus dem Ende des sechszehnten und dem Anfange des siebzehnten Jahrhunderts hervorgeht, dafs nicht alle Gerichte dem Irrthum der „Doctores" folgten, sondern dafs auch bei erwiesener Nothwehr der Benöthigte ganz frei gesprochen „und der gefänglichen Haft gegen einen gewöhnlichen Uhrfrieden billig entlediget wurde" (q. XXVIII, nr. 45, 46, 47); und aus den in q. XXIX, nr. 14—19 mitgetheilten Schöffensprüchen erhellt, dafs nur für einen Excefs, und zwar „excessus leviusculus culpa leviori aut levissima commissus", Wergeld und das höchste Gewette bezahlt, bisweilen „ob levitatem excessus", sogar nur Wergeld bezahlt wurde; so wurde dann durch seinen die Gerichte beherrschenden Einflufs den echten Prinzipien des deutschen Rechts Genugthuung gegeben (31).

Je tiefer aber in der deutschen Rechtsüberzeugung zu aller Zeit die Ansicht Wurzel geschlagen hat, dafs die

(31) Wenn behauptet wird, dafs auch in Ländern fränkischen Rechts Wergeld für Tödtung in Nothwehr bezahlt worden sei, so fehlen für diese Behauptung die Beweise. So hat Köstlin, System, S. 80 auch keine Belege beibringen können. Birnbaum (N. Archiv. XIII, S. 428, not. 111), welcher eine Stelle aus der Lex terrae francae von 1190 anführt, fügt selbst den Zweifel hinzu, dafs dieselbe auch von dem Fall des art. 145 der C. C. C. verstanden werden könne. Die von Birnbaum citirte Stelle lautet: Nihil forefaciet is qui defendendo corpus occidit, sed occisum debet reconciliare. Diese Lex Terrae Francae, der Keurbrief der Chatelenie von Brügge, genannt das Land der Freien, oder le franc des Bruges, ist abgedruckt bei Warnkönig, Flandr. St. und Rechtsgesch. II, 1. Urk. S. 83 ff. Hier aber fehlen in § 41 die Schlufsworte jener Stelle: Sciendum quod nihil forefaciet homo in defendendo corpus suum. — Für die (ältere) fränkische Praxis wären die Sprüche des Frankfurter Oberhofes von grofser Wichtigkeit; doch sind leider die beiden bei Thomas, Der Oberhof zu Frankfurt a. M., Nr. X, S. 375 und Nr. XLVII, S. 409 mitgetheilten unvollständig. Sie sind Erkenntnisse auf Beweis, das Endurtheil fehlt. — Ueber das Fortbestehen des Wergelds in Sachsen in unserem Jahrhundert vgl. Weiske, Abhandlungen aus dem Gebiete des deutschen Rechts. S. 98.

Vertheidigung seiner Person und seines Eigenthums ein Recht des Mannes sei, um so sicherere Bürgschaften verlangte dieselbe nun dafür, dafs nicht hinter dem Vorgeben der Nothwehr sich Verbrechen und Gewaltthat verstecke. So ist denn gerade das älteste Recht, welches das freieste Gebahren der Selbstvertheidigung walten läfst, in der Forderung solcher Garantien am Strengsten. Das deutsche Recht findet eine Gewähr dafür, dafs das Recht der Selbstvertheidigung geübt worden, darin, dafs der Thäter seine blutige That nicht zu verbergen sucht.

Der Todtschläger in rechter Nothwehr mufs bei der Leiche des Erschlagenen bleiben. Wenn er den Todten nicht verlassen, so mufs er ein Unschuldiger sein, weil es der Einfachheit altgermanischer Denk- und Gefühlsweise widerstrebte, es nur als möglich zu setzen, dafs ein Schuldiger den Muth haben werde, den Anblick seiner blutigen That zu ertragen. Nur das Bewufstsein seines guten Rechtes kann ihm aber auch den Muth leihen, sich der Fehde der herbeieilenden Magen und Freunde des Erschlagenen entgegenzustellen. Und nur dieses Bewufstsein läfst ihn auch vertrauensvoll durch Geschrei Nachbarn und Fremde herbeiziehen, auf dafs er Zeugen des in seinem guten Rechte wurzelnden Todtschlages habe (32). In diesem Sinne fordert namentlich das ältere fränkische Recht das Bleiben beim Todten. So die Lex Ribuaria Tit. 77. Coram testibus in quadrivio in clida

(32) So fordert das Decret. Tassil. De popularibb. legg. IV . . . . . sed tamen ea genera trium homicidiorum debito signo vicinis suis, et his qui adsistunt, insignet. Nach Goslarer Recht (Göschen, S. 35) soll der Angefertigte das Gheröchte rufen. Der vermehrte Sachsenspiegel (IV, c. 6, dist. 1) spricht von »schryluten«, die durch das Geschrei herbeigezogen sind.

eum (sc. hominem furbattudum) levare debet, et sic quadraginta seu quatuordecim noctes custodire, et tunc ante judicem in haraho conjuret, quod eum de vita forfactum interfecisset. Sin autem ista non adimpleverit, homicidii culpabilis judicetur. Aut si negaverit, cum legitimo numero juret, quod hoc non fecisset." Später werden im fränkischen Rechte die Garantien für den Beweis rechter Nothwehr sogar noch gesteigert. In Formul. Sirmond. XXX. wird zuerst ein Eid des Benöthigten apud homines duodecim manu sua tertia decima verlangt, quod dum ipse sollemniter sibi ambulabat, jam dictus ille quondam eum malo ordine adsallivit, et evaginato gladio super eum venit, et postquam istos praesentes livores recepit, necissitate compulsus ipsum plagavit, per quem mortuus jacet, et in sua orta contentione vel in sua motiva atque per suas culpas ibidem interfectus fuit. Ist dieser Eid geschworen, so wird ihm das Urtheil (Sed postea ... judicatum fuit), dafs er den Todten 40 Nächte bewachen und sich dann mit 36 Zeugen von dem Todtschlage reinigen dürfe (ut in noctes quadraginta apud homines triginta sex manu sua trigesima septima jam dicto illo quondam in Ecclesia illa, in loco nuncupante illo, conjurare debeat apud homines visores et cognitores eo quod ille quondam malo ordine super eum venisset ....). (Wie dies noch im Sachsenspiegel nachwirkt, davon unten zu II, 14).

Dieselbe Bedeutung hat die Vorschrift, dafs der Thäter dem Richter freiwillig die Anzeige des Geschehenen mache, eine Forderung, welche nicht minder auch an denjenigen gestellt wird, welcher sein Recht der Selbstrache ausgeübt hat (33). So in den Legg. Henrici 83, 5.

(33) Hierher gehören die Bestimmungen in Ine's Gesetzen 35. Wenn er es (dafs er einen Dieb erschlagen) verbirgt und es wird

Si quis in vindictam vel in se defendendo occidat aliquem, nihil sibi de mortui rebus aliquis usurpet, non equum, non galeam, vel gladium, vel pecuniam prorsus aliquam, sed ipsum corpus solito defunctorum more componat, caput ad oriens, pedes ad occidens versum, super clypeum si habeat, et lanceam suam figat et arma circummittat, et equum adregniet, et adeat proximam villam et

später kundig, dann gelte er ihn. Dort findet sich auch das eigenthümliche Gesetz (20) : Wenn ein aus der Ferne stammender Mann oder ein Fremder aufser Weges durch das Holz geht und weder ruft, noch das Horn bläst, mufs er als Dieb angesehen und getödtet oder ausgelöst werden. Dazu fügt 21 § 1. Wenn er es aber verbirgt und es wird über lange offenbar, dann öffnet er dem Todten den Weg zum Eide, so dafs ihn seine Magen von der Schuld befreien können. — Beim Erschlagen des Ehebrechers fordert das Brünner Stadtrecht (14. Jahrh.) c. 43. (Röfsler, Beil. p. 357) : Ob iemant in der stat ein andern pei sein weip begrift mit der waren tat, so schol man senten nach dem richter und nach den schephen, so leiden si geleich urtail. Worin dies bestehe, sagt das Prager Rechtsbuch c. 87 (Röfsler p. 125) . . . . . ist das er sye payde totten vil, er ruff den richter und en scheppfen darzu und slach durch sy payde einen pfall . . . . vgl. auch Schöffenbuch 490 (R. p. 228) Ssp. I, 69. Distinctt. IV, c. 11, dist. 2. Begrifft eyner eyn by syme wibe, unde begriffe her sy beyde mit der worhaften tad, unde sluge sy beyde zcu tode uff enander, he sal sich uffe sy seczen mit siner gewere, unde dy sal he in siner hand habe, unde sal sende noch deme gerichte, unde sal clagen mit dem geruffte ober sinen rouber unde des landes rouber und rouberin, dy on in eyme rechten reroube sine eschaft beroubt haben, unde bete daz mit orteyln, daz man ome teyle umbe dyselben schinbaren hanthafftige tad, wy he mit on geboren sal. . . . . Ruprechts II Rechtsbuch c. 15 (Maurer p. 252) . . . wie er es aber bewären sol das er sy alzo fundenn hat unnd zuhant er den todslach verpringtt. so sol er seinen nagstenn hinrueffenn unnd sol jn klagnn das er jn seiner ernn beraubt hat den er da erslagenn hat. vnnd sein haussfraw jr trew an jm zeprochnn hat. alzo sol er mit dem selben pluetigenn waffenn für den richter gen und sol jm das auch alzo klagenn. damit bewärtt er den todschlag.

cui prius obviaverit denuntiet, et etiam socnam habent quod probari denique vel defendi possit contra parentes et consocios ejus. So im Holstenrecht, wie die Glosse zu Ssp. II, 14 bemerkt: Wann ihr einer den andern erschlagen hab, so reitte der theter hin zum Richter ins dorff, und bekennet es und ziehe sich dess auff noth, das ist, das er solches aus nothwere gethan habe, unnd ferner auff sein wergelt. Und in den Stadtrechten: Goslar. Statut., S. 33. Sleyt en enne dot in notwere de ine anverdighet hevet, ne darn he nicht bi eme bliven, he sende to deme voghede er wen dat overnechtich werde, unde bidde den voghet dat he ine veleghe (34) vor unrechter ghewalt, he wille sine klaghe vulvörderen. Weygherde ime des de voghet, he söke dat an deme rade. Distinctt. IV, c. 1, § 2. Geschet eyn blutrunst in notwere undanckes, der man bekennet vor gericht; IV, c. 6, dist. 2. Slet eyner eyn czu tode in notwere, der on angefertiget had, unde tar by ome nicht bliben, so sende her zcu deme foyte, er iz obirnechtig worden ist, unde bete der foyth, daz her on sichere vor unrechter gewalt, he wulle sine clage volfurdern. — Ja das Rechtsbuch spricht es aus, dafs man sich bei übernächtiger That gar nicht mehr auf die Nothwehr berufen könne, in IV, c. 5, dist. 14. Wundet einer den andern, und wirt vorfluchtic, und wil sich sint dem mal vorantworten, und ez ubernechtic ist worden, so daz er sich czu siner notwere nicht entboten hat vor gerichte: so en mac

(34) Ueber das Veleghen d. h. eine Erklärung des Rathes oder Vogtes, dafs jemand der aus rechtlich anerkannter Ursache (Overhöre, Verfestung, handhafte That) in seiner persönlichen Sicherheit gefährdet ist, demungeachtet ausnahmsweise vollen rechtlichen Schutz entweder überhaupt, oder zu einem bestimmten Zwecke geniefsen solle, vgl. Göschen, Goslar. Statut. p. 431 ff.

er keine notwer mer an sich genemen, dy ym czu hulfe muge komen. — Dadurch dafs der Thäter erst nach übernächtiger That klagt, wird er des sonst bei der Berufung auf Nothwehr ihm gewährten Vortheils der Vorklage verlustig. Bresl. Recht. Erste Urk. von 1261. § 53. (Gaupp, Das alte Magdeb. und Hall. Recht. S. 240.) Ob ein man den anderen gewundet in der vrienstraze in einem wichbilede. ane were und recht und unvorklaget. und die silbe man die gewundet is komet zu were und wundet jenen wider und schriet daz ruochte umbe den vriede den her an ime gebrochen hat. und ne mach her doch vur gerichte nicht komen und klagen . van unkraft sines libes. oder von angeste sines libes. und komet jene man die ine erst wundete mit einer vrevele vore. und klage. die ander an deme der vriede erst gebrochen wart. kome na und klage des selben tages in der hanthaften tat. und bewise die not. und geziuget daz mit sinen schreiluten daz her den vrede an ime gebrochen habe. und diu urhaf jenes were. und sin nicht. geziuget her daz alse recht ist. her gewinnet jeneme die ersten klage ap : vornachtet her iz aber so ne mach her des nicht tun. Dieselbe Bestimmung hat das Görlitz. Recht art. 48 (Gaupp, S. 288) und Culm. Recht III, c. 3. Vgl. auch „Dat bescreuene recht von Braunschweig (älteste Stadtrechtsaufzeichnung, Gengler, S. 36) § 9. Swelich man den andern ane verdiget in dere strate mit gewalt, unn sich iene erweret, mit den screimannen mach he behalden de ersten clage, of sine viende so stark sin, dat he nicht vore komen ne darv. — Auch das Schwäbische Landrecht und die süddeutschen Stadtrechte stellen dieselbe Forderung an den Thäter. Schwäb. LR. art. 79 (63) . . . nv vragen wir wie er die rehten notwer sol bereden. wir sprechen also. er sol so er allers baldest mac zv dem rihtaer komen. vnd sol sich in des rihtaers gewalt mit sinem libe ergeben. vnd er sol im sin swert vf reht geben. vnd der rihtaer sol in enphahen vf rehte rede. (Ruprecht's I. Rechtsbuch c. 55.) Besonders ausführlich sind in dieser Rücksicht die alten Augsburger Statuten, nach welchen durch die Flucht der Todtschläger des Rechtes sich zu reinigen verlustig wird: c. 102 (Walch, IV, S. 123) Will der sin nothwer fürbringen der soll gaun für den Vogt, wa er Ihn erst mag ankommen, und soll sich selber und das Swert da ers mit getan hat, antwurten in dess Gerichts Gewalt uff ein Recht wan dasz geschiht, so soll der Vogt senden nach zwaien Unversprochenen Mannen die desz Gezüg sien, dasz er sich dem Vogt uff ein Recht geantwurt habe mit der bescheidenheit als davor geschrieben stat, und soll den der Vogt recht von im bieten, um den Todschlag, und wer den komt der ihn darum anspricht, dem soll der Vogt recht bieten von im. Das Recht ist also: dass er sin notwer berede mit sinen zweyen fingern .... Und geschiht aber dass er uff den Weg gevangen wird, so er gen dem Vogt will gaun, so soll man sin Recht nemen als davor geschrieben stat....... Ist aber dass er gefangen wird auff der Flucht und uff einem andren Weg der gen dem Vogt nit gat, und wird gebunden und gevangen hinbracht, so soll man hinz Ihm nicht richten, als recht is. Das Recht ist also: dass er bered mit sinen zweyen fingern, dass er uff der Verte wär gen dem Vogt, und man züge in denn selb sibende, dass es nit en si, und dass er auch schuldig sy an dem Todschlag, so soll man auch über in richten als über einen schuldigen mann um den Todschlag.... — So ist denn die Bestimmung des Brünner Schöffenbuchs 369 (Rößler, p. 168) nur als Ausnahme, auf deren Entstehung das römische Recht gewirkt hat, zu betrachten: Utrum homicida fugiens et postea comparens possit defensionem allegare. Sententiatum est juratis de Chrisans Quamvis secundum jus Maydeburgense accusatus pro homicidio vel vulnere volens defensionem vulgariter dictam „notwer" praetendere, debeat statim post actum judicem accedere et gladium sibi resignare. Tamen secundum consuetudinem juris Brunnensis antiquam licet taliter accusatus primo ratione fortassis metus amicorum laesi, vel alia quacumqae causa fugiendo discedat, et aliquot vicibus citare se permittat, tamen adhuc ultimo judicio potest comparere et defensionem rationabiliter allegare (35).

Zu diesen Garantien verlangt das deutsche Recht, dafs der sich auf Notwehr Berufende dieselbe beweise. Das frühere und das spätere Recht sind sich in ihren Bestimmungen im Wesentlichen gleich geblieben. Eid, allein oder mit ernannten oder erwählten Eideshelfern zu schwören (letzteres ist die Regel), in den älteren Quellen Gottesurtheil (Zweikampf, judicium aquae, ignitum ferrum), seltener, aber doch schon frühe, Zeugen, sind die rechtlichen Mittel, durch welche die rechte Nothwehr erwiesen wird. In der Lex Ribuar. Tit. 77 schwört der Benöthigte allein. Nach der Lex Angl. et Werin. Lex Franc. II, 5 (Merkel) kann entweder der nächste Verwandte des im Diebstahl Erschlagenen durch Kampf dessen Unschuld erweisen, oder der Todtschläger „duodecim hominum sacramento" die Rechtmäfsigkeit seiner That behaupten. In Friederich's I. Landfrieden § 8 u. 9 wird ein Unterschied gemacht, ob ein Bauer gegen einen Ritter wegen Bruchs des Land-

(35) Auf diesen Gegensatz zum Magdeburger Recht macht Röfsler, II, Einleitung, p. LXXX aufmerksam.

friedens klagt und behauptet, „quod non voluntate, set necessitate hoc faciat“, oder umgekehrt; im ersten Fall reinigt sich der Ritter „manu quarta“ (selb IV), im zweiten aber „rusticus de duobus unum eligat, an divino, an humano judicio innocentiam suam ostendat, aut 6 ydoneis testibus, quos judex elegerit (der Ritter wählt selbst) se expurget.“

Mit Eid und Kampf wird auch im Sachsenspiegel die Nothwehr erwiesen. Der entscheidende Artikel ist II, 14, § 1. Sleit en man den anderen durch not to doden, unde ne darn he nicht bi ime bliven, dat he ine vor gerichte bringe unde over ine richte, vor sines lives angeste; kumt he sunder doden vor gerichte, unde bekant he's er man over ine klage, unde biut he sik dar umme to rechte, man ne sal ime sinen hals dar umme nicht verdelen. Deme richtere sal man er delen dat hogeste gewedde der penninge, die man ime pleget to weddene, unde den magen ir weregelt; de sal man vore laden ire weregelt to nemene to me nesten dinge, unde to dem anderen, unde to me dridden; ne komet se denne nicht vore, he sal dar mede besitten, wante sie't mit klage ime af gewinnen, unde man sal ime vrede werken. Umme den man ne mach ine nieman an sinen hals spreken, dar he sik to rechte umme geboden hevet, ir man up ine klage. — § 2. Brinct man aver den doden vor gerichte umbegraven, unde klaget man up ine, he mut antwerden umme sinen hals, oder he mut den doden bereden. Dieser Artikel entscheidet zwei oder eigentlich drei Fälle, zwei in § 1 und 2 ausdrücklich, der dritte ist aus dem Gegensatze zu den entschiedenen hineinzuergänzen.

I. (II, 14, § 1) Der Todschläger bleibt nach der That nicht bei dem Todten, er zeigt aber dieselbe dem Gerichte an, ehe die Verwandten und Freunde des Erschlagenen gegen ihn Klage erheben, und beweist seine Nothwehr. Da mag ihm zwar Niemand an seinen Hals sprechen, weil er sich zu Recht erboten hat, ehe Jemand über ihn geklagt hat, allein er mufs dennoch Wergeld und Wette zahlen, weil er nicht beim Todten geblieben ist. Nicht die Tödtung in rechter Nothwehr wird hier mit Wergeld und Wette gebüfst, sondern es ist nur in dieser Bestimmung jene alte, im alten fränkischen Recht so bedeutsame, Forderung (sin autem ista non adimpleverit, culpabilis judicetur, Lex Rib.), dafs der Thäter beim Todten bleibe, um die Fehde mit den Verwandten aufzunehmen, nach dem Verschwinden des Fehderechts, als ein bedeutungsloses geschichtliches Ueberbleibsel stehen geblieben.

II. (II, 14, § 2) Die Magen klagen den Todtschläger des Friedebruchs an, und bringen den Todten mit dem Thäter vor Gericht (36). Der

(36) Von diesem Falle handelt Richtstig Landrechts c. 32. a. (Unger) Von des antwurt, wer unschuldyg wil sein. So spreche der unschuldig man, ob er also furgeladen ist : Herr richter, ich piet euch durch got, und durch des rechten willen, unnd alle, die hie umb steen, das ir mir keins unrechten wollet gestattenn, unnd mein blut nicht lasszet zu unrecht vergiesszen, und piet einen man, der mir mein wort spreche. Den musz man im geben. So sprech sein fursprече, ab es umb ein tatslag sey, unnd der tatt gegenwertig ist: Herr richter! wolt ir Heintzenn wort horenn? Heintz piet, das ir im ein recht urtail last werdenn, nachdem das H den piderman weder durch hasze weder durch keinerley sach willen, mer durch rechter notwer willen geschlagen hat, und sich seins leibs not wert, das er beweisen wil mit sein selbs leibe, und mit piderlewten, unnd wie er das beweisen sulle zurechte, ob man im durch rechter notwer seins leibs mag mort ansprechen, oder was darumb ein recht sey? So vint men : man en moge. So frag dieser: nach dem das der tat da gegenwertig ist und offenbar da stet, wenn

Todtschläger ist nun entweder des Friedebruchs geständig, dann mufs er antworten um seinen Hals (II, 13, § 5); oder derselbe behauptet unter Berufung auf rechte Nothwehr seine Unschuld und beredet den Todten des Friedebruches, dann geht er im Fall des Sieges im Beweise frei aus. Dafs der Todtschläger, wenn er in dieser peinlichen Klage siegt, Wergeld und Wette nicht zahlen mufs, folgt unzweifelhaft aus der Prüfung der Theorie der Klagen nach dem den landrechtlichen Prozefs auf der Grundlage des Sachsenspiegels darstellenden Richtsteig. Derselbe unterscheidet drei Arten von Klagen, nämlich purgenliche, peinliche, vermengte (c. 5). Die letztere Art „heist darumb also, a) ab man die clag gepurglich anspricht, das sie mag werden peinlich, unnd b) spricht man sie peinlich an, das sie mag werden burglich.“ (c. 36.) Zu den unter b) genannten gehört die Klage gegen den mit Gerüffte Gepfändeten, der sich des Pfandes gewehrt hat (c. 42), die Mordklage gegen ein Kind oder einen sinnlosen Menschen (c. 43), die Mordklage gegen den aus Zufall „(unwiessentlich“) Tödtenden (c. 44) Damit dafs nun die peinliche Klage wegen Erschlagung in Nothwehr nicht nnter diesen vermengten Klagen, welche

er sich darumb zurecht ni erpot, denn ee der tat fur gericht kome, ab er im icht antworten sulle vor seinen hals, ader was darumb recht sey? So findet man : er musz den taten durch not mit dem kampffe uberwinden, oder es get im an den hals. So frag des clagers fursprech : nach dem das der tott keinen frundt hat, der in kampfe seinen leip fur in wagen wolle, ob er icht einen myten musz? So vint me, he moge wal. So frag : nach dem das er sich selber dartzw gepoten hab, und der selbig kempfer, der in angesprochen habe, ab es denn derselbig icht widersprechen mug? So vindet man : er enmuge es mit kampff thun.

„aus peinlichen burglich" werden, genannt wird, ist es deutlich ausgesprochen, dafs hier die Zahlung von Wergeld und Wette, also die bürgerliche Folge der peinlichen Klage, nicht stattfindet.

III. In dem dritten Falle tritt der Todtschläger selbst als Ankläger auf. Es ist dies sehr wohl gedenkbar bei der Eigenartigkeit eines Nothwehrfalles, bei welchem, im Gegensatz zu anderen Straffällen, die Thatsache der Tödtung es noch zweifelhaft läfst, wer der eigentliche Verbrecher sei, ob der Erschlagene, der, als ein rechtswidriger Angreifer, in rechter Vertheidigung erschlagen worden sein kann, oder der Todtschläger, welcher die Bedingungen rechter Nothwehr oder das rechte Maafs in der Ausübung derselben nicht beobachtet hatte. Schon das Schwäb. Landr. art. 314, III (L.) 340 (W.) hat dies klar in den Worten erkannt: er kvmt zem rihtaer vnd giht der rehten notwer. dem mvz man die lvgen glovben als ienem die notwer der warhait. da von ist der kamph gesetzet. daz ez niemen weiz wan got eine. vnd davon soln wir got getriwen. daz er ez zerehte scheide. — Es tritt hier also der Thäter nach frischer That mit der Leiche des Erschlagenen vor den Richter, und klagt nun selbst wider den Todten, als wider einen Friedebrecher. Die Entscheidung für diesen durch Interpretation zu ergänzenden Fall giebt I, 64: Der Todtschläger darf schwören, dafs er den Erschlagenen in rechter Nothwehr erschlagen (mach aver he den doden mit seven manne tüge verwinnen, so ne darf he sik to kampe nicht bieden jegen ene.) Hat er nicht „seven manne tüge", so darf er den Scheinkampf kämpfen gegen den Todten, wie ein solcher gegen den ungehorsam nicht erscheinenden Lebenden gekämpft werden darf. Denn art. 64 sagt:

Süs (37) sal man ok verwinnen enen doden, of man ine in düve oder in rove oder in sogedanen dingen (also z. B. in Nothwehr gegen einen Angriff auf Leib oder Leben) geslagen hevet. Wenn sich aber Einer der Magen des Erschlagenen zum Kampfe für denselben erbietet, so wird dem Todtschläger damit der Eid mit Eideshelfern und der Scheinkampf verlegt : Büt aver en des doden mach, sve he si, ine vortustande mit kampe, die verleget allen tüch, wende so ne mach man ine ane kamp nicht verwinnen, he ne si vervest. Unterliegt der Todtschläger in diesem Kampfe, so ist er des Friedebruches überwunden, und darum wird über ihn gerichtet. (I, 69. Sve ok enen doden oder enen gewundeden man gevangen vor gerichte vort, unde ine to enen vredebrekere bereden wel mit kampe oder ane kamp, ne beredet he sin nicht, man sal over ine richten na vredes rechte. vgl. auch I, 50 § 1. I, 63 § 4). Siegt er, so zahlen diejenigen Bufse, die ihn mit Unrecht kämpflich gegrüfst haben, nach I, 63 §4. Vichtet he sege, man let ine mit gewedde unde mit bute. (vgl. auch I, 51 § 5.) (38).

(37) »Süs« (so) bezicht sich auf den Schlufs von art. 63 § 5, welcher den Scheinkampf gegen den contumax in folgender Weise anordnet : Ne kumt he to der dridden ladunge nicht vore, die klegere sal up stan, unde sik to kampe bieden, unde sla tvene slege unde enen steke weder den wint. Dar mede hevet he jenen verwunnen sogedaner klage, alse he ine an gesproken hevet, unde sal ime die richtere richten, alse of he verwunnen were mit kampe.

(38) Der Artikel wird mifsverstanden von Haeberlin, Specul. Saxon. et Suev. jus crim. p. 27—30, der hier sehr mit Unrecht gegen Carpzov polemisirt, welcher das richtige Princip, wenn auch in unrichtiger Begründung auf Grund des Sachsenspiegels, ausspricht. Göschen, Goslar. Statuten, S. 351 führt die Weddepflicht unrichtig auf das Unterlassen des Gerüftes bei der Klage zurück (II, 64 § 3 hat einen von dem vorliegenden verschiedenen Fall im Auge) :

Das Schwäbische Landrecht (39) läfst diese Unterscheidungen fallen und ordnet den Beweis, je nachdem Zeugen bei der That gegenwärtig gewesen, oder nicht: 1) art. 233 (L.) 194 (W.) vnd wil man mir nvt gelovben. daz ich minen lip vnd min gut also mit der not wer gerettet habe. vnde hant ez die lvte gesehen. ich sol ez selbe dritte erzvgen. vnde mag mir daz mit kamphe nieman erwern. (vgl. auch art. 314 III (340) 2) (ibid.) vnde hat ez nieman gesehen. ich sol minen eit dar vmbe bieten. daz wert mir wol ein sin mag mit kamphe ob

die Wedde folgt eben dem Wergeld, das von Göschen aber zu erklären gar nicht versucht wird. Abegg, Untersuchungen, S. 282 ff., bes. 287, nimmt an, dafs, wie in den Volksrechten, auch im Ssp. bei Tödtung in Nothwehr nicht das Leben, wohl aber die Bufse verwirkt sei. Ganz ausführlich hat sich neuerlich Sachsse, Das Beweisverfahren nach deutschem, mit Berücksichtigung verwandter Rechte des Mittelalters, S. 240 ff. ausgesprochen. Seine Erklärung des Wergelds und der Wedde geht dahin, dafs, wie nach III, 16 § 1 »die richtere noch nieman ne mach nemanne von siner klage wisen, ane die, uppe den die Klage gat«, so auch die völlige Freisprechung eines Beklagten ohne die Anwesenheit des Klägers nicht möglich gewesen sei. Auch Walter, Deutsche Rechtsgeschichte, § 693 nimmt schlechtweg für Tödtung in Nothwehr die Verpflichtung zur Zahlung des Wergeldes an. Ebenso Heffter § 45 Not. 2, welcher neben dem Wergeld zwar die Scheinbufse anführt, ohne indessen auf diese für die Auffassung der Nothwehr gerade so characteristische Bufse (s. oben) weiter Gewicht zu legen. Grattenauer a. a. O. S. 65, 66 behauptet nicht nur für das Recht des Ssp., sondern sogar für das Schwäb. LR. (!) die Verpflichtung dazu, und bemerkt noch gar, »dafs der Schwabenspiegel von der Zahlung des Wergeldes nur in Beziehung auf Strafsenräuber eine Ausnahme mache.«

(39) Das Wergeld kommt im Schwäb. LR. überhaupt nicht mehr vor; in Beziehung auf die Nothwehr sagt art. 79 (63): vnde hat der tote man nieman. er ist ein lidig man, und art. 233 (194): . . . vnd wer ich mich vnde slahe ich in ze tode. ich bvzze sinen frunden noch dem rihter nvt.

er wil. Daz ist da von gesetzet. daz die schulde eht nieman enweiz wan got alleine. der scheidet ez ouch, nach rehte. (vgl. art. 79 (63). Doch wird in art. 79 C. (63) noch hinzugefügt : Ist das ein man die notwer bereden wil. der sol also bereden mit seinem eyde. das er da getan hab. das hab er getan in rechter notwer seines leibes. Vnd hat der tot man niemen der im den eyd mit kampfe were. so sol der richter den man behalten sechs wochen und einen tag. der di notwer da hat bereyt. kompt in der weil nieman. der in anspreche. er sol ein ledig man sein vor den die inner lanndes sind. di auzzer landes sind den müz er antwürten über zehen iar. da sol er dem richter borgen vmb seczen vncz an dasselb zil. Und stirbet der richter oder kompt sus ein ander richter an sein stat. dem ist er der borgschefte auch schuldig als ienem vncz auf dasselb zil. Vnd als dew zehen iar für komment. so ist er ein ledig man vor allen leuten. — Schon vor dem Schwäbischen LR. kommt aber Beweis durch Zeugen vor. Denn Zeugenbeweis hatte schon das Capit. Aquisgr. a. 817 zugelassen, daneben aber, wenn solche nicht dabei gewesen, Eid mit zwölf Conjuratoren, für Sclaven das judicium aquae ferventis. Zwei Zeugen ruft das Goslarer Recht S. 35. Wert en gheaneverdighet mit vredebrake unde röpt he dat gheröchte unde wundet he ienen in der notwere unde kricht iene de vorklaghe, kumt he vore unde mach he dat irtüghen mit twen mannen de vullenkomen sin an erme rechte, de de aneverdeghinghe ghesen hebbet unde dat gheröchte ghehört, so mot men eme erst antwarden. Anverdighet ok en den anderen unde dot ime so we dat he nicht ropen ne mach, ne mach he ok dar nicht bi bliven dat he sine not kündeghe, willet de de dar bi hebbet ghewesen de anverdinghe tüghen, des mot men ene staden. Ruprecht läſst auch Frauen als Zeugen zu im

II. Rechtsbuch c. 7. Dy nottwer sol er berednn mit drein mannen oder frauen. wann es geschiecht offt das dy nottwer bey frauen geschiecht da nicht man sein. darumb mögen sy wol zeug darumb sein.

Doch verhält sich die Zulassung des Zeugenbeweises als Ausnahme gegenüber dem Beweis durch Eid mit Eideshelfern. So setzen diesen letzten die Distinctt. IV, c. 1, dist. 2; c. 2, dist. 3; c. 4, dist. 3; c. 5, dist. 2, 4, 7; c. 6, dist. 1; c. 18, dist. 1. Stadtrecht von Ens c. 9. Si aliquis civium infra ambitum civitatis nocte se defendendo quem vel occiderit, vel aliquo membrorum mutilaverit, probet hoc testimonio duorum vel plurium et sit liber a judicio. Si autem talis casus in die occurrerit, expurget se testimonio septem credibilium virorum. Si autem in campo evenerit, sufficiat etiam testimonium unius. — Gottesurtheil bei Todtschlag, Eid bei Verwundung ist im ältesten Wiener Recht 3. Itaque pacem civitatis taliter instituimus, ut defensio proprii corporis i. notwer probetur pro mortuo cum ignito ferro, pro vulnerato autem cum denominatis i. cum XX personis honestis quas judex accusato denominabit. Für leichte Wunden bestimmt c. 15. Si vero aliquis citatus legitime impetitur, quod alium vulneraverit sine lesione tamen membrorum nobilium i. simplici tantum vulnere, et ille e converso proponat defendendo se ipsum hoc fecisse, hicmet quinta manu se expurget, XX a judice denominatis, juramento calumpnie suimet secundi interposito, se expurget. (Frid. Stat. Heimb. c. 3, 5.) In Wenzel's Brünner Rechten ist ebenfalls ein Unterschied, ob Tödtung oder Verwundung in Nothwehr Statt gehabt: 1) In Beziehung auf Tödtung, c. 7 (8). Item, si quis de homicidio incusatus confessus fuerit, quod id fecerit vim vi repellendo, id est notwernde, si hoc ipsum probaverit metseptimus probabilium virorum, inter quos VII sit unus de juratis principis, innocens erit, et si juratum habere non poterit, acquirat eum per dei justitiam, id est per judicium aque, si vero in aqua processum non habuerit, sed defectum, acquirat eum per ignitum ferrum, et talis expurgatio et judicium cuilidet indulgetur, qui de homicidio inpulsatur. (So auch im Brünner Schöffenbuch, 367 . . . . jurabit metseptimus probabilium virorum, inter quos unus sit de juratis, vel loco jurati, duo alii fide digni viri propriam habentes residentiam, hoc est in vulgari dicendo scilicet „zwen gesessen man", et sic erit metoctavus.) 2) In Beziehung auf Verwundung c. 12. (13) Si quis citatus legitime convenitur, quod aliquem plano vulneraverit vulnere sine lesione membrorum nobilium, et ille vice versa proponat hoc de defendendo fecisse, hoc met tercius probabilium virorum testimonio comprobabit; sin autem. . . — Nach den alten Augsb. Statuten c. 102 beredet der Thäter die Nothwehr „mit sinen zweyen fingern". Nach Stat. Nordling. c. 7 „soll er notwer bewern mit sinem aid. und mit zwaien ander erbern mannen die der kriek nit angangen daz di sweren. daz der aid si rain und nit main ez si umb totsleg oder umb alle frevel. Ebenso nach dem Memminger Rechtsbuch, c. 6. (Freyberg, V, S. 255): Umb notwer dez libs. Und ob ainer den andern hie entlibet, jr sie ainer oder mer, die mainent, das sy ez notwer jrs libs getän habent, mag der oder die jr ieglicher zwen erber unversprochen man zuo jm gehaben, das sy ez notwer jrs libs getän haben, der oder die sont dez Todschlags und Todschleg ledig sin vor aller menglich, und der oder die selben süllent wisen, das sy hinder sich träten und dem gern gewichen hetten, und das er dar uber gegen jm stäch oder schlüg, und das die geziug daz selb ouch sagen, so sol dez genuog sin, wär aber ain wand oder ander jrrung hinder jm, das er nit gewichen möcht ungevärlich, dez sol er geniessen und das sol man berechten, da diu baur mit ze gagen ist, jr sie ainer oder mer. Nach Bamberger Recht § 158 : Ist aber daz er dez mordez nicht laugent. und seins leibs notwer behaben wil. daz schol er tun selb dritte. ob er mak. Und wurde im der zweier keiner verworfen. so mag er ye einen andern an dez selben stat stellen. Wer er aber als wol nicht gefreunt zwischen den vir welden als vorgeschriben stet. dez schol er auch einen voreyt (Calumnieneid) sweren. und dy andern mit sein eins hant tun. (vgl. Zöpfl S. 147). — Die angeführten Rechte werden genügen, um die Beweismittel für die Nothwehr zu erkennen.

Nachdem wir in dem Bisherigen aufgezeigt, wie in allmähliger Entwicklung in dem deutschen Rechte die einzelnen in dem Nothwehrbegriffe liegenden Momente zum Bewufstsein und zur Formulirung gekommen sind, dafs das deutsche Recht durch alle Zeiträume ein Recht der Selbstvertheidigung anerkannt, dafs es aber zugleich besondere Gewährschaften für die rechte Ausübung desselben verlangt, endlich in welcher Weise dasselbe die Grundsätze vom Beweise der Nothwehr gestaltet hat; so darf sich die Darstellung nunmehr der Ausbildung dieser Lehre in der Peinlichen Halsgerichtsordnung zuwenden.

Wenngleich im Prinzip, nämlich der Anerkennung des Selbstvertheidigungsrechtes von Leib, Leben und Gut, die Peinliche Halsgerichtsordnung sich dem überlieferten Rechte, wie dasselbe in allen Phasen der deutschen Rechtsentwicklung lebendig gewesen war, anschliefst, und in Gedanke und Ausdruck überall auf das frühere Recht, namentlich auf das Schwäbische Landrecht und die süddeutschen Stadtrechte, wie Ruprecht's

Rechtsbücher und das alte Bamberger Stadtrecht, zurückweist; so thut sie doch, wie wir bereits angedeutet haben, damit einen bedeutsamen Fortschritt über das Vorhandene hinaus, dafs sie den im Rechtsbewufstsein ihrer Zeit vorhandenen Stoff rechtlich ausgestaltet, namentlich alle Erfordernisse der rechten Nothwehr und die Grundsätze für die Gränze ihrer Ausübung feststellt. Es begreift sich, dafs dem Römischen Rechte an dieser juristischen Herausarbeitung der Lehre ein wesentlicher Antheil gebührt, welches zur Zeit Schwarzenberg's gemeines Recht in der Praxis der Gerichte geworden war, formelle Anerkennung in Reichsgesetzen gefunden, die Grundlage particularer Codification gebildet und schon gröfsere Versuche legislativer und wissenschaftlicher Verarbeitung hervorgerufen hatte. Wir verweisen für das letztere auf die Wormser Reformation (40) und auf Sebastian Brants richterli-

(40) Die Bestimmungen stehen in B. VI, tit. 7. »wie sich pynlicher frag zuerretten oder zu erweren sy«. »Es mag auch gechehen, das umb notdürfftig gegenwer ein mensch tot blybe oder anders geschehe das sust strafflich were. So aber notdürfft oder gegenwere solichs erfordern und also bewyst würde, derselb ist nit pynlich zu fragen nach zu straffen. Dergleychen so yemant in gegenwer oder zubeschirmen syn habe und gütere handelte zu missfall das sust strafflich were, dann alle Recht erlauben auch der persone unnd irer güter halben dz sich gewalts mit gewalt uffzuhalten und zuerwern sy zimlich. Deszglichen so einer synen sone oder Bruder vergweltigē sehe uñ ine beschirmen oder erretten wolt. dann das einem gezymet zuthun für syn Persone mag er auch thun für syn kinde und geschwisterde und für synen vatter. Auch nit minder mag einer für syn eeliche gemahel gegenwer thun. und ist schuldich dieselb zubeschirmen. dann sie ist syn gesellyn von götlichem und menschlychem mytwesen. Es soll und ist schuldig ein yed unser mitburger und undthan den andn sine mitburger zu schirmen und zuretten so einer von frembden genötigt od vergweltigt würde. So auch ein Diep der by nächtlicher wyl stelend begriffen würde und sich understünde zuweren der mag tot geschlagen

chen Klagspiegel, zwei Werke, welche aus diesem Grunde nicht ohne bedeutenden Einflufs auf die Abfassung der Bambergensis geblieben sind. Die Auffassung in den beiden Werken ist im Prinzip dieselbe. Besonders ausführlich erörtert Brant an mehreren Stellen die Nothwehr „da gewalt geschiht in schirmens und wörens weifs“ (das Wort Nothwehr gebraucht derselbe nicht): so bei der clag unde vi (Blatt XVI, b, Ausgabe von 1542), bei Gelegenheit der actio legis Aquiliae (Bl. LXXXVIII, a), dann im Titel ad legem Corneliam de sicariis als einen Fall, in welchem man „empfleucht die peen leg. cor.“ (Bl. CXXIII, a u. b), endlich ganz ausführlich zur lex Julia de vi publica et privata (Bl. CXX, b, CXXI). In welcher Weise er die Theorie des römischen Rechts von der Selbstvertheidigung behandelt, wie er die im Wesentlichen richtig erfafsten Grundsätze desselben durch Beispiele lebendig zu machen sucht, dabei das canonische Recht anrufend und dem älteren deutschen Rechte entnommene Sätze einflechtend, ist aus der (41) citirten,

werden unstrafflich. Aber am tag sol man ein diep nit totschlagen er hett dann geschütze damit er sich weret. doch das in beiden yetz berürtē fellen solichs geschehe mit einem offenbaren geschrei. Dann wird nahe davon gehandelt im Tit. XIX. So einer also mit mortlichen Waffen angefochtē und genötiget würde das er seynen leyp und leben weren und retten müste. und one sorg oder grosse färlicheit nit entwychen möcht der ist nit schuldig des tods. Dessglychen so einer zubechirmen seyn habe oder güter in gegenwere den beschediger tot schlüge were nit schuldig des tods.

(41) „Item wann gewalt geschicht in schirmens und wörens weifs / würt nit gestrafft / doch soll sollich wöhren mit massen geschehen / als du oben hast im tractat vom clagen / im Titel / wider den der gewalt gethon hatt. Difs zwen Titel soltu dar bei lesen / so magstu die underscheid versteen / anders wo der der aufsgetriben ist hett etwas in rach gethon / oder so er über lang und nit als bald sein besitz wider erkobert hat / und sein rauber aufsgetriben hat von dem

dem Titel ad legem Juliam entnommenen Stelle zu ersehen. Dafs ein seine Grundsätze aus dem römischen Rechte

besitz / der würt und mag civiliter und criminaliter / das ist umb die habe und auch diser clag gestrafft werden. Wann einer aber als bald mässiglich oder zu massen widerstet / und widerstandt thut dem der jn anget / es würt all schuldt / all übelthat die in sölchem gewalt geschehen seind / auff den der solchs angehaben hat / geschoben und erleutert. Darumb merck etliche casus, das du sollichs obgeschriben dester bafs verstehest. Nim war wann einer ein übelthat gethon hat / so er sich weren mufs / derselb sol nit gestrafft werden. Item merck das zimlich ist gewalt mit gewalt vertreiben / umb deiner habe willen / und auch farender habe / als ich weren wolt meiner cappen. Item das dz mir zimpt meines leibs halbe / zimpt mir auch umb meines kindes leib / desgleichen umb meines bruders person, wann das recht spricht das die selben die in geselschafft seind / aller habe halb / sollen alles übel und gut / mit ein ander teilen.« »Item ratione affectionis / von begird oder billicher liebe wegen«, dem Bruder für den Bruder, »als ob es jm selbs geschehen sei«; dem Manne für seine Ehefrau, »wann sie seind zwei in eim fleisch....« »Item von den andern gesipten freunden / steht solchs nit eigentlich zu schreiben / ob wir schuldig seind sie vorgewalt zu beschirmen / inn weltlichen rechten. Aber es stehet eigentlich inn geistlichen rechten im sechsten buch (De sen. excom̄. ca. dilecto filio. lib. 6.) / da spricht dasselb recht under andern. Dieweil es zimlich ist eim yeglichen zu beschirmen den andern vorgewalt / und sein hilff mit jm teilen / uñ darumb welcher es vermag und solchs nit thut / der würt geschätzt / das er dem gewalt treiber gunst gebe oder thü / und auch solchs unrechts würt er selbs teilhafftig u. s. w.« »Item thüt der sun etwas so er schirmen will sein vatter, er würt entschuldiget. Defsgleichen der diener / solle beschirmen seinen herren. Dise ding seind war / wa solchs in beschirmens weifs / und nicht im rach geschehen ist. Als du bist inn einem besitz eins grunds / ich gehe dich an und wil dich ausstreiben / du hebst dich an zu weren / und die / die da bei seind / heben an zu schreien wider mich / und ich würde förchtig und fleuch vom grund / du folgst mir nach unnd schlächst mich / solchs thustu nit in werens form / oder in schirms weiss / sonder du rechst dich / und darumb soltu gestrafft werden / wann das weren sol geschehen mit massen / das das schirmen nit geschuldiget möge werden....« »Item wann du bist in fridlichem besitz deines grunds / und ich gee dich an mit waffen / du werest dich mit

schöpfender Schriftsteller ein **Recht** der Selbstvertheidigung gegen unerlaubte Gewalt auf der breitesten Grundlage anerkennen müsse, heben wir nur darum hervor, weil man (42) aus seiner Bezeichnung der zum Zweck der Vertheidigung geschehenen Tödtung oder Verwundung, als

waffen / unnd du verwundest mich / man kan auch nit gewissen / ob du sollichs inn schirms weis oder rach gethon habest / wes sollen wir uns in disem zweifel versehen? .... Responsio : Das / dz geschehen ist / und das wesen der that zeiget sollichs / wann gehe ich dich an mit waffen / und du hebst dich an zu wehren / unnd also schlagen wir einander / unnd du ertödst mich / man versicht sich / das du solichs in schirms weiss gethon habest. Schlagen wir aber einander / unnd du bist stärker dann ich / hast mich auff die erden geworffen und gebunden / und darnach erst getödt / du wärst verdacht / das du mich in rachs weiss getödt habst.« »Item setz / das einer sey aussgetriben von seinem grund / der aussgetriben / ist heimgangen / und hat waffen genommen / und nach seinen freunden gesandt / unnd ist also ein tag oder mehr gestanden / biss das er sein freund gesamlet hat / darnach ist er dargangen / und hat sein besitz wider erkobert / hat nit der solchs in schirms weiſs und alsbald gethon? Sprich ja / wann es ist kein frembde that darzwischen geschehen. Und merck / das allweg das weren und schirmen soll geschehen mit massen / also das das schirmen nit geschuldigt möge werden / das solchs auſs rach geschehen sei / unnd das würt also geprüfft / wann thust du mir gewalt mit waffen / ich mag mich mit waffen weren / thustu mir gewalt on waffen / ich soll mich beschirmen on waffen. Were aber eins faust herter dann des andern schwertschläg / sprich er mag sich mit waffen weren.« »Item / sol der besitzer oder der / der angangen ist / beitten bis er vorgeschlagen würt / ehe er schlächt? Sprich nein / wann er möcht villeicht hinfür nimmer schlagen / es ist genug das der angeer erschreck den angangnen / auff das / dz also der angegangen und der besitzer / sich seiner waffen brauchen mög wider den angeer.« »Item / wo ein auſsgetribner / oder ein anderer etwas gethon hat in rach / oder ex intervallo / mit underloſs / nit zu frischer that sein besitz wider erkobert hatt / er würt gestrafft mit diser straff.« etc.

(42) Dies thut **Zöpfl** im **Archiv** 1842, S. 319.

„malefitz" oder „übelthat" (Bl. CXXI, a), hat schliefsen wollen, „dafs bei ihm, zwar gleichsam unbewufst, aber nichts desto weniger bestimmt erkennbar, die germanische, in der Praxis forterhaltene Grundidee zum Durchbruch komme, dafs die Tödtung oder Verwundung eines Menschen, selbst aus Nothwehr, an sich eine unerlaubte Handlung sei, welche nur durch Beziehnung auf den, durch den Verletzten selbst rechtswidrig hervorgerufenen, Nothstand des Thäters, von dem positiven Gesetze von der Strafe entschuldigt werde." Man vergifst aber bei dieser Betonung des Wortes „malefitz", dafs derselbe Schriftsteller die Handlung des Angreifers als „schmacheit", „unrecht" (ebendaselbst) bezeichnet, dann aber vor Allem der entscheidenden Stelle, in welcher er sagt, dafs „all schuldt, all übelthat die in sölcher gewalt geschehen seind, auff den der solchs angehaben hat, geschoben und erleutert werde" (43), so dafs also mit dem Worte „malefitz" nur auf einen sonst dem Strafgesetze unterworfenen Erfolg hingedeutet werden soll, der aber, nach seinen eigenen Worten, in keiner Weise „geschuldiget werden mag".

Wenn wir jetzt die Elemente einer Theorie der Nothwehr in der Peinlichen Gerichtsordnung, welche hier von ihrem ersten und zweiten Project und von der Bambergensis und Brandenburgensis in der Sache gar nicht und im Ausdruck unwesentlich abweicht, aufsuchen, so werden wir dabei von der gemeinrechtlichen Doctrin, welche sich auf Grundlage der Caro-

(43) Aehnlich sagt das Keyserrecht II, c. 78. (Endemann) Da zween sich ubel handeln mit worten oder mit werken, das nit zu vertragen stet; da sal der, der den anhab tut, den schaden gen dem keiser tragen. Sint der keiser hat gesprochen: wer den krieg erhebit, der ist der schuldig.

lina und des Römischen Rechtes gebildet hat, gerade wie wir bei der Darstellung dieses letzteren gethan, zunächst durchaus absehen, und unbekümmert um das, was dieselbe aus den Elementen dieses Rechtsbuchs gemacht hat, die einfachen Grundsätze desselben in ihrer Ursprünglichkeit darstellen. Wie im römischen Rechte, welchem, wie im Prinzip, so auch in der formellen Behandlung, die Peinliche Gerichtsordnung verwandt ist, sind es in dieser, bei aller materiellen Vollständigkeit, wenige, aber klare und bestimmte Prinzipien, auf welche sich die Lehre zurückführen läſst. Einfach, frei von allen Verkünstelungen, welche erst die Späteren, unfähig, in sich das naïve Rechtsbewuſstsein jener Epoche zu reproduciren, und den einfachen und kräftigen Sinn des alten Schwarzenberg zu verstehen, in das Werk desselben hineingetragen, setzt die Peinliche Gerichtsordnung, aus dem tiefsten Verständniſs der rechtlichen Natur der Nothwehr heraus, eben nur die Grundprinzipien fest, und weist im Uebrigen, dem Leben lassend, was des Lebens ist, den Richter an, auf Grundlage derselben seine Entscheidung im einzelnen Falle aus der Individualität der daseienden Verhältnisse zu schöpfen. Sie erkennt, daſs „dise fell gar subtil underscheyd haben, darnach hierinn anderst und anderst, schwerlicher oder linder geurtheylt werden soll, welche underscheyd, dem gemeinen mann verstentlich nit zu erkleren seind" (art. 142). Sie führt dies noch näher aus in art. 143. Inn solchen fellen ist anzusehen der gut und böss standt jeder person, die statt da der todtschlag geschehn ist, was auch jeder für wunden und weer gehabt, unndt wie sich jeder theyl inn dergleichen fellen, vor und nach der that gehalten hab, welcher theyl auch auss vorgeenden geschichten mer glaubens, ursach, bewegung, vortheyls oder nutz haben mög, den andern an dem ort als die that geschehen ist, zu erschlagen oder zu benötigen, Darauss kan eyn gutter verstendiger richter ermessigen, ob der fürgewandten notweer zu glauben sei.... Solche ursach alle zu erklern, kan durch dise ordnung nit wol grüntlich und jedermann verstentlich beschehen, und wo diser fall vorgemelter massen redlich zweiffel hat, so ist not inn der urtheyl der verstendigen radt mit fürlegung aller umbstende stattlich zu gebrauchen, Wann sich diser fall, mit gar vil zweiffels und underschied für und wider die berümbten notweer begeben mag, die vor der geschicht nit all zubedencken oder zusetzen sein. Aus diesem Gesichtspunkte erklärt es sich, warum die Nothwehr wider ein Weib besonders hervorgehoben wird in art. 144. Von berümbter notweer gegen eynem weibsbilde. Item ob eyner eyn weib erschlüge, unnd sich eyner notweer berümbt, inn eynem solchen fall ist ausszufüren unnd anzusehen die gelegenheyt des weybs und manns, auch jrer beyder gehabten weer und thatt, und darinn nach radt der rechtverstendigen wie hernach steht, zu urtheylen, dann wiewol nit leichtlich eyn weib eynen mann zu eyner entschuldigten notweer ursachen mag, So wer doch möglich dass eyn grawsam weib eynen weychen mann, zu eyner notweer tringen mocht, und sonderlich so sie sörgliche und er schlechtere weer hett. Und als genügten diese Hinweisungen auf das Concrete noch nicht, so hatte die Bambergensis noch den art. 168, der in die C. C. C. nicht aufgenommen wurde : Item so eyner jemant mit einem solchen ding anfecht oder schlüg darauff nit verdligkeyt des lebens stünde, als zugleycher weyss, Einer schlüg yemant on sunder geverdlich streych des lebensshalb mit einer handt, oder rauffet jne bey dem hare, Und der also geschlagen oder gerauffet were, erstech denselben mit einem messer, Ein sölcher möcht nit sagen, das er ein rechte notwerh, die jn von peynlicher oder Burgerlicher straff entschuldiget, gethan hette, wo aber ein starcker einen schwachen, so geverdlich hart mit feusten schlüge, und nit nachlassen wölte, dodurch der schwach aus redlichen ursachen besorgen möchte, das er jne zutode schlüg, und dann den nöttiger durch gepranchung der waffen entleybt, und sölliche geverdliche benöttigung gnugsam weysen möcht, er wurde dadurch auch, als fur ein notwerh entschuldiget Und ist dem ancleger in alweg sein weysung dagegen auch vorbehalten, Auss diser gleychnuss mag man andere der gleychen fell auch wol versteen, und nach jrer gelegenheyt urteyln.

In dieser Anerkennung der Individualität der Verhältnisse, welche der Gesetzgeber durch Aufstellung fester rechtlicher Categorien zu verletzen fürchtet, liegt auch der Grund, warum die C. C. C. die Nothwehr im Zusammenhange der Lehre von der Tödtung abhandelt. Nicht darum, „weil sie in der Nothwehr nicht eine Vertheidigung gegen unerlaubte Privatgewalt überhaupt, sondern ganz speciell eine jener Ursachen sieht, aus welchen unläugbare Todtschläge eine Entschuldigung der Strafe auf sich tragen", erkennt (44), ist ihr ihre Stellung in der Lehre von der Tödtung angewiesen, sondern weil sie, das freie Gebahren des richterlichen Ermessens begünstigend, nur für den wichtigsten, damals auch wohl häufigsten, Fall demselben einen festen Anhaltspunkt geben, den Richter an der Stelle auf bestimmte rechtliche Grundsätze hinweisen wollte, wo sein juristisches Gewissen derselben am Meisten bedürfen würde. Ist sie ja doch überhaupt, wie

(44) Dies behauptet wiederum Zöpfl, Archiv 1842, S. 327; Bambergerrecht, S. 146 ff., besonders S. 148, 149.

äufserlich ihrer Form, so auch ihrem Inhalt nach, kein Gesetzbuch im modernen Sinne, welches den Anspruch macht, in systematischer Vollständigkeit die in ihm enthaltenen Materien darzustellen, sondern eben nur eine Anleitung für die an den peinlichen Gerichten Sitzenden, die hier im Falle des Bedürfnisses einen verständigen Rath niedergeschrieben finden, der sie ebensowohl im Laufe des Prozesses, als bei der Findung des Urtheils unterstützen soll. Aus dieser Stellung aber und daraus, dafs sie die Nothwehr, unter der Ueberschrift „von unlaugbaren todtschlegen die auss solchen ursachen geschehen, so entschuldigung der straff auff jnen tragen", mit einigen anderen Arten derselben, den „entleibungen, die ungeverlich auss geylheyt oder unfürsichtigkeyt, doch wider des thätters willen geschehen" (art. 146), dem Fall „so eyner geschlagen wirdt, und man zweiffelt ob er an den wunden gestorben sei (art. 147), mit „den jhenen so eynander inn morden, schlahen und rumoren fürsetzlich oder unfürsetzlich beistandt thun" (art. 148), zusammenfafst, darf man schon defshalb nicht schliefsen, dafs sie die Anerkennung eines Rechtes der Nothwehr verneint habe, weil nach richtiger Interpretation das Wort „Todtschlag" nach ihrem Sprachgebrauche gar nicht ohne Weiteres eine verbrecherische Lebensberaubung bedeutet (45). Wie hätte dies aber auch

(45) Birnbaum, Neues Archiv, B. XIII, S. 110 ff., 249 ff. weist überzeugend nach, dafs das Wort „Todtschlag" in der C. C. C. sich auf die mit Willen oder gewissermafsen mit Willen verübten („williglichen" Art. 134) Tödtungen beziehe, auf die Fälle der Artt. 137, 139, 142, 145 und 148. Derselbe unterscheidet demgemäfs die Todschläge in solche, „die nit rechtmäfsige Entschuldigung haben" (artt. 137 u. 148), Todschläge „so Entschuldigung der Straff auf jnen tragen" (artt. 139 u. 145), und solche, die zwischen den entschuldbaren und nicht entschuldbaren in der Mitte stehen (art. 142 und zum Theil die Fälle des art. 145). Das Wort „Todtschlag" hat also dar-

ein Rechtsbuch thun können, welches überall auf dem festen Grunde altgermanischer Rechtsanschauung ruht, und sich mit einer Verweigerung der Anerkennung des Rechtes der Selbstvertheidigung von dieser gerade so weit entfernt hätte, als von seiner mit den germanischen Prinzipien ganz übereinstimmenden römischen Quelle, die eben um dieser inneren Verwandtschaft willen zur Gestaltung seiner eigenen Grundsätze von demselben aufgenommen werden konnte!

Betrachten wir nun diese Grundsätze selbst. Die Nothwehr ist gegeben „zur rettung" aus der Gefahr eines Angriffes, durch welchen Jemand „benöttigt", „überlauffen" wird. — Der Angriff braucht noch nicht thätlich begonnen zu haben, art. 140: ist auch mit seiner gegenweer, bifs er geschlagen wirdt zu warten nit schuldig, unangesehen ob es geschriben rechten unnd gewonheyten entgegen wer (Gegen das Bamb. R.). — Der Angreifer darf aber noch nicht bewältigt oder in die Flucht ge-

nach gar keine Beziehung auf das Verbrecherische der Handlung, sondern bezieht sich eben nur darauf, dafs mit Willen oder nicht ohne Willen, wenn auch in ganz rechtmäfsiger Weise, eine Tödtung geschieht. Birnbaum spricht darum ganz mit Recht von dem völlig entschuldbaren oder „rechtmäfsigen" Todschlag. — A. M. ist Wächter, Lehrbuch, II, § 164, not. 30, dessen Interpretation aber, da er glaubt, dafs nach dem Sprachgebrauche der C. C. C. Todschlag einmal jede dolose Tödtung bedeute, bei welcher die besonnene Ueberlegung fehle, dann jede culpose Tödtung, endlich auch Tödtungen, bei welchen die Zurechenbarkeit zur Schuld ganz fehle, und welche also gar nicht Verbrechen seien (z. B. Tödtung aus Nothwehr), auch nur dem im Text Ausgesprochenen nicht widersprechen würde. — Die verschiedenen Ansichten der Doctrin, namentlich auch die abweichende Ansicht von Jarke in Hitzig's Zeitschrift f. d. Crim.-Rechtspfl. in den Preufs. Staaten, Heft 7, S. 129 ff., sind zusammengestellt bei Köstlin, Die Lehre vom Mord und Todtschlag, I. Thl., 1. Cap.

schlagen sein, so dafs die Gefahr vorüber ist, Art. 142: der angezogen todtschleger het darumb keyn recht notweer gethan, wann er des entleibten, als er jn erschlagen hett, gantz mechtig unnd von der benötigung erledigt gewest, oder wenn der entleibt nach gethaner ersten benöttigung gewichen, dem der todtschläger auss freihem willen und ungenötter ding nachgevolgt, und jn allererst in der nachvolg erschlagen hett. — Der Angriff mufs ein widerrechtlicher sein, art. 142: der todtschläger hat darumb keyn rechte entschuldigte notweer gethan, wann der entleibt het fürgewendter bekentlicher anfechtigung oder benötigung, rechtmessig ursach gehabt, als geschehen möcht, so eyner eynen unkeuscher werck halben bei seinem ehelichen weib, tochter oder an andern bösen streffiichen übelthatten fünde, unnd darumb gegen dem selben übelthätter tödtlich handlung zwang oder gefengnuss wie die recht zulassen, fürnem, oder dem entleibten hett gebürt den verklagten todtschläger, von ampts wegen zu fahen, unnd die notturfft erfordert jn mit waffen solcher gefenknuss halb zu bedrohen, zwingen und nöttigen, dass er also inn recht zulessiger weiss gethon hett. — Der Angriff mufs auch ein so dringender sein, dafs es für den Angegriffenen gefährlich oder schimpflich ist, demselben durch die Flucht zu entrinnen. Das ist auch der Sinn des Wortes „überlaufft“ (46), welches durch die unmittelbar darauf folgen-

(46) Eine eigenthümliche Erklärung des Wortes »überlaufft« giebt Leyser, Meditt. ad Pand, Vol. IX, spec. DC, p. 452: Verba in principio articuli Carolini 140 posita: überläufft, anficht oder schläget, non quidem supplemento, sed tamen explicatione egent. Non temere quippe Carolus ista verba disjunxisse videtur. Supponit scilicet vim ei, qui inculpatam tutelam obtendet, illatam. Id vero triplici modo contingere potest, primum, si caesus alterum ex improviso ad

den Worte näher bestimmt wird, in Art. 140 : Was eyn recht notweer ist. Item so eyner jemant mit eynem tödtlichen waffen oder weer überlaufft, anficht oder schlecht, (so dafs) und der benöttigt kan füglich on ferlichkeyt oder verletzung, seins leibs, lebens, ehr und guten leumuts nicht entweichen, der mag sein leib und leben on alle straff durch eyn rechte gegenweer retten; und Art. 142 wiederholt dies : es wer die entleibung darumb durch den verklagten todtschläger nit auss eyner rechten entschuldigten notweer, sondern bösslich geschehen, und solt darumb peinlich gestrafft werden, so fürgewendt wird, der todtschläger wer dem benöttiger wol füglicher weiss und on ferlicheyt seins leibs, lebens, ehren und guten leumuts halben entwichen. — Darin dafs die Wehr in Art. 140 „eyn rechte gegenweer" genannt wird, liegt die Forderung ausgesprochen, dafs nicht mehr Gewalt angewendet werden dürfe, als zur Abwehr des Angriffs nothwendig ist. Dafs sich das Maafs der anzuwendenden Gewalt nach der Individualität des Angegriffenen bestimme, braucht kaum hervorgehoben zu werden, da ja der Richter auf die besonderen Verhältnisse des concreten Falls überall hingewiesen wird.

Wenn schon die Interpretation älterer und neuerer Zeit sich über diese einfachen Momente nicht hat verständigen können, so hat sich dieselbe aber besonders durch die Art und Weise an dem einfachen und kräftigen Sinn des alten Schwarzenberg und seines Rechtsbuchs versündigt, in welcher sie die Beantwortang der Frage unter-

ortus est, überläufft, deinde, si caesus non ex improviso, sed in rixa, quam ipse ante excitavit, telum contra alterum strinxit, adeoque auctor rixae et pugnae fuit, anficht, denique, si caesus, ante lacessitus, citra necessitatem alterum, a quo offensus fuit, telo arrepto in vitae discrimen adducit, schläget.

nommen hat, welche Güter durch Nothwehr geschützt werden dürften. Und auch für diese Frage liegt für denjenigen die Antwort so klar und deutlich in dem Rechtsbuche, welcher dasselbe ohne die Befangenheit einer späteren verkünstelten Doctrin in seiner Einfachheit zu verstehen versucht. Es ist allerdings zuzugeben und auch von uns bereits zugegeben, dafs die C. C. C. von der Nothwehr nur handelt, sofern dieselbe eine Tödtung zur Folge hat. Und dies wird allerdings regelmäfsig dann der Fall sein, wenn der zur Nothwehr berechtigende Angriff gegen Leib und Leben (47) gerichtet war. Darum spricht sie auch nur von einem Ueberlaufen „mit eynem tödtlichen waffen oder weer" (Art. 140), und von „tödtlicher anfechtung oder benötigung" (Art. 142), darum wird in Art. 142 der Beklagte stets „todtschläger" genannt. Allein der Zweck und Grund für diese Beschränkung ist ebensowenig, wie wir oben gesehen, darin gelegen, dafs sie damit das Recht der Nothwehr hat läugnen und dieselbe als entschuldigten Todtschlag hat bestimmen, als dafs sie damit die Beschränkung der Selbstvertheidigung auf Angriffe gegen das Leben, also namentlich die Ausschliefsung derselben zum Schutze des Eigenthums und der Ehre, hat aufstellen wollen. Wie oben, so vergifst man auch hier der Art und Weise, in welcher die peinlichen

(47) So wird auch nur der Fall der Noth für das eigne Leben hervorgehoben in den Gesatz und ordnungen der ynzichten Malefitz Rechten und annderer nottirftigen hendeln des lands der Graueschafft Tyroll. (Tyroliensis.) (Abgedruckt bei Weiske, Abhandlungen, S. 187 ff.) Richter Rät unnd Gesworn aines yeden gerichts söllen nach gelegenhait der Tat in handl sehen. ob sich zuzeiten ainer leibsnot wern müst. oder sunst ain ungevärlicher todschlag beschehe. damit die urtail alsdann gemiltert werde. nach jrem pesten versteen. bey den Ayden so sy sweren.

Verbrechen öfters von Schwarzenberg abgehandelt werden. Sowenig der Verfasser der P. G. O. mit Art. 125: Item die bosshafftigen überwunden brenner sollen mit dem fewer vom leben zum todt gericht werden, die Theorie der Brandstiftung erschöpfen wollte, oder die Injurienlehre mit Art. 110 „von straff schrifftlicher unrechtlicher peinlicher schmehung"; sowenig sollte mit der Betonung des wichtigsten Falles jeder andere Angriff auf ein anderes Gut von der Nothwehr ausgeschlossen werden. Indem wir von diesem indirecten Beweise, und von den Schlüssen, welche für die weiteste Ausdehnung des Nothwehrbegriffs in der P. G. O. aus dem Zusammenhange derselben mit dem geschichtlichen Rechte gezogen werden können, ganz absehen, auch auf das nahe liegende Argument nicht einmal einen besonderen Nachdruck legen, dafs, wo Tödtung zum Schutze des Lebens, auch eine geringere Verletzung des Angreifers zum Schutze eines geringeren Rechts erlaubt sein müsse; wollen wir vielmehr auf die Beweise hindeuten, welche ausdrückliche Bestimmungen des Rechtsbuchs an die Hand geben, oder aus solchen erschlossen werden können. Dieselben beweisen allerdings geradezu die Nothwehr zum Schutze des Eigenthums und der Ehre.

Für das erstere beziehen wir uns auf Art. 150. Dort ist nämlich unter den „etlichen entleibung, die auch entschuldigung auff jn tragen mögen, so darinn ordenlicher weiss gehandelt wird" auch der Fall aufgeführt: Item so eyner zur rettung eynes andern leib, leben, oder gut jemandt erschlecht. Darin liegt zunächst die Anerkennung des Rechts der Vertheidigung (wegen der Worte: „so darinn ordenlicher weiss gehandelt wird" ist ein unbedingtes Tödtungsrecht nicht gemeint) zum Schutze des Lebens und Eigenthums dritter Personen. Allein es ist damit auch zugleich die Anerkennung der Eigenthumsnothwehr zum Schutze des eigenen Gutes ausgesprochen, weil die Vertheidigung Dritter und der eigenen Person wesentlich auf demselben Rechtsgrunde ruhen, und darum, was in Rücksicht der einen bestimmt ist, auch auf die andere angewendet werden darf (48). Noch bedeutsamer ist aber eine weitere Bestimmung desselben Artikels: Item so jemandt eynen bei nechtlicher weil geverlicher weiss inn seinem hauss findet unnd erschlecht. Denn wenn auch vielleicht damit, im Anschlufs an ältere germanische Bestimmungen, nicht der fur nocturnus des römischen Rechts allein gemeint ist, so ist derselbe doch jedenfalls neben Anderen gemeint, und damit, dafs die Tödtung desselben, „so dabei ordenlicher weiss gehandelt wird", also die Nothwehr gegen denselben freigegeben wird, das Recht der Eigenthumsnothwehr in dem wichtigsten Falle ausdrücklich anerkannt. — Aber auch die Anerkennung der Nothwehr zum Schutz der Ehre mufs behauptet werden, obwohl dieselbe ausdrücklich, soweit sie gegen wörtliche oder symbolische Angriffe gerichtet ist, von der P. G. O. nicht ausgesprochen wird. Die Worte des Art. 140 „und der benöttigt kan füglich on ferlichkeyt oder verletzung, seins leibs, lebens, ehr

(48) Anderer Ansicht ist hier Luden, Abhandlungen, II, S. 491 ff. Von seiner Argumentation aus dem Wesen des Rechtes, dritte Personen zu vertheidigen, wird im letzten Abschnitte bei Gelegenheit dieses Rechtes gesprochen werden. Wie er auf die Unstatthaftigkeit der Eigenthumsnothwehr auch aus Art. 144 schliefsen konnte: „weil für weibliche Diebe, die mit den gestohlenen Sachen davon eilten, die Bestimmung dieses Artikels nicht passen würde," ist nicht klar. Darauf hat schon Zachariä, Archiv, 1841, S. 433 aufmerksam gemacht.

und guten leumuts nicht entweichen", sagen zunächst nichts anderes, als dafs man dem Angriffe nicht durch eine gefährliche oder schimpfliche Flucht sich zu entziehen brauche, allein damit, dafs die C. C. C. eine Flucht auf Kosten der Ehre nicht verlangt, hat sie nach ihrer Weise die Ehre für ein Gut erklärt, welches der Mann im Fall der Noth durch eigene Kraft schützen darf. Thätliche Ehrverletzungen, Angriffe gegen die weibliche Ehre durch „jemandt der eyner unverleumbten ehefrawen, witwenn oder jungkfrawen, mit gewalt und wider jren willen, jr junkfrewlich oder frewlich ehr nemen will", (Art. 119) sind von ihr aber mitverstanden, wenn sie von Angriffen auf den Leib redet, ja des Schutzes der Keuschheit gedenkt sie noch ausdrücklich, indem sie in dem eben angeführten Artikel sagt: „unnd sich die fraw oder jungkfraw sein erweerte, oder von solcher beschwernuss sunst erreth würd." Man wäre auch hier überall dem einfachen Sinn des Rechtsbuchs näher gekommen, wenn man sich erinnert hätte, dafs dasselbe in einer Zeit niedergeschrieben wurde, in welchem das Gefühl für Ehre im Manne höchst lebendig gewesen, wenn die Gesetzgebung auch nicht den feinen Begriff der Nothwehr gegen verbale Injurien zu construiren versuchte, an dessen Herstellung sich noch die neuere Doctrin abmüht.

Dagegen nennt die P. G. O. die Bedingung der Nothwehr nicht, welche dieselbe von der Unmöglichkeit des öffentlichen Schutzes abhängig macht. Es bedarf der Erwähnung dieser Bedingung nicht, schon wegen der Bedeutung des Wortes „notwer": denn die Möglichkeit öffentlicher Hülfe schliefst eben den Begriff der Noth aus. Dann aber trat auch der Gedanke an den Staatsschutz in einer Zeit in den Hintergrund, in welcher das Individuum und die Corporation durch ihre persönliche Kraft die fehlenden polizeilichen Ordnungen ersetzen mufsten. So begnügte sich denn die Carolina, dem faustkräftigen Geschlechte, welches nur allzubereit war, sich mit dem Schwerdte Genugthuung zu verschaffen, nur einen unschimpflichen und ungefährlichen Rückzug zu gebieten. Sie setzte damit eine Voraussetzung der Nothwehr fest, welche dem Römischen Rechte fremd, im Schwäbischen Landrecht angedeutet, aber schon durch Ruprecht wieder ausgestofsen, ohne Berücksichtigung der Zeit, in welcher kaum erst der ewige Landfrieden aufgerichtet worden, gegenüber ihrer freisinnigen Behandlung der Nothwehr gerade so unverständlich wäre, wie die Aufnahme derselben, so sehr sie auch dem eigensten Wesen der Nothwehr widerstrebt, von dem ängstlichen Bemühen der neuen Strafgesetzgebungen, das Recht der Vertheidigung zu verkümmern, mit innerer Nothwendigkeit gefordert werden mufs.

Die neuere Doctrin hat sich viel Mühe gegeben, den Unterschied zwischen den Fällen, da es an den Bedingungen der Nothwehr fehlt, und denjenigen, da die Gränzen in der Ausübung überschritten werden, begrifflich festzustellen. Sie hat, wie wir unten zeigen werden, denselben in höchst verschiedener Weise gefafst und öfter beide Arten von Fällen abstract gegen einander fixirt. Die P. G. O. kennt die Unterscheidung in dieser Art nicht, sondern nennt in Art. 142 die Bedingungen der Nothwehr und den Excefs derselben („sollich und ander dergleichen fürgeben") ohne strenge Sonderung neben einander. Nur den Fall: „so er (der Ankläger) eyne derselben obgemelten oder ander dergleichen rechtmessigen verursachung gegen der ersten unlaugbar anfechtung oder benöttigung genugsam beweist, so kann sich solcher todtschläger keyner rechten oder gentzlichen entschuldigten notweer behelffen", (gegenüber dem anderen:

So aber der kläger der ersten erfunden benöttigung halb, keyn solche rechtmessige verursachung hewiess, sondern der verklagt todtschläger seiner berümbten notweer halb ausfündig macht, dafs er von dem entleibten mit eyner tödtlichen weer, als vor von rechter notweer gesatzt ist, erstlich angefochten worden wer, So ist die notweer durch den verklagten todtschläger aussgeführt, und soll doch gemelte Kundschafft beyder theyl mit einander zugelassen und gestelt werden".) also die Vertheidigung gegen einen Angriff, zu welchem der Angreifer ein Recht hatte, hebt sie allen übrigen Arten schuldhafter Nothwehr gegenüber, den Fällen „so eyner der ersten benötigung halb redlich ursach zur notweer gehabt, und doch inn der that mit alle umbstende, die zu eyner gantzen entschuldigten notweer gehören, gehalten hett", als den schwersten Grad der Verschuldung, bestimmt hervor.

Die in rechter Nothwehr dem Angreifer zugefügte Verletzung ist straflos („on alle straff"), und selbst um eine Entleibung ist der Benöthigte „niemants nit schuldig" (49). Diese letztere Bestimmung, noch einmal hervorgehoben in art. 140 („er ist darumb nichts schuldig,) (50), ist augenscheinlich gegen die in der sächsischen

(49) Die hessische Halsgerichtsordnung, die im Wesentlichen nur die Bestimmungen der Bambergensis wiedergiebt, hat im Artikel XCIV folgende Verfügung: Und so er also den benötigerer entleibt, er ist darumb peinlich nichts schuldig, ist auch mit seiner gegenweer, bis er geschlagen wirt zu warten nit schuldig, unangesehen, ob es geschrieben rechten und gewonheyten entgegen wer, doch so möcht der nach gestalt der sachen bürgerlich gestrafft werden, das alles zu ermessung des richters stehen soll. (Excefs.)

(50) Remus paraphrasirt die Ausdrücke der C. C. C. in Art. 139: omni culpa caret, quod defensor propriae salutis in nullo peccasse

Praxis mifsbräuchlich vorkommende Verurtheilung zur Zahlung des Wergeldes und gegen jenes Friedensgeld und jene Bufse um Nothrecht in den Stadtrechten gerichtet, jene Abirrung von der Reinheit des germanischen Rechtsgedankens, die Schwarzenberg nicht ungerügt lassen wollte. Die Frage, ob rechte Nothwehr geübt worden, ist auf Grundlage der geführten Beweise dem richterlichen Ermessen anheimgestellt, welches dieselbe aus der Individualität der concreten Verhältnisse, sowie daraus auch die weitere entscheidet, welcher Grad der Verschuldung bei schuldhafter Nothwehr vorliege. In jenem Hervorheben der Rechtswidrigkeit des Angriffes ist demselben ein Wink in Beziehung auf das Maafs der Strafbarkeit gegeben. Darnach („alles nach sonderlicher radtgebung der rechtverstendigen") mifst derselbe denn auch die Strafe aus, welche bald „an leib und leben" („darumb die entleibung durch den verklagten todtschläger nit auss eyner rechten entschuldigten notweer, sondern bösslich geschehen wer, und darumb peinlich gestrafft werden solt"), bald „zu buss und besserung" erkannt wird.

In Rücksicht des Beweises giebt die P. G. O. Bestimmungen, welche, soweit dieselben die Beweislast betreffen, mit der Eigenartigkeit des accusatorischen Prozesses zusammenhängen, und daher in dieser Richtung bei dem Durchdringen des inquisitorischen Prinzips bald unbrauchbar wurden. Zunächst art. **141** (Das die notweer bewisen soll werden.): Item welcher sich aber

videatur; und in Art. 140: aggressor, omni jure permittente, vi contraria repelli, et ab aggresso in dubio vitae discrimine constituto necessariam sui defensionem suscipiente vulnerari, imo et occidi potest, neque vim vi repellens poenis ullis subjacebit.

nach erfindung der that eyner gethaner notweer berümbt oder gebrauchen will, und der ankläger der nit gestendig ist, so legt das Recht dem thätter auff, solche berümbte notweer, obgemelter massen, zu recht gnug zu beweisen, beweist er die nicht, er wirt schuldig gehalten. Doch bestimmt nun art. 142 (Wann und wie in sachen der notweer die weisung auff den anklager kompt.): Item so der anklager der ersten tödtlichen anfechtung oder benötigung darauff, als obsteht, die notweer gegründt, bekentlich ist, oder bestendig nit verleugknen kan, und dagegen sagt, dass der todtschläger darumb keyn rechte entschuldigte notweer gethan haben soll, 1) wann der entleibt het fürgewendter bekentlicher anfechtigung oder benötigung, rechtmessig ursach gehabt; oder 2) wann er des entleibten, als er jn erschlagen hett, gantz mechtig unnd von der benötigung erledigt gewest, oder meldet dass der entleibt, nach gethaner ersten benöttigung gewichen, dem der todtschläger auss freihem willen und ungenötter ding nachgevolgt, und jn allererst in der nachvolg erschlagen hett; oder 3) der todtschläger wer dem benöttiger wol füglicher weiss und on ferlicheit seines leibs, lebens, ehren und guten leumuts halber entwichen, sollich obgemelt und ander dergleichen fürgeben soll der ankläger, wo er des gniessen will, gegen erfindung, dass der todtschläger durch den entleibten, erstlich als vorsteht benöttigt worden ist, beweisen. — Der Sinn dieser Stellen ist sehr bestritten. Carpzov quaest. 33 meint, es müsse von dem Angeklagten die Nothwehr bewiesen werden „secundum omnia ejusdem requisita, videlicet causam, modum et tempus“. Es sei also zu beweisen: unum, se (allegantem inculpatam tutelam) primo insultatum seu provocatum fuisse, alterum, legitimam h. e. necessariam atque adeo moderatam se fecisse defensionem, omniaque requisita moderaminis inculpatae tutelae observasse. Dieser, wie Carpzov sagt, communis doctorum sententia ist auch Böhmer, Meditatt. ad art. 141 : Probatio non ad insultum restringenda, sed ad omnia requisita conjunctim extendenda. Dagegen behaupten Andere (sie nennt Carpzov l. c. nr. 20, Böhmer l. c. § II) : a reo tantummodo probandam esse provocationem et insultationem ab occiso prius factam, qua probata, necessariam defensionem pro superstite reo praesumptive probatam censeri, et probata ipsa aggressione injusta armata prius in reum facta, probatum intelligi moderamen inculpatae defensionis. Jene stützen sich vorzüglich auf die Worte des Art. 141 „obgemelter massen" und des Art. 142 „als obsteht", worin sie eine Verweisung auf Art. 140 erblicken. Carpzov nr. 31 macht indessen das Zugeständnifs : occisorem probantem aggressionem et insultum, licet nihil amplius probet, non poena ordinaria, sed extra ordinem puniendum esse. Diese berufen sich auf Art. 142 für ihre Meinung : wir glauben mit Recht. Denn in der That meint dieser Artikel, wie überall seine Worte andeuten, dafs der angeklagte Todtschläger (der Benöthigte) nur beweisen solle, „dass jn der entleibt erstlich mit eyner tödtlichen weer angefochten und benöttigt hat". Wir weisen zum Belege auf die Anfangsworte „Item so der anklager der ersten benötigung darauff, als obsteht, die notwer gegründt, bekentlich ist, oder bestendig nit verleugknen kan", dann die Worte „dass der todtschläger durch den entleibten, erstlich als vor steht, benöttigt worden ist", ferner „gegen der ersten unlaugbar anfechtung oder benöttigung" etc. Die Worte „als obsteht etc." können darum nicht auf alle Requisite der rechten Nothwehr gedeutet werden, sondern beziehen sich einfach auf die früher in Art. 140 u. 141 bereits erwähnte Benöthigung. Es ist dagegen Sache des Anklägers, gegen die eingestandene oder bewiesene Benöthigung, die Rechtmäfsigkeit des Angriffs, die Tödtung in der Nachfolge, die Möglichkeit ungefährlicher und unschimpflicher Flucht und „ander dergleichen fürgeben" (also die Ueberschreitung des Maafses) zu erweisen.

Wir gehen auf diese für den gemeinen Inquisitionsprocefs irrelevante Frage jetzt nicht weiter ein, und ebenso nicht auf die Controversen der älteren Criminalisten über die Beweismittel und Präsumtionen; wir bemerken nur, dafs die Mittel der Beweisführung die gewöhnlichen sind, da nirgend in dem Rechtsbuche eine Ausnahme von der Regel angeordnet ist. Eine solche liegt selbst nicht in den Bestimmungen des Art. 143. „Von entleibung das niemants anders gesehen hat, und eyn notwer fürgewendt würde". Wenn hier der Richter angewiesen wird, Vermuthungen, welche aus den individuellen Verhältnissen entspringen (Indicien), zu berücksichtigen, so liegt darin keine Abweichung von dem Grundsatze des Art. 22, nach welchem „Niemant auff eynicherley anzeygung, argkwons warzeichen, oder verdacht, entlich zu peinlicher straff soll verurtheilt werden", da es sich hier um die Herstellung des Entschuldigungsbeweises, also um Freisprechung, nicht um Verurtheilung handelt (51). Wenn aber die Vermuthung der Nothwehr „wider die bekentlichen that statt haben soll, mufs dieselbig vermutung gar gut starck bestendig ursach haben"; der Berufung auf Nothwehr wird dann Glauben beigemessen, wenn der Benöthigte „wider den entleibten so vil

(51) Mittermaier, Das deutsche Strafverfahren, B. II, §. 182, besonders S. 475.

böser, und sein selbs halb so vil guter starcker vermutung darbringen" kann. — Der in dem älteren germanischen Rechte vorkommenden Pflicht der raschen Selbstanzeige endlich ist in der Peinlichen Gerichtsordnung nicht mehr gedacht.

In diesen Sätzen erschöpft sich der rechtliche Inhalt der Bestimmungen derselben über die Nothwehr; denn Art. 145 : „Item so eyner inn eyner rechten bewisen notweer wider seinen willen eynen unschuldigen mit stichen, streychen, würffen oder schiessen, so er den nöttiger meynt, treff und entleibt het, der ist auch von peinlicher straff entschuldigt", spricht einen Grundsatz aus, der nicht in der besonderen rechtlichen Natur des Nothwehrrechtes wurzelt.

Fünfter Abschnitt.

Die Nothwehr in dem heutigen Recht.

Die geschichtlichen Untersuchungen des vierten Abschnitts waren wesentlich dazu bestimmt, das Verständnifs und die Fortbildung des heutigen Rechts vorzubereiten, dessen Darstellung der gegenwärtige Abschnitt angehört. Das verbindende Glied zwischen diesem und der Peinlichen Gerichtsordnung bildet die gemeinrechtliche Doctrin, da die Rechtsproduction auf dem Wege der Gesetzgebung, einige schwache Versuche der Territorialgewalt in Landesordnungen abgerechnet, eigentlich erst in den neuen Strafgesetzbüchern wieder erwacht. Zur Herstellung der Continuität der Entwicklung müssen darum die hervorragenden Richtungen in der gemeinrechtlichen Wissenschaft beachtet werden. Es ist eine bemerkenswerthe und erfreuliche Erscheinung, dafs das jüngste Recht wieder mehr an das ältere anknüpft, indem es, alle theoretische Ausführlichkeit abweisend, sich auf die schlichte Anerkennung des Prinzips beschränkt. Der Procefs der allmähligen Vereinfachung und freieren Auffassung der Lehre läfst sich in der Geschichte der deutschen Codification von dem Baierischen Strafgesetzbuche bis zu den neuen Gesetzbüchern von Preufsen und Oesterreich im Grofsen verfolgen, und, innerhalb der Gesetzgebung Eines Landes, namentlich in der Geschichte der Preufsischen Entwürfe zu dem Gesetzbuch von 1851, welche sämmtlich den Gesichtspunkt, dafs das Recht der Nothwehr gegen die Bestimmungen des A. L. R. bedeutend erweitert werden müsse, von der ersten Revision an, später sogar mit erhöhter Consequenz, festhalten. Auch die Doctrin beginnt allgemach sich zum Bewufstsein des reinen Nothwehrprinzips durchzuringen, und die fremdartigen und willkührlichen Voraussetzungen, die eine engherzige Auffassung gegen den Geist der Peinlichen Gerichtsordnung (1) und seine innere rechtliche Natur ihr aufgedrungen hatte, nach und nach wieder auszustofsen; ein Blick auf die Dogmengeschichte von den Criminalisten des vorigen und aus dem Anfange des gegenwärtigen Jahrhunderts bis auf das System Köstlin's zeigt in dieser

(1) Darauf weist Beseler, Commentar über das Strafgesetzb. für Preufsen, Heft 1, S. 185 hin; man sehe es der gemeinrechtlichen Doctrin, die, trotz der genau und umsichtig gearbeiteten Vorschriften der P. G. O., die sich ausdrücklich als ein absolut gültiges Recht ankündige, sich nicht von der Aufstellung willkührlicher Beschränkungen habe zurückhalten lassen, an, dafs sie in einer Zeit der überwiegenden Polizeilichkeit ihre Ausbildung erhalten habe.

Beziehung frappante Gegensätze. Denn, um hier kurz und bestimmt das Resultat der folgenden Untersuchung zu anticipiren, es mufs der Gesetzgebung und der Wissenschaft zur lebendigen Erkenntnifs kommen, dafs ein Strafgesetzbuch, anstatt eine künstliche, oder überhaupt nur eine besondere, Nothwehrtheorie mit subtilen Unterscheidungen und singulären Strafansätzen aufzustellen, nur einfach das Recht der Nothwehr anzuerkennen hat, dafs alle ängstliche Beschränkung desselben nur das Recht der freien Persönlichkeit zu Gunsten desjenigen, der sie widerrechtlich antastet, beeinträchtigt, dafs zudem alle nähere Bestimmung desselben der freien und rechten Thätigkeit des Richters schädlich, in einer die Vielgestaltigkeit des Lebens erschöpfenden Weise geradezu unmöglich, und endlich darum überflüssig ist, weil gerade hier der Genius der deutschen Sprache die Thätigkeit des Gesetzgebers wesentlich erleichtert hat (2).

(2) So sagt schon Carpzov p. I. q. 28 : In quonam vero hoc consistat, et quando sit servatum moderamen inculp. tut., difficile est, certa regula definire, ob nimiam factorum et circumstantiarum multiplicitatem et varietatem. Unde quando quis steterit in finibus defensionis, judicis arbitrio committendum esse . . . Und weiter : Quod licet tutissimum sit, maxime cum hac de re extent discrepantes ac fere innumerae Doctorum opiniones, multifariae ampliationes ac limitationes, ita ut uniformem regulam omnibus factis ac circumstantiis applicare haud liceat. Und Rofshirt, Entwicklung § 33 macht der Bearbeitung der Lehre den gerechten Vorwurf, dafs dieselbe immer zu sehr durch die abstracte Untersuchung der einzelnen Erfordernisse auseinander gerissen, verkünstelt und zu unauflöslichen Knoten verwickelt worden sei; dafs, wer die einfache Darstellung des römischen

Es ist für die Begründung dieser Behauptung nothwendig, zu zeigen, wie alle Versuche der Doctrin und Legislation, solche Schranken für die Selbstvertheidigung, das letzte Recht des Individuums, mit dessen Aufhebung es überhaupt gar kein selbstständiges Recht der Person weiter geben würde“ (Heffter), zu setzen, sich ebensowohl wegen ihres Widerspruchs mit dem Rechte der Persönlichkeit als theoretisch unhaltbar, als wegen der Eigenartigkeit eines Nothwehrfalles als practisch undurchführbar aufgewiesen haben. Dafs dieselben im geschichtlichen germanischen Rechte nicht gerechtfertigt werden können, glauben wir im Früheren gezeigt zu haben. Wie wir gerne dem in den jüngsten gesetzgeberischen und wissen-

Rechts im Auge habe, und die trefflich zusammengefügten drei Worte „inculpatae tutelae moderatio“ sich erkläre, weiter kommen werde, als durch die Auflösung der Scrupel, die die deutschen Juristen nicht selten sich gemacht haben. Von dem einfachen Rechtssatze desselben könne zur Aufklärung der Sache auf eine Reihe von Beispielen die Anwendung gemacht werden, man gewinne aber sehr wenig und verderbe mehr, wenn man aus dem Prinzip wieder Prinzipien ziehen wolle, ja erst durch diese Manier sei die Lehre controvers geworden. — Dafs diese Einfachheit auch das practische Prinzip der Legislation sein müsse, darauf wurde in der Discussion der badischen ersten Kammer hingewiesen: Im Allgemeinen lasse sich nur so viel sagen, dafs derjenige, der ohne Verschulden in einen Zustand gekommen sei, wo er sich selbst vertheidigen müsse und dabei Maas und Ziel halte, kein Verbrechen begehe. Alle weitere Regeln seien nur Abstractionen aus diesem Prinzip, nur eine Instruction, die sich ein tüchtiger Richter selbst geben werde, und der Gesetzgeber wegen der unendlichen Verschiedenheit der Fälle kaum denken könne, ohne denjenigen, der seine Lehre nicht mit Umsicht auffasse, eben so leicht irre zu führen, als richtig zu leiten. Hieraus erkläre sich auch, warum man im Allgemeinen über das Prinzip ziemlich einverstanden sei, aber sobald man dasselbe specialisiren wolle, in wesentlichen Punkten auseinander gehe. (Thilo, Die Strafgesetzgebung des Grofsherzogthums Baden. 1. Bd., S. 120.)

schaftlichen Versuchen eintretenden Zuge vom Künstlichen, Zusammengesetzten, äufserlich Willkührlichen zum Natürlichen, Einfachen, innerlich Nothwendigen nachgehen, so gilt es dagegen einen ernsten Kampf gegen jene Schranken und Verkünstelungen in den älteren, deren letzte Consequenz die Aufhebung alles Nothwehrrechts sein mufs. Die meisten Strafgesetzgebungen scheinen das Verwerfliche derselben auch selbst instinctiv zu fühlen; wenigstens suchen sie durch eine mildere Behandlung des Excesses, insbesondere des culposen, bei welchem dem richterlichen Ermessen ein Einflufs verstattet wird, welcher es möglich macht, sich über die Schranken, die den Angegriffenen gleichsam selbst zum Excefs treiben, hinauszusetzen, ihr Unrecht an dem Angegriffenen einigermafsen wieder gut zu machen.

Schon an der Schwelle der Untersuchung tritt uns die Controverse über die Frage entgegen, welche Stellung der Nothwehr im System des Strafrechts anzuweisen sei, eine Frage, welcher, da sie mit der Verschiedenheit der Auffassung des Rechtsgrundes und der rechtlichen Natur der Nothwehr innerlich zusammenhängt, nicht blofs eine formale, sondern geradezu eine prinzipielle und präjudizielle Bedeutung beiwohnt. Wenn die älteren Juristen von Tengler an die Nothwehr im Zusammenhange der Lehre von der Tödtung abhandeln, so hat dies zwar nicht seinen inneren Grund in einer prinzipiellen Verkennung des Rechtes der Nothwehr, welches sie vielmehr für in göttlichen und menschlichen Ordnungen begründet halten, sondern nur darin, dafs sie, noch nicht durchgedrungen zu freier systematischer Bewältigung des Rechtsstoffes, sich commentirend an die Legalordnung der C. C. C. anlehnen, welche, wie wir gesehen, dieselbe mit der Darstellung dieses Verbrechens verbindet. Sowenig diese selbst mit dieser Stellung das Prinzip des Nothwehrrechts läugnen will (siehe Abschn. 4), so wenig wollen dies ihre Commentatoren (siehe Abschn. 1). Sie wiederholen nur entweder wörtlich, wie Gobler in „Der Rechten Spiegel“, oder beinahe wörtlich, wie Tengler im Layenspiegel (3), den Text der C. C. C., oder sie begleiten denselben umschreibend, wie Stephani, Blumblacher, oder schon in selbstständigerer Behandlung, wie Clasen und Böhmer. Auch selbst diejenigen Aelteren, welche schon die allgemeinen Grundsätze von Verbrechen und Strafen der Abhandlung der einzelnen Verbrechen und ihrer Bestrafung voranschicken, und die Nothwehr nun dennoch in der Lehre von der Tödtung behandeln, wie Koch, der sie in seinen Institutt. jur. crim. geradezu „caedes necessaria“ nennt, und Quistorp, der also definirt : „Ein erlaubter Nothschutz ist vorhanden, wenn man zur Vertheidigung seines Lebens.... einen Todtschlag begehet“, wollen damit nicht über ihren Rechtsgrund absprechen, dessen nähere Bestimmung sie vielmehr kaum in Erwägung ziehen. Und die älteren Strafgesetze, wie die Constitutio criminalis Theresiana in art. 84, das Allgemeine Gesetz über Verbrechen und Strafen von Joseph II, §. 96 und das Oesterreichische Gesetzbuch von 1803, folgen eben nur der gemeinen Doctrin, wenn sie der Nothwehr ihre Stellung bei der Tödtung anweisen; namentlich ist nach dem letzteren die Anerkennung eines Rechtes der Selbstvertheidigung im weitesten Sinne nicht ausgeschlossen (4).

(3) Tengler weicht übrigens im Titel »von Todschlägen und anderen Entleibungen« gleich im Anfang in den Worten ab : Item beschicht ein todtschlag auss geursachter not und gegenwöre, zu rettung leibs, lebens oder guts.

(4) Josephin. Ges. § 96. Dagegen kann derjenige, der Jemanden in einer gerechten Nothwehr tödtet, nicht als ein Mörder

Dagegen ist es schon nicht ohne Beeinträchtigung für die Aufstellung der richtigen Grundsätze gewesen, wenn ein neues Gesetzbuch, welches im Uebrigen die breite rechtliche Grundlage der Nothwehr anerkennt, dieselbe im speciellen Theile hinter den Verbrechen der Tödtung und der Beschädigung an der Person aufnimmt. Dies thut das Braunschweig. Ges. § 166 ff. (5), und man darf über diesen formellen Rückschritt im Aufbau des Systems um so mehr erstaunen, als schon eine weit ältere Gesetzgebung,

angesehen werden. Doch gilt die Entschuldigung der Nothwehr nur dann, wann der Thäter erweist, oder sich aus den Umständen der Personen, des Orts, der Zeit gegründet schliefsen läfst, dafs er ohne gegebene Veranlassung von dem Getödteten auf eine Art angegriffen worden, dafs er seine eigene Verwundung, oder gar den Tod mit Grund befürchten konnte, oder wenn er erweist, er habe sich der gewaltsamen Vertheidigung, woraus der Tod seines Nebenmenschen erfolget ist, gebrauchet, um sein oder seines Nebenmenschen Vermögen oder Freiheit gegen einen ungerechten Angreifer zu schützen, dessen er sich ohne Gefahr eigener Verwundung oder Tödtung zu bemächtigen nicht im Stande war. (§ 97 handelt von der Ueberschreitung der Nothwehr.) — Die Begriffsbestimmung der Theresiana art. 84, § 1 entspricht im Wesentlichen derjenigen der P. G. O. — § 127 des älteren Gesetzb. lautet zwar: Derjenige, der Jemanden in einer rechten Nothwehr tödtet, begeht kein Verbrechen. Die österr. Doctrin hat sich aber an diese enge Bestimmung des Gesetzes nicht gehalten, sondern die Nothwehr in ihrem vollen Umfange anerkannt. vgl. Jenull, Das Oesterr. Criminalr., II, S. 247, welcher unter Nothwehr die Selbstvertheidigung überhaupt, dann die Tödtung oder Verwundung des Angreifers insbesondere versteht, und den § 127 umschreibt: Wer in der Nothwehr Jemanden tödtet, verwundet oder sonst verletzt, etc.

(5) In den Motiven zu § 31 (Lehre von der Zurechnung) wird der Grund dafür ausdrücklich dahin angegeben, es sei die Lehre von der Nothwehr hier nicht aufgenommen, weil sie sich keineswegs auf alle oder eine ganze Klasse von Verbrechen, sondern nur auf Tödtungen und Körperverletzungen beziehe.

deren Anstofs dann sämmtliche neuere gefolgt sind, das Preufsische Landrecht (6), diesen Standpunkt insoweit überwunden hatte, dafs es die Nothwehr zwar nicht im Titel „Von Verbrechen und Strafen überhaupt", aber doch in einem die Privatverbrechen einleitenden Abschnitte allgemeineren Inhalts (II. Thl. 20. Tit. 9. Abschnitt) aufnahm, und zugleich dieselbe als das, beim Mangel obrigkeitlicher Hülfe, Jedem gegen drohenden rechtswidrigen Angriff zustehende Recht der Selbstvertheidigung auffafste. Der practische Nachtheil, der dadurch auf Grund des Braunschw. Gesetzb. entsteht, zeigt sich denn auch namentlich bei der Bestimmung des Excesses, dessen Begriff auf die beiden Formen der Tödtung und Beschädidung der Person von demselben reducirt werden mufste (s. unten). — Wenn nun aber hier diese Consequenz der falschen Stellung der Materie nur eine vereinzelte ist, so verficht Zöpfl (7), im Zusammenhange mit seiner unrichtigen Auffassung des germanischen Rechtsprinzips, die Aufnahme der Nothwehr in den speciellen Theil, zu dem Verbrechen der Tödtung, durch eine Begründung, welche das innerste Wesen der Nothwehr zerstört. Es mufs mit aller Entschiedenheit der Vorwurf zurückgewiesen werden, welchen er den deutschen Strafgesetzgebungen (natürlich mit Ausnahme der braunschweigischen und der österreichischen von 1803) dahin gemacht hat, dafs sie sämmtlich mehr oder minder von der historischen, nationalen und reinen deutschen Rechtsansicht über das Wesen der Nothwehr, welches sich selbst noch in der C. C. C., na-

(6) Darüber Hälschner, Das Preufsische Strafrecht. I. B. Geschichte des Brandenburgisch-Preufsischen Strafrechts, S. 220.

(7) Archiv, 1843, S. 37 ff.

mentlich in ihrem art. 140, ausgesprochen finde, in zwei Punkten, den Einflüssen der neueren sogenannten philosophischen Schule folgend, abgewichen seien: erstlich darin, dafs sie die Nothwehr mit der erlaubten Privatgewalt überhaupt zusammenwerfen und beide nach denselben Prinzipien behandeln; und zweitens darin, was ungleich wichtiger sei, dafs sie den Begriff der Nothwehr nicht auf den Fall eines lebensgefährlichen Angriffes auf die Person eingeschränkt, und sie nicht als einen, ausgezeichneten, Fall in die Classe der straflosen Tödtungen und Verwundungen eingereiht, und die übrigen Fälle dieser Classe, als selbstständige entschuldigte Verhältnisse, der Nothwehr an die Seite gestellt, sondern dafs sie den Begriff der Nothwehr unnöthiger Weise und gegen den Sprachgebrauch erweitert, und auch die Tödtung oder Verwundung, welche zum Schutze von Vermögen, Ehre und Hausrecht begangen worden, unter denselben gezogen haben. Vermöge dieser Auffassung mufste Zöpfl denn natürlich in dem Verfahren Feuerbach's, die Nothwehr im System in den allgemeinen Theil zu stellen, etwas Antinationales und Gewaltsames erblicken.

Wir sind durch unsere Ausführungen im ersten und insbesondere durch die geschichtliche Entwicklung des vierten Abschnitts der ausführlichen Bekämpfung dieser begrifflich und historisch gleich unhaltbaren Auffassung überhoben, zumal da dieselbe auf dem Boden der Legislation auch kaum zu practischen Consequenzen gelangt ist. Denn in dem Braunschweig. Gesetzb. „ist (nach dem eigenen Geständnisse Zöpfls) die zweite oben gerügte Abweichung von der historischen und nationalen Auffassung nicht ganz vermieden, indem, als das Recht der Nothwehr begründend, nicht nur Angriffe auf die Person, sondern auch auf die Ehre oder das Vermögen, oder widerrechtliches Eindringen in ein Besitzthum aufgezählt würden." Wie nun eigentlich schon aus diesem Grunde auf demselben (abgesehen von der oben angedeuteten Beschränkung rücksichtlich des Excesses) nur ein Vorwurf fehlerhafter Anordnung des Stoffes zurückbleibt, so fällt demselben auch aus dem ihm von Zöpfl nachgerühmten Fortschritt, „dafs dasselbe eine ganze Reihe von Fällen glücklich unterscheide, welche es der Nothwehr in der richterlichen Behandlung gleichstelle, ohne sie unter den Begriff derselben zu subsumiren" (§ 166, Absatz 2), um defswillen kein ernstlicher Vorwurf zur Last, weil, wie Köstlin schon bemerkt hat, die Behandlungsweise eines Gesetzbuches, welches zwar allerdings der Nothwehr nicht in genereller Weise erwähne, gleichwohl aber sofort nicht versäume, das gleiche Princip auch auf andere Fälle auszudehnen (8), selbst passend befunden werden könne, da ein Gesetzbuch keinen doctrinellen Zweck habe. Während auch selbst dem Code pénal (9)

(8) In dem Hauptparagraphen, welcher den Begriff der Nothwehr feststellt, heifst es nämlich in Abs. 2 : Nach gleichen Grundsätzen sind diejenigen zu beurtheilen, welche bei Ausrichtung ihrer Amtsobliegenheiten, oder bei Ausführung obrigkeitlicher Befehle, oder bei Ergreifung auf frischer That ertappter, oder mit Steckbriefen verfolgter Verbrecher, oder bei Verfolgung des mit der gestohlenen Sache entlaufenden Räubers oder Diebes, oder endlich bei Vertreibung der in ein Besitzthum widerrechtlich Eingedrungenen, gewaltsamen Widerstand finden. — Eine solche blofs formelle Ausscheidung gewisser Fälle aus dem Umkreise der Nothwehr theilt das Gesetzbuch aber mit noch mehreren anderen deutschen Gesetzbüchern, worauf wir gleich unten zu einem anderen Zwecke zurückkommen müssen.

(9) Schon ein Blick auf die Ueberschrift der Lehre im Code pénal zeigt, wie sich Zöpfl mit Unrecht ohne Weiteres auf denselben beruft. Dieselbe, lautend : Homicide, blessures et coups non qua-

nicht unbedingt die Zöpfl'sche Auffassung zum Grunde liegt, so ist aber die Schranke, dafs nur der Tödtung

lifiés crimes, ni délits, zeigt gerade den bestimmtesten Gegensatz zu Zöpfl's „entschuldigter Missethat“ und seiner Beschränkung auf Tödtung und Verwundung, wie denn die „légitime défense“ sich darstellt als „cause de justification“, nicht blofs als „excuse“ oder gar „circonstance atténuante“. Allerdings wird aber der Begriff der légitime défense sehr enge gefafst. Dieselbe findet nämlich nur zum Schutz der Person Statt, nach art. 328 : Il n'y a ni crime ni délit lorsque l'homicide, les blessures et les coups étaient commandés par la nécessité actuelle de la légitime défense de soi-même ou d'autrui. (L'attaque doit avoir été dirigée contre la sûreté de la personne; il ne suffirait pas qu'elle l'ait été contre les biens ou contre l'honneur. Mais la sûreté de la personne ne comprend pas seulement la vie; l'attaque qui n'aurait pour but que de faire des blessures, la tentative de viol, sont comprises dans cette expression. Hélie et Chauveau, Théorie du Code pénal, VI, p. 87.) Dieser eigentlichen Nothwehr werden zwei Fälle, in welchen das Eigenthum bedroht ist, gleichgestellt, allein : Ce n'est point à raison de la propriété menacée que la loi déclare l'homicide légitime, c'est uniquement à raison du péril, qu'une aggression faite au milieu de la nuit semble apporter aux habitants de la maison qui en est l'objet . . . . . . (Hélie p. 91). Die beiden Fälle sind nach art. 329 : Sont compris dans les cas de nécessité actuelle de défense les deux cas suivans : 1) Si l'homicide a été commis, si les blessures ont été faites, si les coups ont été portés en repoussant, pendant la nuit, l'escalade ou l'effraction de clôtures, murs ou entrée d'une maison ou d'un appartement habité ou de leurs dépendances; 2) si le fait a eu lieu en se défendant contre les auteurs de vols ou de pillages exécutés avec violences. — Dieser légitime défense, bei welcher ein Angriff auf die Person oder auf die Person und das Eigenthum zugleich vorausgesetzt wird, werden die Fälle entgegengestellt, in welchen „homicides, blessures et coups“ entschuldigt werden, weil ihnen eine Provocation vorausgegangen. (art. 321 sqq.) Hieher gehören, als die excuse de la provocation bildend : 1) Lorsque l'homicide etc. ont été provoqués par des coups ou violences graves envers les personnes; 2) lorsqu'ils ont été provoqués par un violent outrage à la pudeur (im Gegensatz des Nothzuchtversuchs, eines fait justificatif); 3) lorsqu'ils ont été commis en repoussant pendant le

und Verwundung des Angreifers, nicht der möglichen geringeren Verletzungen desselben gedacht wird, von den übrigen deutschen Gesetzbüchern glücklich vermieden worden. So spricht das Grofsh. Hess. Gesetzb. Art. 47 (auch Art. 55) von Tödtung, Verwundung oder Mifshandlung des Angreifers, welch' letzterer Ausdruck gerade darum gebraucht wird, weil er kein eigenthümliches Verbrechen bedeutet, sondern alle gegen eine Person gerichteten Handlungen umfafst, die weder eine Tödtung, noch eine Verletzung enthalten, da auch durch solche Handlungen, die sonst Realinjurien, gefährliche Drohungen, Nöthigung u. s. w. sind, Nothwehr ausgeübt werden kann. Das Thüring. Art. 66 spricht von Tödtung, körperlicher Verletzung oder Zufügung eines sonstigen Schadens. Die Motive zum Baier'schen Entwurf von 1854 (zu Artt. 63 bis 65) führen gerade als Grund gegen die Stellung im speciellen Theile an, dafs aufser Tödtung und Körperverletzung auch noch manche andere vom Gesetze mit Strafe bedrohte Handlungen, z. B. Eigenthumsbeschädigung, Gefangenhaltung, Hausfriedensstörung etc., nach Umständen als Acte der Nothwehr sich darstellen können. Die neuesten Gesetzbücher, wie das Preufs. (1851) und das Sächs. (1855), sprechen nur von Vertheidigung schlechtweg, ohne die daraus hervorgehende Verletzung des Angreifers irgend näher zu bestimmen; ebenso das Oesterreich. (1852), dessen Abweichung von dem älteren von Hye, Comment. I, S. 199 dahin motivirt wird,

jour l'escalade ou l'effraction des murs, des clôtures ou de l'entrée d'une maison (im Gegensatz zu art. 329, nr. 1) etc. — Von allem diesem unterscheiden sich nun die simples injures verbales dadurch, dafs sie in Beziehung auf das durch sie hervorgerufene Verbrechen nur eine circonstance atténuante bilden: »Le crime ne change pas de caractère, mais la peine est réduite.«

dafs das Gesetzbuch, indem es die Nothwehr aus der in dem früheren Gesetze angewiesenen isolirten Stellung bei den Verbrechen des Mordes und Todtschlages nunmehr unter die allgemeinen Entschuldigungsgründe von jedem Verbrechen eingerückt, zugleich schon deren objectiven Charakter ausgeprägt habe, wonach nämlich eine an sich als Verbrechen erscheinende That dann, wenn sie in Ausübung gerechter Nothwehr erfolge, auch objectiv aufhöre, ein Verbrechen, und zwar überhaupt ein solches zu sein, während nach dem früheren Gesetze dies ausdrücklich nur in Beziehung auf die Tödtung eines Menschen bestimmt, hinsichtlich geringerer Körperverletzungen oder anderer durch eine solche Gegenwehr ausgeübter Gewaltthätigkeiten, Beschädigungen an fremdem Eigenthum u. dergl. höchstens a majori ad minus aus dem Gesetze habe geschlossen werden müssen (vgl. Jenull in Note 4).

Die Ansicht, welche der Nothwehr ihre Stellung in dem allgemeinen Theile verweigert, ist aber auch, gleichwie ohne erhebliche practische Consequenzen, wenigstens auf dem Boden der deutschen Strafgesetzgebung, so auch theoretisch eine beinahe isolirte geblieben (10), und dies ist ein weiterer Grund, warum es nicht weiter nothwendig ist, polemisch auf dieselbe einzugehen. Wenn man nicht noch die Berechtigung der Ausscheidung s. g. allgemeiner Lehren überhaupt in Frage stellen will, so mufs man mit demselben Rechte der Nothwehr, deren Dasein

(10) Mittermaier zu Feuerbach §. 37, Not. IV billigt die Stellung der Nothwehr zu den Verbrechen der Tödtung und Verwundung. Man sollte dies nicht erwarten, da er in Not. I die Zöpfl'sche Auffassung der rechtlichen Natur derselben verwirft, und kann es nur daraus erklären, dafs er in Not. II sich für das Prinzip des deutschen Rechts im Sinne Zöpfl's zu entscheiden scheint. Auch Luden, Handb. I, S. 303, Not. 29 findet diese Stellung zweckmäfsig.

jeder Handlung, welche äufserlich dem Strafgesetze verfallen ist, ganz allgemein den Character eines Verbrechens entzieht, unter diesen ihren Platz anweisen, wie man denselben hier der Lehre von der Zurechnungsfähigkeit, von dem Nothstande, von dem Einflusse des Zwanges, des Befehls, des Irrthums, den Strafmilderungsgründen u. s. w. gewährt hat.

Dagegen bedarf es nun allerdings einer tiefer eingehenden Untersuchung der rechtlichen Voraussetzungen der Nothwehr, von welchen jede einzelne in Rücksicht ihrer Statthaftigkeit bezweifelt, in Rücksicht ihres Umfangs beschränkt, in Rücksicht ihrer strafrechtlichen Wirkung verschiedenen rechtlichen Gesichtspunkten unterworfen worden ist. Man sollte es nicht glauben, dafs sowohl bei der Interpretation der so klaren Quellen des gemeinen Rechts, als auch bei den Versuchen der rechtlichen Construction eines so einfachen Rechtsverhältnisses durch die Doctrin und die neuere Straflegislation, für welches die Sprache ein Wort besitzt, das, wie wir dies nicht genug betonen können, keimartig die ganze Theorie desselben umschliefst, eine solche Abirrung von der Reinheit des Prinzips und eine solche schroffe Gegensätzlichkeit der Meinungen sich hätte herausstellen können. Und dennoch ist hier dieselbe Bedingung bald postulirt, bald beschränkt, bald ganz ausgestofsen, dasselbe menschliche Gut bald als des Nothwehrschutzes theilhaftig, bald von demselben bedingungsweise ausgeschlossen oder gar als dessen unfähig oder unwürdig erklärt, die Verletzung der gesetzlichen Vorschriften, deren Thatbestand von Verschiedenen verschieden gefafst wurde, bald strengerer, bald gelinderer, bald der gemeinen, bald einer singulären strafrechtlichen Behandlung unterworfen worden.

Den Beweis für diese Behauptung wird sofort die Behandlung liefern können, welche die Frage nach der Beschaffenheit des Angriffs, gegen welchen sich der Angegriffene kraft des Rechts der Nothwehr vertheidigen darf, erfahren hat. Nicht bedenkend, dafs „Angriff" ein Factisches, nicht ein Juristisches bedeutet, hat man denselben unter der Categorie eines Verbrechens betrachtet, und diejenigen Momente, welche den Juristen, den Strafrichter interessiren, wenn er denselben strafrechtlicher Behandlung unterwirft, dem Angegriffenen zur Berücksichtigung aufgedrungen. Dieser Irrthum, dafs der Angriff als Verbrechen aufgefafst werden müsse, ist die Wurzel einer Reihe falscher Bestimmungen geworden, welche nach allen Richtungen der Nothwehrtheorie auslaufen.

So hat derselbe zunächst die richtige Auffassung der Bestimmung verwirrt, dafs der Angriff ein unmittelbar bevorstehender (oder gegenwärtiger) sein müsse, und zwar in einer Weise, dafs dadurch die Nothwehr des Eigenthümers eine wesentliche Einbufse erleidet, diejenige gegen verbale und symbolische Injurien völlig in Abrede gestellt wird. Mit dem Begriffe der Vertheidigung ist nur die Bedingung gesetzt, dafs derselbe unmittelbar bevorstehen müsse, weil man sich gegen einen vergangenen Angriff nicht mehr vertheidigen kann. Ob derselbe aber wirklich, objectiv, oder nur subjectiv, in der Meinung des Handelnden, welche nach den concreten Umständen wohl begründet ist, bevorsteht, ist rechtlich gleichgültig: das eine und das andere genügt (11). Dagegen ist es geradezu unrichtig,

(11) Siehe einen Fall, in welchem eine dringende Gefahr vorausgesetzt wurde, mit den Entscheidungsgründen des badischen Oberhofgerichts bei Temme, Arch. für die strafrechtlichen Entschei-

denselben auch als einen „begonnenen“ zu bestimmen, weil die Vertheidigung, als gegen ein Zukünftiges gerichtet, auch wenn der drohenden Verletzung bereits andere vorausgegangen sind, doch nur stets gegen die weiter bevorstehenden Statt findet. Dafs schon andere Angriffe (12) vorausgegangen, ist also nur insofern von rechtlicher Bedeutung, als daraus der Angegriffene auf weiter bevorstehende zu schliefsen berechtigt ist (13). — Man ist aber bei

dungen der obersten Gerichtshöfe Deutschlands B. II, S. 157 ff.; und einen anderen, mit den Entscheidungsgründen des Cassationshofes in Wien, ebendas. B. I, S. 159. ff., in welchem das Gericht das Gegentheil annahm.

(12) Es braucht kaum hervorgehoben zu werden, dafs in dem Begriff des Angriffs die Voraussetzung liegt, dafs derselbe ein positives Handeln sei, nicht blofs in negativem Unrecht bestehe (z. B. wenn ein Physicatsarzt sich weigere einen Verwundeten zu verbinden, ihn dieser nicht aus dem Capitel der Nothwehr dazu zwingen könne). Anders ist es jedoch, wenn eine positive Handlung vorhergegangen ist und ein Unterlassen folgt, die in ihrer Zusammenwirkung dem Angriffe erst die beabsichtigte Realität geben sollen, z. B. wenn uns Jemand, ohne dafs wir es gemerkt, eingeschlossen hat und sich nun weigert, zu öffnen oder den Schlüssel zu geben. (Breidenbach S. 590.)

(13) Die meisten Gesetzbücher fügen zur Bestimmung des Angriffs noch dies weitere Moment hinzu: so das Hess. art. 46, das Bad. § 84, das Hannöv. art. 78, das Braunschw. § 166 und das Thüring. art 66; das Württemb. art. 102 nennt einen dringenden, das Preufs. §. 41 richtig einen gegenwärtigen Angriff. (Die früheren Entwürfe bis 1843 hatten aufserdem »oder einen unzweideutig angedrohten Angriff«. Man liefs aber das ganze Criterium später fallen, weil es im Begriffe der Nothwehr, als eines Schutzes gegen eine unmittelbare drohende Gefahr, schon liege. Das »gegenwärtig« soll nur das künftig Mögliche ausschliefsen; der »unzweideutig angedrohte« Angriff ist auch dann ein gegenwärtiger, wenn den Umständen nach sein unmittelbares Eintreten zu befürchten ist. Goltdammer I, S. 418; vgl. auch Beseler I, S. 188.) Das neue Oesterr. (wie das ält. Sächs. art. 70) bezeichnet den Angriff in dieser Beziehung

dieser Bestimmung nicht stehen geblieben, sondern hat auf denselben die Categorien des versuchten und vollendeten Verbrechens zur Bestimmung der Gränze, bis zu welcher Nothwehr geübt werden dürfe, angewendet. Man hat nämlich die rechtliche Statthaftigkeit der Nothwehr an die Bedingung geknüpft, dafs das in dem Angriffe liegende Verbrechen sich noch innerhalb der Gränze des Versuches befinden müsse, und dieselbe ausgeschlossen für den Fall, da der Angriff als Verbrechen consummirt sei. Für den Eigenthümer folgte daraus, dafs die Anwendung von Gewalt gegen den Dieb, welcher nach geschehener Contrectation sich auf die Flucht begeben, nicht mehr zulässig, dafs diese überhaupt nicht mehr Nothwehr, sondern Selbsthülfe genannt werden müsse (14); dann aber mufs-

gar nicht und zwar darum, weil ihm derselbe durch den Gebrauch des Wortes »abwehren« genugsam bestimmt scheint (so hatte auch Jenull. II, S. 247 den im älteren Gesetzb. nicht characterisirten Angriff als einen »gegenwärtigen« bestimmt, weil das Gesetz von »Vertheidigung" spreche). Hye I, S. 202 umschreibt die Bestimmung dahin, »sich gegen einen bereits wirklich begonnenen und noch vorhandenen oder wirksamen Angriff zu vertheidigen, d. h. die Fortdauer desselben zu behindern, oder einem thatsächlich drohenden und mit dem Erscheinungsverhältnisse der alsogleichen Ausführbarkeit verbundenen Angriff zuvorkommend zu begegnen«. — Vollends verwerflich ist die Bezeichnung desselben durch Tittmann, Handb., I, § 135 als »angefangene Rechtsverletzung«, schon darum, weil darin eine Beziehung auf das Subjective liegt, und dieselbe trifft aufserdem derselbe Vorwurf, welchen Morstadt § 38, Not. I, unter Beziehung auf fr. 3, §. 5, 7 D. (45, 16) und die Schlufsworte der C. C. C. art. 40 der laxen Feuerbach'schen Bestimmung des Angriffs als »laesio inchoata« macht, nach welcher in der That dasjenige, wogegen recht eigentlich Nothwehr Statt findet, nämlich das Bevorstehende, geradezu ausgeschlossen scheint. Das Richtige hat Heffter § 43, wenn er die Nothwehr giebt gegen die Gefahr der Verletzung von Rechten, welche aus dem rechtswidrigen Benehmen eines Anderen droht.

(14) Einige Gesetzbücher schweigen ganz über diesen Fall. So das Preufs.; anders der Entwurf von 1847, § 58. (Ueber die frü-

ten diejenigen, welche die Möglichkeit eines Versuches bei verbalen und symbolischen Injurien läugnen, bei diesen die

heren Entwürfe vgl. Goltdammer I, S. 363 ff.) Goltdammer S. 425 beschränkt das Recht (mit Rücksicht auf jenen § 58) für das heutige Recht dahin, dafs die Gewalt nicht bis zu den äufsersten Erfolgen für das Leben oder die Gesundheit des Verletzers getrieben werden dürfe. (Vgl. auch Beseler S. 186, 187, der sich nicht bestimmt darüber ausspricht, und unt. Not. 66.) — Ebenso schweigt das Oesterr.; Hye S. 205 schliefst aber das Recht, dem entfliehenden Diebe nachzuschiefsen, ausdrücklich aus, indem er dabei nur den Fall im Auge hat, dafs dies geschehe, um demselben die verdiente Strafe »sogleich nach frischer That auf den Rücken zu pelzen«. Sollte es zu diesem Zwecke geschehen, so hat Hye recht, doch wird es regelmäfsig geschehen, um das bedrohte Eigenthum zu retten. — Das Baier. art. 129, 2 giebt die Nothwehr nur gegen denjenigen, der bei einem Diebstahl ertappt wird, und die Anmerkungen I, S. 314 ergänzen die Bestimmung, indem sie gestatten, den entlaufenden Dieb mit einem Schusse zu verwunden, ihn sogar zu tödten, was freilich aus art. 129, 2 nicht zu folgern ist. — Dagegen wird in Württemb. art. 102, Nr. 2 der Fall des mit der gestohlenen Sache entlaufenden Diebes ausdrücklich als ein Fall der Nothwehr aufgeführt. Freilich ging man daselbst bei der Berathung in der I. Kammer davon aus, dafs sich die Stelle nur auf den gewaltsam eingedrungenen Dieb beziehe, und bei der abermaligen Berathung in der II. Kammer erklärte die Regierung, dafs sich nicht jeder Diebstahl zur Nothwehr eigne, sondern nur derjenige, mit welchem zugleich Gefahr für die Person verbunden sei, dafs dieselbe also gegen den entlaufenden Dieb nur dann zulässig sei, wenn der Eigenthümer riskire, dafs jener sich umwende und die geladene Pistole losschiefse. Dadurch wird die Intention des Gesetzes zweifelhaft. — Das Hess. art. 46, Nr. 3 bestimmt richtig: (Selbstvertheidigung durch Privatgewalt kann stattfinden) 3) gegen denjenigen, welcher bei einem Diebstahle ertappt oder zum Zwecke der Wiedererlangung des Besitzes alsbald verfolgt wird. Letzteres wurde hinzugefügt auf Antrag des Ausschusses (Bericht der Ausschüsse erstattet von Hesse S. 107). Breidenbach, Commentar S. 605, 606 mifsbilligt die ganze Bestimmung, erklärt die Strenge, dafs das blofse Ertappen genügen solle (ohne Widerstand des Diebes, da die Fälle persönlicher Gefahr durch Nr. 1 gewahrt sind) aus dem uralten Odium gegen Diebe, und versucht dann, anknüpfend an die

Statthaftigkeit der Nothwehr ganz ausschliefsen, weil diese sofort als vollendete Delicte in die Erscheinung träten (15).

Worte »alsbald« und »verfolgt«, dem zweiten Fall der Alternative. »vermöge dessen der Dieb von dem Bestohlenen und Jedem aus dem Volke, wie ein Wild gehetzt, verwundet und getödtet werden darf«, seine Gränze zu stecken. Er scheint bei seinem Tadel zu vergessen, dafs in der Verstattung der Nothwehr gegen den ertappten Dieb kein Tödtungsrecht gewährt ist, da die Grundsätze vom moderamen inculpatae tutelae auch in diesem Falle beobachtet werden müssen. Seine Besorgnifs, dafs die Bestimmung zu weit führe, ist namentlich bei einem Gesetzbuche nicht gerechtfertigt, welches die Nothwehr des Eigenthümers schon in bedenklicher Weise beschränkt hat. (Art. 49, Abs. 2. Siehe unten.) Consequent führt seine Ansicht sogar zur Aufhebung aller Eigenthumsnothwehr. — Das Bad. stellt in § 93 diesen Fall zur erlaubten Selbsthülfe, die aber nur an die der Nothwehr gesetzten Gränzen (z. B. § 87) gebunden sein soll. (Vgl. auch die Motive zum Baier. Entw. und Wächter, Lehrb. I, § 53. Not. 10.)

(15) Aus diesem Grunde schliefst dieselbe Luden, Abhh., II, S. 485, Not. 1 aus. (Er beschränkt dieselbe auch noch aus einem anderen Grunde, von dem unten zu handeln ist.) Auch Bang, De moder. inc. tut., p. 25, 26. (Man mufs sich zum Verständnifs der folgenden Stelle erinnern, dafs Bang ein jus contra laesionem annimmt, welches ihm zerfällt in jus resarcitionis und defensionis, letzteres dann wieder in jus praeventionis und resistentiae; von letzterem ist hier die Rede.) Illam esse generalem regulam de objecto juris resistentiae: coactionem illam, qua cujusque mei juris violatio — incepta, nondum vero perfecta, injusta alicujus libertate efficienda — removetur, esse objectum juris resistentiae. Si existunt laesiones, quarum ratione damnum ut non perfectum haud cogitari potest, sequitur, ut ex tali juris violatione jus resistentiae oriri nequeat. Rem vero ita se habere quoad laesiones symbolicas sic dictas puto. (Sunt enim, qui distinguunt inter laesiones, quae externa cogitationum significatione, quas symbolicas vocant, et inter eas, quae alia externa virium efficacia inferuntur, quas reales vocant, quarum ad priores praecipue violationem juris existimationes et mendacium referunt.) Quanquam nunc omnino non negari debet, hominibus tribuenda esse jura coactionis contra has symbolicas laesiones, tamen ex eis nunquam recte jus resistentiae tribuitur; nam

Da die Nothwehr das Recht des Individuums ist, sich gegen einen seinen Rechten bevorstehenden Angriff zu vertheidigen, so kann die Schranke dieses Rechtes nur in der Aufhebung dieses Angriffs gelegen sein, nicht in dem dafür ganz irrelevanten Momente der juristischen Consummation des in dem Angriff liegenden Verbrechens: nur die factische Beendigung des Angriffs, nicht seine juristische Vollendung als Verbrechen, kann über die Frage der Zulässigkeit der Nothwehr entscheiden, ihre Gränze gegen die Selbsthülfe bestimmen. Wenn dieser Gesichtspunkt auf den Fall des fliehenden Diebes angewendet wird, so mufs nothwendig angenommen werden, dafs die Tödtung oder Verwundung desselben (die Frage, welche Verletzung zugefügt werden dürfe, richtet sich natürlich nach den Grundsätzen von der moderatio inculpatae tutelae) kraft des Rechtes der Nothwehr geschieht, weil der Angriff auf das Eigenthum (im weiteren Sinne) noch nicht beendigt ist, auch wenn der Dieb die Contrectation vorgenommen hat, weil also trotz der Consummation des Diebstahls die Gefahr des Eigenthümers, die Innehabung seines Eigenthums zu verlieren (nicht sein Recht selbst, denn dieses verliert er durch den Diebstahl nicht), noch

ad hoc jus constituendum requiritur, damnum removendum non esse perfectum, sed ex hisce laesionibus aut nullum, aut modo perfectum damnum cogitari potest. Si quis enim verbis vel alia suarum cogitationum sola significatione aliquod meum jus laeserit, ratione damni efficiendi, in eo vertitur cardo rerum, utrum quae allata sunt, credantur necne. E duobus igitur alterutrum eveniat, est necesse. Aut fides ei non habetur, quod si ita sit, nullo damno mihi illato, nullum jus contra libertatem ejus injustam, ut damnum inferentem, mihi competit; aut fides ei habetur, quo facto damnum illud est perfectum, mihique competit jus resarcitionis, non resistentiae. Quare, si in id operam impendam, ut, quominus fides ei habeatur, impediam, effectum laesionis jam verbo edicto perfectae tollere conor.

fortdauert, und er durch die Verletzung des Diebes diesem drohenden Verluste zuvorzukommen sucht (16). Selbsthülfe wird seine Handlung erst dann, wenn zwischen dem Acte der widerrechtlichen Entziehung des Besitzes und demjenigen seiner gewaltsamen Wiedererlangung gar kein Verhältnifs der Continuität besteht, wenn also in der Zwischenzeit ein Zeitpunkt des ruhigen Innehabens für den ursprünglichen Angreifer eingetreten ist (17). Wenn

(16) Gut definirt darum (Böcking), Bonner Briefe über den Preufs. Entw. von 1847, S. 96, die Nothwehr als Abwehr oder Hinderung des Sichvollbringens rechtswidriger Absicht. Siehe bes. Schröter, Handb., S. 53, 54.

17) vgl. besonders Sander, Arch., N. F. 1841, S. 90 ff. (welchem Zachariä ebendas. S. 427 beitritt.) Seine Ausführung geht dahin, dafs, da durch die einfache Ergreifung einer Sache durch Jemanden die Verfügungsgewalt des Eigenthümers noch nicht gänzlich ausgeschlossen, vielmehr die Vertheidigung desselben am Platze gerade die Ausübung der körperlichen Verfügung darüber sei, die Vertheidigung der Sache gerade so weit gehe, als die Möglichkeit, darüber körperlich zu verfügen, und dafs erst dann der Eigenthümer des Besitzes wirklich entsetzt sei, wenn es ihm zur Zeit der Besitzergreifung des Anderen unmöglich sei, die Ergreifung und Fortdauer des gewaltsamen Besitzes des Anderen zu verhindern. Selbsthülfe werde die Handlung des Eigenthümers erst dann, wenn während eines erkennbaren, dazwischen liegenden Zeitraumes der Eigenthümer gänzlich aus dem Besitz der Sache gesetzt gewesen wäre, und nun denselben, wozu er allerdings berechtigt sei, zu einer ganz anderen Zeit und an einem ganz anderen Orte wieder ergreifen wolle. Sander hat zwar das Verdienst, recht bestimmt den Unterschied zwischen Nothwehr und Selbsthülfe betont zu haben; im Einzelnen stehen seiner Ausführung aber manche Bedenken entgegen, so schon dieses, dafs durch die Contrectationshandlung des Diebes der Besitz des Eigenthümers doch verloren wird. — Den richtigen Grundgedanken hat auch (aufser Köstlin, Revision, S. 722, und System, S. 85) Herrmann, Beurtheilung, S. 142, wenn er die Wendung braucht, dafs nach beendigtem Verbrechen des Angreifers noch Gewaltanwendung als Nothwehr erlaubt sei, um dem bleibenden Rechtsverluste dadurch

die Gesetze die Gewalt gegen den fliehenden Dieb nur unter der Bedingung des gewaltsamen Widerstandes von Seiten des verfolgten Diebes gestatten (18), so ist übrigens das Motiv dieser Beschränkung

vorzubeugen. Doch ist seine Bestimmung darum ungenau, weil das Recht durch den Dieb nicht genommen, sondern nur das Innehaben der Sache gestört werden kann. Dieser Vorwurf trifft auch Heffter, Lehrbuch, § 44, not. 3, wenn er die Nothwehr gegen die Dauer der Rechtsentziehung stattfinden läfst. (Das ist freilich unrichtig, dafs ihm die Verletzung »nach vollendeter Rechtsverletzung“ als Excefs gilt. s. unt.) Berner, Archiv, S. 586 drückt sich, im Wesentlichen Sandern folgend, so aus : Nehmen wir den Besitz in der Bedeutung der Verfügungsgewalt über eine Sache, so ist der Besitz mir erst dann verloren, wenn es mir unmöglich geworden, über die Sache zu verfügen. Ob es mir aber unmöglich sei, das will ich durch die Verfolgung des Diebes erst ausmitteln. Meine Vertheidigung trägt also hier das Gepräge der Nothwehr, so lange mir noch der leichteste Schimmer der Möglichkeit einer sofortigen Wiedererlangung meiner Sache übrig ist. . . . .

(18) So das Braunschweig. § 166, wozu die Motive bemerken, dafs die Vertheidigung des Eigenthums den Fall des entlaufenden Diebes nur insofern mit einschliefse, als der verfolgte Dieb Widerstand leiste, und dafs eine weitere Ausdehnung des Nothwehrrechts sich aus dem legislatorischen Gesichtspunkte selbst dann nicht rechtfertigen lasse, wenn dem Eigenthümer durch den Diebstahl ein unwiederbringlicher Verlust, der doch sehr unbedeutend sein könne, bevorstehe. Das Thüring. Art. 66 : Dafs unter den Voraussetzungen der Nothwehr nur diejenigen straflos sein sollen, welche, bei Verfolgung mit den geraubten oder gestohlenen Sachen entlaufender Räuber oder Diebe und bei Vertreibung der in ein Besitzthum widerrechtlich Eingedrungenen, gewaltsamen Widerstand finden und zu Bewältigung dieses Widerstandes den Widerstehenden tödten, körperlich verletzen oder ihm sonst Schaden zufügen. Das Hannöv. schweigt über den Fall. Leonhardt, Comment., I, S. 336 folgt aber ganz der unrichtigen Auffassung, wenn er sagt : Der gewöhnlichen Strafe unterliege, wer nach beendigter That dem Diebe einen Schufs nachsende, sollte dadurch auch allein die gestohlene Sache gerettet werden können; gegen den auf der That ertappten Dieb finde Nothwehr Statt,

nicht sowohl die theoretische Rücksicht gewesen, dafs eine Verletzung nach consummirtem Verbrechen nicht mehr begrifflich als Nothwehr, sondern als Selbsthülfe gefafst werden müsse, als vielmehr das Bestreben, die Nothwehr zum Schutze des Eigenthums darum in die engsten Gränzen zu weisen, weil dieses Gut den Nothwehrschutz nicht in seinem vollen Umfange verdiene. Es wird dies namentlich aus den Bestimmungen derjenigen Gesetze (19) klar, welche das Recht der Verletzung des fliehenden Diebes, auch des keinen persönlichen Widerstand leistenden, in die Categorie der Nothwehr oder wenigstens einer nach denselben Grundsätzen zu behandelnden Selbsthülfe stellen, aber dieses Recht dann durch andere Beschränkungen wieder wesentlich modificiren (20).

den fliehenden dürfe man verfolgen, aber Gewalt nur dann anwenden, wenn derselbe gewaltsamen Widerstand leiste; selbst hier aber dürfe man vielleicht mit erfolgter Contrectation den Angriff als beendet ansehen, und müsse dann von erlaubter Selbsthülfe, nicht von Selbstvertheidigung reden — der unrichtigen darum, weil zwar die That, d. h. das Verbrechen des Diebstahls, nicht aber der thatsächliche Angriff auf das Eigenthum nach Vollziehung der Contrectation vorüber ist. Hierher wäre auch Luden zu stellen, der gerade in der Nichtgestattung der Gewalt gegen den fliehenden Dieb den practischen Unterschied seiner Theorie der Eigenthumsnothwehr von der gewöhnlichen findet. Davon unten im Zusammenhange seiner ganzen Doctrin.

(19) Wir verweisen auf die bei Gelegenheit der Untersuchung der Frage der Wehrhaftigkeit der Güter zu erwähnenden Beschränkungen der Eigenthumsnothwehr in den Gesetzbüchern von Württemberg, Hessen und Baden. (vgl. auch not. 14.)

(20) In der Frage nach der Eigenthumsnothwehr hat man vielfach auch Schwierigkeiten gefunden für den Fall, da Jemand in ein Besitzthum bereits eingedrungen ist, und die Nothwehr hier ausgeschlossen, weil die Handlung der Besitzstörung bereits vollendet sei. Dies scheint die Ansicht derjenigen Gesetze zu sein, welche, wie das Baier., Württemb. und Hess., nur von Nothwehr gegen Den-

Ebenso ungegründet sind auch die Bedenken gegen die Statthaftigkeit der Nothwehr gegen verbale und symbolische Injurien. Denn auch hier kann der An-

jenigen sprechen, welcher in eines Anderen Besitzthum gewaltthätig einzufallen, einzubrechen oder sonst auf unerlaubte Weise einzudringen sucht; auch wohl derjenigen, welche, wie das Thüring., zwar den Fall der Verletzung des Eingedrungenen erwähnen, aber nur dann Straflosigkeit gewähren, wenn der Eingedrungene gewaltsamen Widerstand geleistet hat. Nach gemeinem Rechte müssen nun unbezweifelt diese Fälle unter den Gesichtspunkt der Nothwehr gebracht werden, weil das Civilrecht die Fiction aufstellt, daſs derjenige, welcher, durch Gewalt aus dem Besitz entsetzt, sich sofort durch Gewalt wieder in den Besitz setzt, sowie derjenige, welcher einen heimlich Eingedrungenen nach erlangter Wissenschaft mit Gewalt wieder austreibt, so angesehen werden soll, als ob er den Besitz nie verloren hätte (Wächter, Lehrb. I, § 50, Not. 7). Dasselbe gilt aber auch selbst für diejenigen Gesetzbücher, welche nur des Eindringenden erwähnen, weil, wie Köstlin, System, S. 84, Not. 6 gegen Breidenbach (der S. 600 ff. in diesem Fall nur Selbsthülfe gestatten will, die durch Widerstand des Eingedrungenen zur Nothwehr werden könne) einwirft, das Gesetz ja in den fraglichen Fällen den Besitz nicht als verloren, mithin den Angriff als perennirend annimmt. Das gemeine Recht trifft hier aber auch mit der Natur der Sache und allgemeinen Rechtsgrundsätzen zusammen. Denn in einem solchen Eingedrungensein liegt entweder ein Angriff auf den ruhigen Besitz, oder der Eingedrungene beabsichtigt irgend einen andern Angriff, auf das Leben, die Ehre, das Eigenthum des Besitzers : in beiden Fällen wird die Vertheidigung gegen diesen Angriff unter den Begriff der Nothwehr fallen. Sander sagt S. 92 auch ganz richtig, daſs man, wenn man sich dagegen schrankenlos wehren könne, daſs der Angreifer wirklich eindringe, man die gleiche Wehr auch dann noch zulassen müsse, wenn der Angreifer entweder in Gegenwart des Eigenthümers schon gewaltthätig eingedrungen sei, oder der Eigenthümer, nachdem dies geschehen, dazu komme. Die Verletzung des ruhigen Besitzthums sei jetzt nur eine noch gröſsere, die Gefahr des Eigenthümers eine höhere. Das unerlaubte Eingedrungensein sei in Gegenwart des jetzt dazu kommenden Eigenthümers nur die Fortsetzung des unerlaubten Eindringens. Rache, und nicht Nothwehr sei die Handlung des Eigenthümers gegen den Eingedrungenen

griff auf die Ehre thatsächlich den Moment der juristischen Consummation des Delicts der Injurie, die allerdings mit dem ersten Worte vollendet ist, z. B. bei einer injuriösen Geschichte, bei einem sich ergiefsenden Strome von Schmähworten, überdauern, und gegen diese weiter bevorstehenden Angriffe geht alsdann die gewaltsame Selbstvertheidigung. Für diesen Fall ist denn die Frage, ob dieselben einen Conat zulassen oder nicht, ganz irrelevant, weil ja die Consummation des Delicts der Injurie die Möglichkeit der Nothwehr nur gegen das, was bereits vergangen ist, nicht gegen das, was noch folgen kann, auszuschliefsen vermag. Ueberhaupt ist gar nicht einzusehen, warum man nur diese Art von Verletzungen einer singulären Behandlung hat unterwerfen mögen. Es ist ja doch auch mit dem ersten Schlage das Delict der Realinjurie

erst dann, wenn der Eingedrungene seinen Zweck bereits erreicht und sich aus des Andern Besitzthum wieder entfernt habe.

Ganz dieselben Grundsätze entscheiden für das eigenmächtige Dableiben; auch hierin liegt entweder ein Angriff auf den ruhigen Besitzstand, oder der Dableibende beabsichtigt eine andere Verletzung des Eigenthümers, so dafs wiederum in beiden Fällen Nothwehr Statt finden mufs. Auch dies stellt Breidenbach S. 604, 605 in Abrede, und sucht dann den Besitzer wieder durch dieselbe vis, wie im Falle, da Jemand eingedrungen, und durch die Anerkennung zu entschädigen, »dafs, wenn auch keine bestimmten Gesetze gestatten, eine gewisse Gewalt anzuwenden, doch das Recht, den Unbefugten, der dem Befehle, sich wegzubegeben, keine Folge leiste, hinauszuwerfen, so entschieden in der Meinung aller kräftigen Nationen lebe, dann dafs die Wohnung eines Bürgers ein so unverletzliches Eigenthum sei, dafs man schon von vornherein nicht annehmen könne, irgend ein Gesetzgeber werde dies Recht maafslos verkümmern wollen.« Mit Recht hatte darum der Preufs. Entwurf von 1847, § 55 zur Nothwehr solche Handlungen gerechnet, welche vorgenommen werden, um denjenigen zu vertreiben, welcher in eines Anderen Besitzthum mit Gewalt eindringt, oder darin wider den Willen des Besitzers verbleibt.

consummirt, und dennoch ist es Niemanden eingefallen, das Recht der Nothwehr gegen die Fortsetzung dieser realen Injuriirung in Abrede zu stellen, weil das Delict der Realinjurie gleich anfangs vollendet gewesen sei. Ja es mufs unbedingt auch die Möglichkeit der Abwehr einer überhaupt erst bevorstehenden Injurie gesetzt werden, da allerdings die injuriöse Absicht zuvor in äufseren Zeichen erkannt und ihrer Entladung in schmähenden Worten vorgebeugt werden kann. Da der Angriff kein Rechtsbegriff ist, so darf man dies nur nicht Versuch einer verbalen, oder vollendete symbolische Injurie nennen, sondern mufs dasselbe eben einfach als einen der Ehre unmittelbar bevorstehenden Angriff fassen, der nicht als versuchtes, nicht als vollendetes Verbrechen in Betrachtung kommt (21).

Man könnte hier nun die Frage aufwerfen, ob nicht zu Gunsten gewisser Stände, welche unter dem gebieterischen Einflusse gewisser conventioneller und corporativer Vorurtheile stehen, eine Modification dahin eintreten müsse, dafs man ihnen das Recht der Nothwehr gegen verbale und symbolische Injurien gäbe, auch wenn der Angriff auf die Ehre nicht blofs juristisch als Delict der Injurie, sondern auch factisch beendigt ist, also dann, wenn die Verletzung des Gegners nach allgemeinen Grundsätzen gewaltsame Selbsthülfe zum Zwecke der Befriedigung der Rache genannt werden müfste. Wir sind weit entfernt,

(21) Wir stimmen darum Heffter zu, wenn er § 43, Not. 4 sagt: Und wenn überhaupt das Prinzip der Nothwehr ist, kein Unrecht zu dulden: warum sollte es unerlaubt sein, Jemanden, der mich auch nur mit Worten injuriiren will, in dem Augenblicke auf den Mund zu schlagen und ihm die Lust dazu zu benehmen. — Andere denkbare Fälle der Ehrennothwehr, „zu deren Auffindung nur ein mäfsiger Grad von Combinationsgabe gehört“, siehe bei Berner, Archiv, S. 575.

die Bedeutsamkeit solcher Rücksichten, welche z. B. einem Officier gebieten, sich gegen ein Schimpfwort die blutige Satisfaction mit dem eigenen Degen zu nehmen, zu verkennen, allein wir glauben auch, dafs die Gesetzgebung solche Standesmeinungen und exclusive gesellschaftliche Vorurtheile nicht bis zu dem Grade anerkennen dürfe, dafs dieselben das Leben des ruhigen Staatsbürgers zu gefährden drohen, so wie sie auch, um mit Köstlin zu reden, der Einbildung keine Nahrung geben soll, als ob die Sühne durch das Urtheil der Gerichte von minder gutem Kaliber wäre, als die Rache, welche sich das Individuum mit der eigenen Faust nimmt. Zudem hat dieselbe noch andere Mittel zur Hand, um einer abstract gleichen und darum sicher ungerechten Behandlung verschiedenartiger Verhältnisse gerecht zu werden: die Gnade kann hier im concreten Falle die Härte einer Verurtheilung aufheben, als Milderungsgrund für die Strafe gilt eine solche Provocation und die dadurch hervorgerufene Aufregung des Gemüths des Beleidigten ohnehin, und strenge, mit kräftiger Handhabung verbundene Strafgesetze gegen den Injurianten können dem Injuriirten das Bewufstsein einflöfsen, dafs der Staat, weit entfernt, seine Ehre zu mifsachten, dieselbe vielmehr kräftig zu schützen den Willen und die Kraft hat.

Jene oben erwähnte unrichtige Auffassung des Angriffs als ein Verbrechen ist aber auch weiter die Ursache gewesen, dafs man sich über die Bedeutung des Moments der Widerrechtlichkeit des Angriffs nicht hat einigen können. Gerade in dieser Richtung mufste dieselbe zur Erzeugung falscher Consequenzen wirksam werden. Während nämlich die Bestimmung, dafs der Angriff ein widerrechtlicher (ungerechter) sein mufs, nichts Anderes bedeutet, als dafs der Angreifer zu demselben kein Recht gehabt haben dürfe (wie aus der rechtlichen Bedeutung der Nothwehr hervorgeht), so mufste man, wenn man schon die Vertheidigung abhängig machte von der Stufe, auf welcher der Angriff objectiv als Verbrechen zur Erscheinung gekommen war, die subjectiv verbrecherische Eigenschaft desselben um so eher voraussetzen, als diese ja die Bedingung für die Unterscheidung verschiedener Stufen der verbrecherischen Erscheinung bildet.

Man stellte demgemäfs die Forderung, dafs der Angriff von einem Zurechnungsfähigen ausgehen müsse, wenn Nothwehr gegen denselben solle Statt finden können. Dies meint Bang l. c. p. 27: ... est disquirendum, utrum ex jure resistentiae competat coactio ad removendum damnum, quod mihi infertur actione omnino libertate carente. Per se patet, tale damnum existere posse ut inceptum, nondum autem perfectum, adeoque externam juris resistentiae causam adesse. (Der oben bekämpfte Irrthum!) Quare modo de eo quaestio restat, num interna causa (causa juris) adsit. At interna causa totius contra laesionem ut damnum inferentem juris in eo est, ut summa lege juris quisque usus libertatis justae libertati oppositus prohibeatur. Ubi vero nulla est libertas, nulla videtur moveri posse quaestio de injustitia libertatis. Sic mihi videtur haec quaestio, non minus quam ea, num nobis jus resistentiae contra damnum, quod tempestate vel alia physicae naturae vi infertur, competat, ultra limites disciplinae juris universalis posita esse, utpote quae de relatione externae mutuae inter homines libertatis, ideoque etiam de solis liberis libertatis violationibus agat. Derselben Ansicht ist Martin, Lehrbuch § 45. — Diese Auffassung, deren Vertreter sich schon durch das langobardische Recht hätten belehren lassen können, verkennt, dafs die Wirkung des Angriffs, nämlich die Gefahr für die ruhige Ausübung und den Besitz der Rechte, ganz dieselbe bleibt, mag derselbe von Einem ausgehen, dem seine That zum Verbrechen zugerechnet werden kann, oder nicht, und dafs gerade gegen diese Gefahr, nicht aber als Reaction gegen ein Verbrechen, das Recht der Nothwehr geliehen ist. Es beruht dieselbe also auf einer Verkennung der von der Strafe durchaus verschiedenen rechtlichen Natur der Selbstvertheidigung: jene hat die Herstellung der gebrochenen Rechtsordnung und die Tilgung der subjectiven verbrecherischen Schuld zum Zwecke, diese nur die Abwehr eines widerrechtlichen Angriffes, gegen welchen der Staat als Justiz- oder Polizeigewalt dem Individuum keine Hülfe zu leisten vermag; die Strafe setzt demgemäfs Zurechnungsfähigkeit des zu Bestrafenden voraus, weil diese die nothwendige Bedingung verbrecherischer Schuld, die Schuld aber nothwendige Bedingung der Strafe ist, die Nothwehr nur einen objectiv widerrechtlichen Angriff, ohne dessen Abwehr der Angegriffene eine Beeinträchtigung in der Ausübung seines Rechtes erleidet. Es wird durch diese Forderung aber auch das Recht der Nothwehr höchst problematisch gemacht oder geradezu aufgehoben, weil dadurch der Angegriffene verpflichtet würde, im Drange der Gefahr, da es zur Rettung von Leib und Gut entschlossenes Handeln gilt, psychologische Untersuchungen über die Zurechnungsfähigkeit seines Angreifers anzustellen, Untersuchungen, deren Schwierigkeiten kaum von der ruhigen Reflexion des Richters und Arztes bewältigt werden (22).

(22) Von Nothwehr im weiteren Sinne einer Vertheidigung überhaupt kann sogar nicht blofs bei Verletzungen, die von menschlichen Wesen, sondern auch bei solchen, die von Thieren ausgehen, gesprochen werden (wie dies denn z. B. der Ssp. und die auf seiner Grundlage stehenden Rechtsbücher, das Weichb., die Distinctt., das Goslar. Recht etc., thun). Weil jedoch im letzteren Falle die Ueber-

In jener Rücksicht auf die subjective strafrechtliche Beschaffenheit des Angriffs wurzelt denn auch die Forderung, dafs der Angriff, welcher durch Selbstvertheidigung abgewehrt werden soll, ein unverschuldeter sein müsse, weil ein selbstverschuldeter kein ungerechter sei. Aus dieser in älterer (23) und neuerer Zeit (24) aufgestellten Forderung würde folgen, dafs dem Urheber eines Wortstreites (auctor rixae) gegen den Urheber von thätlichen Angriffen (auctor pugnae) das Recht der Nothwehr versagt werden müfste (25). Und es ist nur eine weitere Consequenz dieser Bedingung, wenn man (26) den richtigen Satz, dafs es

schreitung der Gränzen der Nothwehr nur zu einer Vermögensentschädigung verbinden kann, so hat sich das Strafrecht auf den ersten Fall zu beschränken (Heffter, § 41, Not. 2).

(23) So von Böhmer, Meditt. ad art. 140 („aggressionem injustam, periculosam, subitaneam (improvisam), culpa occisoris non causatam"), Clasen, Quistorp etc.

(24) Grolman, § 25. Auch Feuerbach sagt in § 38, dafs der Angriff nicht von dem Angreifer durch eigene Schuld veranlafst sein dürfe. Morstadt schliefst aus dem von Feuerbach zu diesem Momente in Note b citirten „überlaufft" (C. C. C. Art. 140) („der Selbstvertheidiger gegen einen körperlichen Angriff ist das Contrarium von einem Ueberläufer"), dafs Feuerbach sich nur einen durch factischen Angriff verschuldet wordenen Angriff denke. So fafst dies Prädicat auch Luden, Handb. I, S. 301. Richtig Henke, I, S. 208.

(25) So meint Grolman, Not. c, dafs die von dem auctor rixae verübte Verletzung Verbrechen, obgleich ein nach dem subjectiven Gesichtspunkte milderes Verbrechen, bleibe. Dagegen Grattenauer, S. 75 ff. und Leyser, Meditt. spec. DC, nr. 19, welcher aber diese seine Meinung, „auctorem etiam rixae moderationem inculpatae tutelae allegare posse", später (in den Supplementen ad Meditt. II, p. 154) geändert hat.

(26) Luden, Abhh. II, S. 495, Not. 2 und Handb. S. 301. Seine Meinung ist, die Ueberschreitung der Gränze sei zwar keine

gegen Nothwehr keine Nothwehr gebe, auch auf den Excefs der Nothwehr ausdehnt, also die Nothwehr des ersten Angreifers gegen den Excedenten ausgeschlossen wissen will. Ja auch gegen einen Angriff, der überhaupt nur vorausgesehen werden konnte, müfste man von diesem Standpunkte aus die Nothwehr versagen, weil ein solcher erwarteter und darum vermeidlicher Angriff gleichsam durch die eigene Schuld des Angegriffenen, der demselben ja hätte entgehen können, herbeigeführt wurde; und in der That hat denn auch diese Ansicht, öfter (z. B. von Tittmann) gestützt auf das Wort „überlaufft" in der P. G. O., ihre Vertreter gefunden (27).

Allein diese Forderung des unverschuldeten Angriffs, welche selbst eine neuere Gesetzgebung noch ausspricht (28), mufs ebenfalls mit allen ihren Consequenzen, als dem innersten Wesen des Nothwehrrechtes zuwider, verworfen

rechtmäfsige Handlung und auch nicht straflos, allein der Excefs sei doch durch die Schuld des zuerst Angreifenden entstanden, und die Verletzung, welche er zufüge, um sich zu vertheidigen, habe von ihm dadurch vermieden werden können, dafs er den ersten Angriff gar nicht unternommen hätte.

(27) So Böhmer (s. Not. 23), Tittmann, Quistorp, Grattenauer, Henke, auch Feuerbach in der Kritik des Kleinschrod'schen Entwurfs II, S. 256 (nicht mehr im Lehrbuch), Luden. Diese Voraussetzung wird bald in dem Sinne gestellt, dafs dadurch der Angriff ein verschuldeter werde, bald mit einer anderen in Verbindung gesetzt, dafs nämlich die Gewalt das einzige Mittel, der Gefahr zu entgehen, gewesen sein müsse (z. B. von Jenull, II, S. 249).

(28) Das hannöv. Gesetzb. bestimmt nämlich Art. 79. Bei jeder Nothwehr wird jedoch vorausgesetzt, dafs der Angegriffene nicht selbst den Angreifenden mit böslichem Vorsatze zum Angriffe gereizt habe, ... und zwar gilt die Ausübung der Nothwehr gegen einen von dem Angegriffenen provocirten Angriff als Excefs derselben. (Mit Recht von Leonhardt (zu diesem Art.) getadelt.)

werden. Wenn man dem auctor rixae gegen den auctor pugnae das Recht der Vertheidigung versagt, so bedenkt man nicht, dafs durch die Verschuldung des Einen die widerrechtliche Handlung des Andern den Character der Widerrechtlichkeit nicht verliert, dafs aber alsdann auch gegen diese Widerrechtlichkeit, wenn sie sonst dazu qualificirt erscheint, das Recht der Nothwehr zustehen mufs, weil ja dieses eben nur die Widerrechtlichkeit zur Voraussetzung hat. Es konnte überhaupt diese falsche Voraussetzung wiederum nur dadurch entstehen, dafs man Erwägungen, welche den Strafrichter bei der juristischen Würdigung einer solchen Handlung und namentlich bei der Ausmessung der Strafe innerhalb des seinem Ermessen gegebenen Strafrahmens leiten müssen, zugleich als bedingend für die Nothwehr des Angegriffenen setzte. Jener mufs, gleichwie er das Ob der Bestrafung von der Zurechnungsfähigkeit des Handelnden abhängig macht, der von dem thätlich Angegriffenen ausgegangenen Provocation einen strafmindernden Einflufs gewähren; dieser weist einen thätlichen Angriff mit Gewalt zurück, der, wenn auch von ihm, aber nicht gewaltsam, veranlafst, dennoch als ein widerrechtlicher seine Rechte bedroht. — Dieselben Grundsätze gelten natürlich auch für das Recht der Vertheidigung des ersten thätlichen Angreifers gegenüber dem Excedenten in der Nothwehr. Der thätlich Angegriffene hat das Recht der Nothwehr gegenüber dem ersten widerrechtlichen Angriffe, und gegen diese Nothwehr, welche die Ausübung eines Rechts ist, findet also keine Nothwehr Statt. Für die Ueberschreitung ist derselbe nicht mehr durch dieses Recht gedeckt, sie ist ein selbstständiger widerrechtlicher Angriff, dessen Widerrechtlichkeit durch den früheren thätlichen Angriff des nun durch den Excefs Angegriffenen nicht alterirt wird, und darf darum durch den Bedrohten gewaltsam zurückgewiesen werden.

Die Forderung eines unerwarteten Angriffs (29) gar verletzt aber im Tiefsten das Recht der freien Persönlichkeit, welche verlangen kann, dafs ihr Niemand das Recht der freien Bewegung wider Recht verkümmere. Derjenige, welcher weifs, dafs ihm an einem bestimmten Orte aufgelauert wird, dafs Diebe bei ihm einbrechen werden, dafs Räuber eine Strafse unsicher machen, ist darum nicht gehalten, jene Orte zu vermeiden, der Obrigkeit die Anzeige zu machen, die Reise nicht anzutreten, sondern er geht oder bleibt, wohin und wo es ihm beliebt, und darf, wenn nun seiner Person oder seinem Eigenthum ein widerrechtlicher Angriff droht, sein Recht durch gewaltsame Selbstvertheidigung erhalten. Die Versagung dieses Rechtes würde die Freiheit des Staatsbürgers von der Willkühr des Verbrechers abhängig machen. Es ist aus diesem Grunde nicht zu billigen, wenn die neuen Strafgesetzgebungen damit, dafs sie das Recht der Nothwehr an das Nichtvorhandensein anderer Mittel aufser der Gewalt knüpfen, der Interpretation Raum geben, als ob auch ein erwarteter und darum, ohne Gewalt und Verletzung des Angreifers abzuwendender, Angriff von dem Rechte der Nothwehr ausgeschlossen sein sollte. In diesem Sinn interpretirt Breidenbach (30) den Art. 48 des

(29) Diesen fordern ausdrücklich auch die Anmerkungen zum Baierischen Strafgesetzb. zu Artt. 125, 126 : Vorhergesehene Angriffe seien unter der Nothwehr nicht begriffen, und derjenige, welcher wisse, dafs er seinen Gegner an einem Orte treffe, dafs dieser ihn angreifen werde, könne dieses verkappte Duell mit der Nothwehr nicht entschuldigen.

(30) Breidenbach, S. 616. Die richtige Meinung bei Berner, Arch. S. 561.

Hess. Gesetzb., indem er sagt, dafs, wenn Jemand mit Bestimmtheit erfahre, dafs ihm an einem Orte aufgelauert werde, und er sich dennoch ohne Anzeige bei der Obrigkeit an diese Stelle begebe, dieser nicht in Nothwehr sei. Denn habe er diesen Platz betreten, so habe er auch zu einem Polizeibeamten gehen können, und selbst abgesehen hiervon entziehe er sich dem Angriff nicht nur nicht, sondern er bringe sich ihm entgegen, ja er thue dies absichtlich und müsse darum die Strafe der vorsätzlichen Ueberschreitung erleiden. Und ganz dasselbe gelte von dem Falle, wenn Jemand die Stelle, wo der Angriff vorgenommen werden solle, umgehen könne, denn nur Raufbolde könnten in dem Vermeiden eines solchen Rencontre etwas Ehrenrühriges erblicken. Ja derselb everkennt das Recht der freien Persönlichkeit durchaus, wenn er nur Dienstpflicht oder eingegangene Privatverbindlichkeit, deren Hintansetzung oder Zuwiderhandlung den Säumigen tenent machen würde, als genügenden Grund gelten lassen will, um in diesen Fällen für den Hingehenden das Recht der Nothwehr überhaupt zu rechtfertigen oder ihn gegen den Vorwurf einer Ueberschreitung zu schützen. Als ob die freie Persönlichkeit, welche sich kraft ihres Rechts dahin begeben darf, wohin es ihr gut dünkt, soweit das Recht eines Andern dadurch nicht gekränkt wird, noch der Unterstützung durch Dienstpflicht oder Privatverbindlichkeit bedürfte, um ihre freie Bewegung gegen verbrecherische Angriffe zu vertheidigen! Und als ob der ein Raufbold genannt werden müfste, der es für des Mannes unwürdig erachtet, sich seine Wege und Ziele von der Furcht vor verbrecherischen Angriffen vorschreiben zu lassen (31)!

(31) Auch selbst Köstlin, System, S. 90, 91 fällt hier von der Reinheit des Nothwehrprincips ab. Er stellt für den Fall, dafs ein

Wir müssen weiter unten noch bei anderer Gelegenheit auf diesen Punkt zurückkommen.

Von der Berücksichtigung der juristischen Natur des Angriffs an und für sich ist nur Ein Schritt zu thun, um das Recht der Selbstvertheidigung überhaupt von der Frage abhängig zu machen, von wem der widerrechtliche Angriff ausgehe. Diesen haben denn diejenigen gethan, welche dieses Recht einem widerrechtlichen Angriffe der Obrigkeit gegenüber bedingungsweise oder unbedingt versagen. Gegenüber dem einfach wahren Satze, dafs Unrecht Unrecht bleibt, von wem immer dasselbe geübt werde, erscheint alle Argumentation, welche solchen Angriffen gegenüber das Recht der Nothwehr abspricht, als eitle Sophistik. Die Obrigkeit ist dazu gesetzt, den Willen des Gesetzes auszuführen; wie innerhalb dieser

Angriff noch gar nicht oder nicht unmittelbar drohe, das Dilemna: Entweder war Anrufen der Staatshülfe noch möglich, dann liegt für den, der es versäumt hat, ein nudus praetextus defensionis vor; oder jenes war nicht mehr möglich resp. vergeblich versucht, dann kommt es ganz auf den concreten Fall an, ob rechte oder überschrittene Nothwehr anzunehmen ist. Ersteres z. B. dann, wenn Amtspflicht den Bedrohten auf die critische Stelle rief, letzteres, wenn er übermüthig oder frivol der nicht abzuwendenden Gefahr sich preisgab, während er ohne Schaden für Ehre oder Vermögen ihr ausweichen konnte. Indessen giebt er zu, dafs schwierige Lagen hier vorkommen könnten, z. B. wenn es nur gelte, einen sterbenden Freund zu sehen. — Wir werden unten noch hervorheben, dafs die Bedingung der Abwesenheit obrigkeitlicher Hülfe sich nur auf die Abwesenheit derselben im critischen Augenblicke beziehen, und nicht die Verpflichtung enthalten kann, dieselbe eventuell gegen einen vorhergesehenen Angriff anzurufen (Beseler, Commentar, I, S. 189); gegen das zweite Glied seines Dilemma's richtet sich das im Text gegen Breidenbach Gesagte. Denn auch er glaubt das Recht der Person, sich frei dahin zu begeben, wohin es ihr beliebt, noch durch Dienstpflicht stützen zu müssen, und sieht in dem männlichen Muthe, welcher vor drohenden verbrecherischen Angriffen nicht zurückschreckt, Uebermuth und Frivolität.

Gränzen jeder Widerstand des Einzelnen, mag er ein thätlicher sein, oder sich nur als passiver Ungehorsam darstellen, entweder verbrecherisch, oder wenigstens strafbar ist, so steht jenseits derselben dem Individuum das Recht zu, den aufserhalb des Gesetzes stehenden Angriff der Obrigkeit, also das Einschreiten der incompetenten oder das materiell gesetzwidrige Einschreiten der competenten Obrigkeit, im Fall der Noth von sich abzuwehren. In der Forderung eines unerwarteten Angriffes giebt man das Leben des Bürgers der Gewaltthat des Verbrechers Preis, in der Ausschliefsung der Nothwehr gegen widerrechtliche Angriffe der Obrigkeit opfert man das Leben, die Freiheit, das Eigenthum desselben demjenigen, dessen mit der öffentlichen Autorität ausgerüsteter Willkühr es beliebt, diese Güter in Frage zu stellen.

Selten hat man es übrigens gewagt, ein solches alle individuelle Freiheit im Staate aufhebendes Prinzip ganz unbedingt zu proclamiren. Nur die Anmerkungen zum Baierschen Strafgesetzbuche zu Art. 315 erklären, man könne zwar ungestraft den widerrechtlichen Befehlen oder den Befehlen einer incompetenten Behörde den Gehorsam verweigern, allein die thätliche Widersetzung werde durch Incompetenz der anordnenden Obrigkeit oder durch Widerrechtlichkeit ihrer Anordnung nicht entschuldigt, weil hierüber kein Private sich eine Cognition zueignen dürfe. Dieser Satz (32), über dessen Härte nach dem Zeugnisse Arnold's (33) die Baiersche Praxis nur mit

(32) Ganz anders sprach sich der Gegner Gönner's, des Verfassers der Anmerkungen, im Antihobbes S. 92, 93 aus. Im Lehrbuch geht Feuerbach weder bei der Nothwehr, noch bei dem Verbrechen der Widersetzlichkeit auf die Frage speciell ein.

(33) Erfahrungen aus dem Baierschen Strafgesetzbuche von 1813, im Archiv, 1843, S. 396.

dem Grundsatz hinwegkommt, dafs die Anmerkungen nach ihrem Promulgationspatente nur in zweifelhaften Fällen anwendbar sein sollen, hat denn auch in der deutschen Doctrin niemals Zustimmung gefunden. Denn selbst Jagemann (34), der dieser Auffassung am Nächsten steht, wird gegen seinen Willen zu Concessionen getrieben, welche das anfangs ausgesprochene starre Prinzip innerlich wieder aufzuheben oder wenigstens zu modificiren ganz geeignet sind. Er sagt zwar, man spreche zuweilen von Situationen, wo ein Bürger im Nothstande sich befinde und keine andere Wahl habe, als sich dem Beamten zu widersetzen, oder einen unwiederbringlichen Schaden zu leiden. Sei der Fall von der Art, dafs das Leben in Gefahr komme, so möge allerdings die Strafbarkeit des Widerstandes beinahe aufgehoben sein, aber ganz könne sie nie verschwinden, weil es unter keinen Umständen unbedingt erlaubt sein könne, sich selbst, und zwar mit Gewalt, Recht zu nehmen. Es gebe also einem Vollziehungsbeamten gegenüber gar keine Nothwehr im gesetzlichen Sinne, also keine gerechte Nothwehr. Möge die Bedrängnifs noch so weit gehen, die Noth noch so grofs sein, so sei die Nothwehr hier immer eine ungerechte. Wenn man das Gegentheil statuire, so gingen die Consequenzen noch viel weiter, als die Anhänger dieser Theorie sich bewufst sein möchten. Namentlich werde damit auch der Widerstand gegen höhere Beamte und selbst die höchste Obrigkeit statuirt, und so gleichsam der Weg zu einer legalen Revolution angebahnt. Man dürfte namentlich nicht dem Publicum die Prüfung der Frage überlassen, ob der öffentliche Diener innerhalb der Schranken seiner Competenz

(34) Ueber das Verbrechen der Widersetzlichkeit gegen die öffentliche Gewalt, im Archiv, 1842, bes. S. 599 ff.

gehandelt habe; denn wenn dann auch nicht in jedem Zweifelsfalle Gewalt gegen Gewalt gesetzt werde, so sei alsdann doch der Richter immer genöthigt, jene Frage in Erwägung zu ziehen, und zu erkennen, dafs der Thatbestand der Widersetzung nicht hergestellt sei, wenn er glaube, dafs irgend etwas an dem Requisit der Zuständigkeit mangele. Welchen schlimmen Eindruck ein solcher Ausgang der Untersuchung wegen einer stadtkundigen Widersetzlichkeit mache, könne man sich denken. — Allein weiter wirft er selbst ein, es sei dabei natürlich immer vorausgesetzt, dafs der Agent des Staates, welcher mit dem Einzelnen in Conflict gerathe, keine andere Absicht habe, als die, den Willen des Gesetzes oder einen Auftrag seiner Oberen zu vollziehen, und sobald er in Leidenschaft übergehe und seine Privatabsichten durchsetzen wolle, stehe er aufser dem Schutz des Gesetzes und dürfe in seine Gränzen zurückgewiesen werden; auch solle wenigstens ein solcher Dienstexcefs als Strafmilderungsgrund dem Angegriffenen zu Statten kommen. Und dann kann derselbe auch diese alles ruhige sichere staatliche Leben im Innersten vernichtende Auffassung nur durch eine Argumentation stützen, durch welche, indem sie davon ausgeht, dafs die Nothwehr ausdrücklich in den Quellen als ein Handeln in Privatverhältnissen characterisirt sei, und dafs unmöglich der Staat dergleichen Exemtionen, welche er für dringende Momente, wo seine Behörden nicht gleich anwesend seien, statuire, in gewissen Fällen auch gegen sich selbst gelten lassen könne, da er dadurch seine Obergewalt geradezu aufgeben würde, das heilige Recht des Individuums, sich gegen Unrecht und Gewalt zu vertheidigen, zu einer als Gnadengeschenk vom Staate gewährten Exemtion zusammenschwindet.

Es sind aber auch alle ängstlichen Versuche Anderer, dieses Recht der Selbstvertheidigung der widerrechtlich angreifenden Obrigkeit gegenüber einzuengen, oder überhaupt nach anderen Grundsätzen, als Privaten gegenüber, zu bestimmen, weil dem eigensten Wesen dieses Rechtes zuwider, ebenso verwerflich. **Arnold** unterscheidet mit Rücksicht auf die Competenz, ob die Obrigkeit in dem Bezirke, in welchem die That geschehen sei, überhaupt Zuständigkeit gehabt habe, oder nicht. Im ersteren Falle sei die Widersetzung strafbar, im letzteren nicht. Hinsichtlich der Rechtmäfsigkeit der Befehle müsse vor Allem vorausgesetzt werden, dafs die Widersetzung gegen eine wirkliche Amtshandlung oder gegen den Vollzug einer amtlichen Handlung begangen worden sei, und dafs sie auch ihrer äufseren Erscheinung nach als eine solche zu erkennen gewesen sei. In diesem Falle könne dem Unterthan nicht gestattet sein, die formelle oder materielle Rechtmäfsigkeit der obrigkeitlichen Handlung seiner Prüfung zu unterwerfen und sich zu widersetzen. Wenn aber der Beamte zwar von Amts wegen, aber schon der Form nach ungerecht handle, oder wenn er oder der obrigkeitlich beorderte Diener während der Amtshandlung einen Excefs begehe, so dürfe man zwar zunächst auch hier kein Recht der Widersetzung gestatten, es müfste denn durch die Handlung des Beamten ein Schaden entstehen, der nicht mehr ersetzlich sei. — Gegen diese Unterscheidungen ist einzuwenden, dafs es dem in seinen Rechten Bedrohten völlig gleichgültig ist, ob ihm der widerrechtliche Angriff von einem Beamten seines Bezirks oder von einem solchen aufserhalb seines Bezirks komme, ja dafs dieser im Moment der dringenden Gefahr sich überhaupt gar nicht auf eine Untersuchung der unter den Beamten selbst so bestrittenen Competenzfrage einlassen, und auch nicht warten kann, bis ein Zweifel über die Competenz, ein Competenzconflict durch Urtheil eines Administrativjustizhofes entschieden werde, dafs sich ein Eingriff in die Rechte des Bürgers, z. B. in die Freiheit, in das Vermögen, in der Form einer amtlichen Handlung, wie in seiner Wirkung auf den Angegriffenen, so auch in seiner äufseren Erscheinung gar nicht von dem Eingriffe eines Privaten unterscheidet, dafs übrigens auch eine legale Form einen illegalen Inhalt nirgends zu decken vermag, und dafs zudem die durch den widerrechtlichen Angriff bei dem Angegriffenen hervorgerufene Aufregung schlecht dazu angethan ist, die Beobachtung der strengen Formen der amtlichen Handlung zu prüfen, dafs endlich die Ersetzlichkeit eines Schadens ein Criterium für die Frage, ob Nothwehr zu seiner Abwendung angewendet werden dürfe, nicht sein kann (35), wie wir dies gleich unten, im Zusammenhange der Frage nach der Qualität des wehrhaftigen Guts, für welches man den Character der Unersetzlichkeit gefordert hat, ausführlich zu zeigen gedenken.

Alle diese Bedenken treffen im Wesentlichen auch die Ansicht von Zachariae (36), welcher auf Grundlage

(35) Darauf stellt die Erlaubtheit des Widerstandes das Württemb. Gesetzb. Art. 174. (Ueber die Verhandlungen der Kammer über diesen Artikel, an welchem das Gesetzbuch zu scheitern in Gefahr war, vgl. Hufnagel, Comment. I, S. 440 ff. Gegen die Unbestimmtheit des Artikels für die Praxis Dens. S. 444.) Ferner das Bad. Gesetzb. Art. 617 : Hat die öffentliche Behörde, oder die Person, welcher die Vollziehung oblag, durch ein ungesetzliches oder ordnungswidriges Verfahren selbst zum Widerstande Veranlassung gegeben, so gilt dies in den Fällen beider vorhergehenden §§ 615 u. 616 als Strafmilderungsgrund, und es hat bei offenbarer Gesetzwidrigkeit des Verfahrens, wenn daraus für den sich Widersetzenden unmittelbar ein unersetzlicher Nachtheil entstanden wäre, und derselbe bei dem Widerstande nicht weiter ging, als zur Abwendung dieses Nachtheils nothwendig war, selbst Straflosigkeit einzutreten.

(36) Ueber die Strafbarkeit der Widersetzlichkeit gegen öffentliche Beamte, im Archiv, 1843, S. 360 ff.

der Quellen des gemeinen Rechtes folgendermafsen unterscheiden zu müssen glaubt: 1) Der Beamte nimmt eine Handlung vor, welche überhaupt nie in den Befugnissen obrigkeitlicher Personen enthalten sein kann, weil sie entweder verbrecherisch ist, oder durch das positive Gesetz allgemein für unzulässig erklärt ist. In allen diesen Fällen werde mit dem objectiven Unrecht auch stets eine dolose oder auf grober Fahrlässigkeit beruhende Pflichtverletzung in subjectiver Hinsicht zusammentreffen, nnd die Straflosigkeit eines die Gränzen der Vertheidigung nicht überschreitenden gewaltsamen Widerstandes gewifs keinem Bedenken unterliegen. 2) Es fehlt der Handlung an der gesetzlich vorgeschriebenen Form. Hier müsse man weiter unterscheiden: a) Die Zulässigkeit der Handlung ist nach den Gesetzen durch die Beobachtung einer gewissen Form absolut bedingt; auch in diesem Fall müsse Straflosigkeit des Widerstandes angenommen werden. Dagegen solle diese nicht eintreten, wo b) die vorgeschriebene Form nur zur Solennität und resp. civilrechtlichen Gültigkeit des Acts gehöre. 3) Die Vollziehungsmafsregel enthält ein materielles oder formelles objectives Unrecht, indem sie entweder in concreto ohne die gesetzlich nothwendigen Voraussetzungen vorgenommen wurde, oder die handelnde Behörde dabei über die Gränzen ihrer Competenz hinausging, oder wenigstens die fragliche Person oder Sache nicht davon hätte betroffen werden sollen. Auch hier solle Straflosigkeit des Widerstandes eintreten, allein es müsse sich um Abwendung eines aufserdem unersetzlichen Nachtheils handeln, und der widerrechtliche Angriff des Beamten müsse nicht blofs objectiv, sondern auch subjectiv ein solcher sein. — Abgesehen davon, dafs durch diese Unterscheidungen dem Angegriffenen noch mehr zugemuthet wird, als von Arnold, auch davon, dafs die Untersuchung der Frage, ob die Zulässigkeit einer Handlung durch die Beobachtung einer gewissen Form absolut bedingt sei, oder ob die vorgeschriebene Form nur zur Solennität des Acts gehöre, eine äufserst epinöse ist, die in tausend Fällen selbst unter Juristen streitig sein kann, den Angegriffenen aber auch, der weder ein wissenschaftliches, noch ein prozessualisches Interesse bei ihrer Entscheidung hat, und nur den drohenden Angriff abwehren will, wenig kümmert; so trifft die Ansicht von Zachariae noch insbesondere der Vorwurf, dafs er auf die subjectiv verbrecherische Qualität des Angriffs, der doch nur als ein objectiv den Rechten des Angegriffenen widersprechender in Frage kommt, Rücksicht nimmt, wenn er bei Nr. 1 den Widerstand frei giebt, weil hier mit dem objectiven Unrecht auch stets eine dolose oder auf grober Fahrlässigkeit beruhende Pflichtverletzung zusammentreffe, und wenn er das Gleiche in Nr. 3 gewährt, sofern der widerrechtliche Angriff (und zwar, wie bei Arnold, auf ein unersetzliches Gut) nicht blofs objectiv, sondern auch subjectiv ein widerrechtlicher sei (37).

So wird man denn an dem Prinzip festhalten müssen, dafs das Recht der Nothwehr, als das Recht, einen widerrechtlichen Angriff im Fall der Noth von sich abzuwehren, gegen einen Beamten zusteht, welcher aufserhalb der Gränzen seiner Zuständigkeit oder innerhalb dieser Zuständigkeit in materiell gesetzwidriger Weise handelt. Diesen Grundsatz spricht das Hannöversche Gesetzbuch Art. 160

(37) Grattenauer S. 75 giebt den Unterthanen gegen ihre Obrigkeiten das Recht der Nothwehr nur dann, wenn diese die Gränzen ihrer Befugnisse durch ein eigenes Verbrechen überschreiten oder jene zu einem Verbrechen nöthigen wollen.

aus: In allen Fällen der Artt. 156—159 (gewaltsame Widersetzung gegen die Obrigkeit) kommt es als ein wichtiger Milderungsgrund in Betracht, wenn der Officiant seine Befugnisse überschritten hatte. In wiefern aber in dem Falle einer gesetzlich erlaubten Selbstvertheidigung gegen einen unrechtmäfsigen Angriff Straflosigkeit eintrete, ist nach den Bestimmungen der Artt. 78 ff. zu ermessen. Es ist dies ein alt-germanisches Rechtsprinzip, dessen Anerkennung schon der Ssp. III, 78, § 2 ausspricht: Die man mut ok wol sime koninge unde sime richtere unrechtes wederstan, unde san helpen weren to aller wis, al si he sin mach oder sin herre, unde ne dut dar an weder sine trüwe nicht. — Allerdings ist zuzugeben, dafs die Lage der Legislation hier sich als eine höchst schwierige darstellt. Denn sie hat zwei gleich bedeutsamen Rücksichten gerecht zu werden: derjenigen, die kraftvolle Autorität der Organe der öffentlichen Gewalt gegen jeden unbefugten Eingriff in dieselbe aufrecht zu erhalten, und derjenigen, das freie Recht des Staatsbürgers nicht zu verkümmern, da dem Unrecht selbst zu begegnen, wo ihn die öffentliche Hülfe im Stiche läfst. Sie kann dieselbe aber lösen, ohne sich hinter die von Luden (38) angenommene Präsumtion zu verstecken, dafs die öffentliche Gewalt stets als rechtmäfsig handelnd angenommen werden müsse, so lange die Diener derselben nicht eine Gewalt anwenden, die sich schon ihrer Form nach als eine unbefugte und verbrecherische erweise, eine Präsumtion, welche einmal alles materielle Unrecht, welches sich in gesetzliche Formen kleidet, geradezu gestattet, dann aber das Geständnifs des Staats enthält, dafs seine Organe materiell unrechtlich verfahren,

(38) Handb. I, S. 300.

er aber aufs Höchste gefährdet wäre, wenn einmal gestattet würde, dafs diesem Unrechte sein Recht widerführe (39). Die Lösung dieser Aufgabe fordert vielmehr auf der einen Seite, dafs der Widerstand gegen den den Willen des Gesetzes in gesetzlicher Form vollziehenden Beamten mit strengen Strafen geahndet werde; auf der anderen Seite mufs aber auch das Recht der Nothwehr gegen die unzuständige oder die eine materiell gesetzwidrige Handlung durchführende Obrigkeit das Recht der Nothwehr freigegeben werden (40).

(39) Köstlin, Revis. S. 725.

(40) Der richtigen Ansicht folgen: Berner, Arch. S. 558, 571; Köstlin, Revis. S. 723 ff., System S. 85; Heffter § 43, Not. 5; Mittermaier zu Feuerb. § 201, Not. XIII; aber auch schon Tittmann I, § 135 und Henke I, S. 207. Dann die Aelteren, so Leyser, Meditt. spec. DXC, nr. 12. Dieser sagt zwar: Magistratui vim injustam inferenti vis et arma recte opponuntur, doch liegt in seinen weiteren Sätzen der Keim der späteren Unterscheidungen: (13) Sed hoc non aliter, quam si aperte judicis injustitia est. (14) At si res dubia est, aut magistratus saltem in solemnitate aliqua erravit, resistendum non est. Dennoch aber fügt er bei: (15) Si quis tamen et tunc restiterit, peccat quidem et punitur, sed extra ordinem saltem, ac lenius. Struben, Rechtl. Bedenken IV nr. 146: Ein via facti verfahrender Richter ist sowohl ein spoliator, als ein Privatus, der Jemanden eigenmächtig aus der Possession des Seinigen setzet, und deswegen mag man demselben Widerstand thun. u. A. — Eine freisprechende Entscheidung auf Grund des Art. 160 des Hannöv. Gesetzb. durch das Oberappellationsgericht in Celle giebt Temme I, S. 166. Hier hatte der Schiffer M., welchen sein Gegner zwingen wollte, in einem Civilprocesse in dem gerichtlichen Termine zu erscheinen, zu welchem Zwecke der letztere bei der Polizeibehörde unmittelbar, nicht durch Vermittlung des Gerichts, einen Vorführungsbefehl erwirkt hatte, sich dem Beamten, der ihn auf Grund dieses Befehls vorführen wollte, thätlich widersetzt. — Zu enge ist die Bestimmung des Hess. Strafgesetzb. Art. 176: Hat derjenige, gegen den die Widersetzung verübt worden ist, durch gesetzwidriges Verfahren selbst dazu Veranlassung gegeben, so ist die Strafe innerhalb ihrer gesetzlichen Gränzen

Ehe wir die Untersuchung über das Moment der Widerrechtlichkeit des Angriffs verlassen, wollen wir nur noch hervorheben, dafs, nach unserer Bestimmung des Nothrechts, als des Rechts, seine Existenz auf Kosten fremden Eigenthums zu erhalten, gegen die Ausübung desselben die Nothwehr, welche einen widerrechtlichen Angriff voraussetzt, nicht statthaft ist; während dagegen in dem Falle einer Collision gleichartiger Rechte, im eigentlichen Nothstande, Jeder der Gefährdeten sein durch den Angriff des Anderen bedrohtes Recht durch gewaltsame Selbstvertheidigung erhalten kann, weil ein Angriff, welchen das Gesetz aus besonderen subjectiven Gründen milder oder gar nicht bestraft, darum nicht aufhört, dem Angegriffenen gegenüber ein objectiv ungerechter zu sein (siehe Abschn. I, S. 2 ff. 15). Das erstere mufs von denjenigen geläugnet werden, welche den falschen weiten Nothstandsbegriff aufgenommen haben, in welchem dann auch das eigentliche Nothrecht enthalten ist; das letztere ist kaum je in Zweifel gezogen worden.

Welche menschlichen Güter dürfen nun gegen einen unmittelbar bevorstehenden widerrechtlichen Angriff durch gewaltsame Selbstvertheidigung geschützt werden? Sind alle Güter wehrhaftig, und sind sie dieses unter denselben Bedingungen, oder sind einzelne ganz oder bedingt von dem Nothwehrschutze ausgeschlossen? So einfach und leicht die Beantwortung dieser Fragen wiederum demjenigen erscheint, welcher unverrückt die rechtliche Bedeutung des Vertheidigungsrechtes im Auge behält, so haben sich dennoch auch hier Doctrin und Legislation eine Fülle künstlicher Schwierigkeiten selbst geschaffen. Die sämmtlichen Schranken, welche man dem Angriff gesetzt hat, wie dafs

zu mindern; auch kann in leichteren Fällen auf Geldstrafe erkannt werden.

derselbe nicht consummirtes Verbrechen, subjectiv verbrecherisch, also von einem Zurechnungsfähigen unternommen, unverschuldet, unerwartet, nicht von der öffentlichen Gewalt ausgehend sein solle, haben wir, als letztlich darin begründet, aufgewiesen, daſs derselbe nicht im Sinne eines thatsächlich die ruhige Ausübung der Rechte gefährdenden gefaſst, sondern mit gewissen juristischen Eigenschaften ausgestattet wurde, um die Nothwehr rechtfertigen zu können. Auch diejenigen Beschränkungen, welche man in die Beantwortung der Frage nach der Wehrhaftigkeit des Gutes hineingetragen, weisen alle auf Eine gemeinsame Quelle zurück, nämlich darauf, daſs das Recht der Nothwehr nicht aus dem Rechte der Persönlichkeit rein und voll hergeleitet, sondern nach fremdartigen Rücksichten und Absichten (Werth, Möglichkeit des Ersatzes u. s. w.) modificirt worden ist. Wenn dagegen das Recht der Persönlichkeit als die rechtliche Basis derselben anerkannt wird, so ist damit jede Schranke sofort zurückgewiesen. Denn dieselbe fordert die Anerkennung des gleichen rechtlichen Schutzes gegenüber einem ungerechten Angriffe für alle ihre Rechte, die, welches immer ihr materieller Inhalt sei, qualitativ insofern einander gleichstehen, als in ihrer Verletzung zugleich die Persönlichkeit selbst angegriffen wird, und die nur freiwillig oder aus Gründen rechtlicher Nothwendigkeit, nicht durch den Zwang und die Gewalt eines widerrechtlichen Angriffs aufgegeben zu werden brauchen. Gleichwie für den Gesetzgeber der Werth des durch ein Verbrechen angegriffenen Gutes nur ein Moment bei Festsetzung der Strafbarkeit desselben bildet, dagegen für die Frage ohne Bedeutung ist, ob überhaupt dem bedrohten Recht der Schutz des Staates durch das Strafgesetz zu Theil werden solle; so kann durch diesen auch die Anerkennung desjenigen Rechts nicht bedingt sein, welches die öffentliche Hülfe im Falle der Noth zu ersetzen bestimmt ist (41). Gerade an dieser Stelle gilt es, einen entscheidenden Kampf für das freie Nothwehrprinzip zu bestehen; denn eben die Beeinträchtigungen desselben durch die Doctrin in dieser Richtung haben mit besonderer Vorliebe in den neueren Gesetzgebungen einen Ausdruck gefunden, und obwohl der Text der neuesten Gesetze dieselben ausschliefst, so versuchen die Commentatoren derselben öfter, dieselben in diesem einschränkenden Sinne zu interpretiren.

Die unbedingte Wehrhaftigkeit des Lebens und der körperlichen Integrität hat zwar kaum Jemand ernstlich in Frage zu stellen gewagt, auch nicht der persönlichen Freiheit und der Keuschheit, welch letztere, wenn sie nicht ausdrücklich (Baier. Ges. Art. 129) genannt, unter der weiteren Bezeichnung des Schutzes der Person (Sächs. Ges. (1838) Art. 70) oder der Freiheit (Oesterr., Hye S. 202 Not.) mitgemeint ist. Auch gegen gewaltthätige Angriffe auf die Ehre hat man ausdrücklich (Württemb. Ges. Art. 102. Hess. Art. 46, Braunschweig. § 166, Bad. § 84), oder durch die Wahl einer weiteren Bezeichnung für das Object des Angriffs, der Freiheit (Baier. Ges. Art. 129) oder der Person, (Baier. Entw., welcher mit Angriffen auf die Person diejenigen auf Ehre, Keuschheit und Freiheit meint), die Nothwehr freigegeben. Der Streit hebt wiederum erst, wie bei der Bestimmung der Beschaffenheit des Angriffs, mit der Frage an, ob das Eigenthum schlechthin — denn gegen gewaltthätige Angriffe auf das Eigenthum wird die Nothwehr allgemein zugegeben — und die durch verbale oder symbolische Injurien angetastete

(41) Siehe die Motive zu dem Preufs. Entw. von 1827 (bei Goltdammer I, S. 362 oben.)

Ehre der Nothwehr überhaupt oder, wenn dies zugegeben wird, derselben in ihrem ganzen Umfange und ohne besondere Beschränkungen theilhaftig sein sollen.

Ehe wir die bedeutsameren Versuche der Doctrin und Legislation, die Beschränkungen der Eigenthums- und Ehrennothwehr zu formuliren, darstellen, wollen wir nur diejenigen kurz ausscheiden, denen eine eingehende prinzipielle Bekämpfung nicht entgegengestellt werden kann, weil sie das Prinzip der Eigenthums- und Ehrennothwehr anerkennen, und dennoch in einzelnen Fällen willkührlich von demselben abfallen. Eine solche prinziplose Beschränkung liegt in der Ausschliefsung der Nothwehr gegen Angriffe auf ganz unbedeutende Eigenthumsstücke (42), und in der Anknüpfung der Nothwehr zum Schutze der Ehre an gewisse Stände (43). Als ob nicht das Eigen-

(42) So sagt Damhouder, Prax. C. 78, N. 4 : Caeterum praedicta intelligas velim, non de minutiis rebusque parvi pretii, veluti pomis pyris et his similibus : ob haec enim nulli licet furem occidere, imo ne laedere quidem etiam si armis sese defendere conaretur. Auch Böhmer, Observatt. ad Carpzov. ad quaest. 32 obs. 1 : Qualitas rerum haud negligenda, ne sint vilissimi pretii, et quas potius contemnere par est, quam tanti redimere. Vgl. dagegen schon Jenull. II, S. 247, Not. e.

(43) Wiederum Böhmer, Meditt. ad art. 140, § II erklärt in Beziehung auf Realinjurien : Non tamen sine ratione ea admittenda inter egregias personas, quae vel natalium splendore corruscant, vel militarem praefecturam gerunt. . . . An idem ad gregarios milites trahendum, dubito, quia hi arctiori disciplinae subsunt. . . Auch Quistorp § 242 : Die richtigste Meinung ist ohnstreitig die, nach welcher man Leuten von besonders hohem Stand und von hoher Geburt, wie auch Offizieren überhaupt erlaubet, sich zur Vertheidigung ihrer Ehre einer rechtmäfsigen Nothwehr bedienen zu können. Besonders willkührlich geht Grattenauer S. 97 ff. gegen Gesetze und Prinzip vor : Fürsten, Grafen, Baronen und Edelleuten sei zur Vertheidigung gegen wörtliche Ehrenkränkungen die Nothwehr

thumsrecht, kraft dessen auch das Kleinste besessen wird, der Gegenstand des Schutzes, und als ob die rechtliche Persönlichkeit von der Mitgliedschaft eines bestimm-

zu gestatten, sie dürfe jedoch nach einem vernünftigen und gewifs von jedem Adeligen selbst gebilligten Gerichtsgebrauche zwar bis zur thätlichen Verletzung, nicht aber bis zur Tödtung des Verbal- und Symbol-Injurianten gehen. Desgleichen sei sie erlaubt allen Officieren und allen Personen, die einen diplomatischen Charakter haben (jene seien Repräsentanten der weltbeherrschenden Macht, diese der weltregierenden Intelligenz). Nicht in dem Grade könne den übrigen Staatsbeamten das Recht der Nothwehr gegen Ehrverletzungen gestattet werden, so den Criminal-, Polizei-, Finanzbeamten, Organe, durch welche blofs innere Sicherheit erzwungen werden solle. Damit aber, dafs ohne diese fünf Organe keine äufsere und innere Sicherheit möglich, von diesen aber die Erhaltung des rechtlichen Zustandes der Bürger unter sich und also die Möglichkeit ihrer selbstständigen freien Bildung abhänge, sei der Ehrenrang dieser vor dem Lehrbeamten und dem Civiljustizbeamten unwidersprechlich entschieden, durch welche theils nur Gesinnungen und Einsichten unter den Bürgern verbreitet, theils ihre Privatstreitigkeiten geschlichtet werden sollten. (!) Für die letzteren (auch für die Geistlichen) sei darum die Nothwehr gegen Ehrverletzungen unstatthaft, namentlich für die Civiljustizbeamten, welche letztere überdiefs als blofse Gesetzmenschen mit allen ihren Aussprüchen an den Inhalt der Landrechte verwiesen werden müssen, und weiter keine Prätensionen machen können, worüber die öffentliche Meinung unserer Zeitgenossen überall einstimmig entschieden habe. (!) Allen anderen Bürgern sei die Nothwehr als eigengewaltiger Ehrschutz untersagt. Kaufleute, selbst die reichsten, machten keine Ausnahme, ihre Ehre sei ihr Credit, sie hätten nur so lange Ehre, als sie Geld haben, sie könnten es füglicher Weise ohne Gefahr, ihre Ehre oder Leumund zu verlieren, dulden, dafs sie mit Schimpfnamen belegt werden, und wenn sie zur niedrigeren Classe gehören, einen wenig schmerzhaften Backenstreich und Nasenstüber empfangen. (!) Defshalb sei der eigengewaltige Ehrschutz des Bürgers ein Excefs, der den Character der Retorsion habe, und der nur möglichst gelinde, nicht mit der ordentlichen Strafe der verbotenen Selbsthülfe und der sonst dabei begangenen Verbrechen, zu strafen sei, wenn der Ehrverletzte nicht ein gemeiner Bauer oder ein Jude sei. — Eine Widerlegung dieser Sätze versuchen, hiefse nicht blofs das Rechtsgefühl der Gegenwart beleidigen.

ten Standes abhängig wäre! In Beziehung auf die Nothwehr zum Schutz der Ehre entfernt sich gar van der Maesen l. c. p. 22 ganz von dem Rechtsgebiete, wenn er erklärt: „Licet convicii acerbitas tanta esse possit, ut excusetur irae impetus, non tamen pro honore defensio usque ad internecionem adversarii extendenda mihi videtur, quia non adest vis, qualem vi simili repellere jura permittunt. . . . . reponendus est verus honor in aestimatione sapientum, ac secundum Christi praecepta sentientium: hi autem non solum non contemnent, sed maxime laudabunt, et vero honore dignum judicabunt, qui patientem, ac ejusmodi injurias contemnentem se praeberet" (44).

Dagegen bedarf nun diejenige Schranke einer näheren Prüfung, welche in der Forderung der Unersetzlichkeit des durch einen widerrechtlichen Angriff bedrohten Gutes der Nothwehr zum Schutze des Eigenthums und der Ehre gezogen worden ist. Man hat dieses Moment der Unersetzlichkeit in verschiedenartiger Auffassung zur Grundlage von Abweichungen vom freien Rechte der Selbstvertheidigung gemacht.

So hat man wohl den Immobilien schlechthin den Character der Ersetzlichkeit, den Mobilien denjenigen der Unersetzlichkeit vindicirt, und demgemäfs für jene die Nothwehr ausgeschlossen, für diese zugelassen. Schon Böhmer (Meditt. ad art. 140, § III) beschränkt, gestützt auf den Satz: Immobiles res nunquam ita auferun-

(44) Ganz prinziplos äufsert Gmelin, Grundss. der Gesetze über Verbrechen und Strafen § 71: Ueberhaupt kann ich es nicht billigen, wann auch ein Angriff auf die Ehre einen Grund zur Nothwehr abgeben sollte. In ganz aufserordentlichen Fällen möchte er einen Nachlafs der Todesstrafe, niemals aber gänzliche Straflosigkeit bewirken.

tur, quin commode recuperari possint, die Nothwehr zum Schutze der Immobilien dahin: Vim qua talem impunem fore, ad necem extensam ad excessum quidem, nunquam vero ad plenum moderamen sufficere, nisi simul vitae periculum concurrat, während dagegen (und hier concurriren noch andere unrichtige Gesichtspunkte): Alia ratio est mobilium, si, excitato clamore, fur a contrectatione non cohibetur, vel post eam in fuga reperitur, et homo alias ignotus est. Und Fichte (Grundl. des Naturr. II, S. 82) stellt die Statthaftigkeit der Nothwehr geradezu auf diesen Gegensatz, wenn er annimmt, Niemand habe das Recht, durch den Staat bezeichnetes Eigenthum mit seinem Leibe zu vertheidigen, woraus Lebensgefahr für den Angreifer und Vertheidiger entstehe, denn Jeder könne seinen Besitz nachher erweisen, in den vorigen Stand wieder eingesetzt, und der Thäter bestraft werden. Unbezeichnetes Eigenthum (d. h. solches, dessen Besitz nur dadurch bezeichnet wird, dafs es Jemand an und bei sich trage oder in seinem Hause habe) habe Jeder das Recht, selbst mit Lebensgefahr des Angreifers zu vertheidigen; ein solcher Angriff des Eigenthums, welches durch die Person geschützt werde, werde dadurch selbst Angriff auf die Person. Gegen jeden Angriff auf die Person stehe natürlich das Recht der Selbstvertheidigung zu.

Andere erklären, gestützt auf die alte, aus den Zeiten des s. g. Naturrechts stammende, Eintheilung der menschlichen Güter in ersetzliche und unersetzliche, das Eigenthum überhaupt und die Ehre (45) für ersetzlich, und

(45) Henke, Handb. I, S. 214, geht nicht so weit, sondern unterscheidet dahin, dafs zwar eine durch verbale oder symbolische Kränkung verletzte Standes- oder Rangesehre, da sie durch ein öffentliches Urtheil der Staatsgewalt erst begründet werde, durch

entziehen um dieser Ersetzbarkeit in abstracto willen diesen beiden Gütern das Recht der Nothwehr. Dies ist der Gedanke Luden's (Abhh. II, S. 481 ff. und Handb. S. 293 ff.), welcher von ihm in folgender Weise ausgeführt wird: Die Frage, ob zum Schutze der Vermögensrechte und der Ehre Nothwehr gebraucht werden dürfe, löse sich in die andere auf, ob Fälle denkbar seien, in welchen die Verletzung dieser Rechte nicht anders, als durch Verletzung des Angreifenden, abgewendet werden könne. Wäre dies der Fall, so würde in denselben dem Berechtigten das Recht der Nothwehr nicht abgesprochen werden können. Allein es bedürfe keines weitläufigen Beweises, dafs dies nicht der Fall sein könne. Alle Rechte ständen unter dem Schutze des Staats; dieser Schutz könne aber nicht darin bestehen, dafs der Staat das factische Vorkommen von Verletzungen derselben unmöglich mache, sondern nur darin, dafs er den Verletzenden anhalte, dem Verletzten vollständige Entschädigung, und damit Wiederaufhebung der Verletzung, zu gewähren. In Ansehung aller Rechte, wegen deren Verletzung vollständige Entschädigung gegeben werden könne, sei also die Nothwehr niemals das einzige Mittel, sich in denselben unverletzt zu erhalten. Was nun die Vermögensrechte betreffe, so könne, wie sich ihr Werth immer auf Geld oder Geldeswerth zurückführen lasse, auch jede Verletzung derselben zu Gelde angeschlagen und mithin durch Geld vollständige Entschädigung dafür gegeben wer-

dasselbe auch wiederhergestellt werden möge, dafs aber alle anderen Arten der Ehre, als auf freier Anerkennung beruhend und unabhängig von jedem Act der oberherrlichen Gewalt, defshalb zur Nothwehr berechtigen.

den, wenn auch mancher Entschädigungsanspruch nicht realisirt werden könne, entweder weil es dem Pflichtigen an den Mitteln fehle, demselben zu genügen, oder weil derselbe nicht ausgefunden werden könne. Wie es nun auf jeden Fall nur die Folge zufälliger, von der Natur des Vermögensrechts selbst ganz unabhängiger Umstände sei, wenn in einzelnen Fällen die Verletzung desselben nicht vollständig entschädigt werden sollte; ebenso könnten auch Verletzungen der Ehre, soweit nicht Verletzungen der persönlichen Integrität damit verbunden seien, vollständig entschädigt werden. Denn die innere Ehre sei überhaupt kein Gegenstand der Verletzung, die äufsere aber, welche in der Achtung und Anerkennung beruhe, die der Mensch von seinem Nebenmenschen verlangen dürfe, könne zwar verletzt werden durch Handlungen, welche dieser Achtung und Anerkennung widersprechen, allein wie die Verletzung hier in der Verweigerung dieser letzteren bestehe, so sei auch eine vollständige Entschädigung gegeben, wenn öffentlich anerkannt werde, dafs die Verweigerung ohne Grund geschehen sei. Luden scheint das Bedenkliche dieser Behauptungen selbst zu fühlen, und kommt nun auf einem Umwege zu einem Resultate, welches practisch seine theoretische Beschränkung beinahe aufhebt. Er giebt nämlich selbst zu, dafs der Widerspruch, in welchem dieses Resultat, dafs zum Schutz der Ehre und des Vermögens keine Nothwehr angewendet werden dürfe, mit der gewöhnlichen Lehre stehe, scheinbar gröfser sei, als in Wirklichkeit. Es sei nur die eigentliche Nothwehr, d. h. die mit einer Verletzung des Angreifenden verbundene Vertheidigung hier gemeint; dagegen sei damit eine nicht bis zur Verletzung des Angreifenden steigende Abwehr von Angriffen auf Gut und Ehre nicht ausgeschlossen, da es Niemanden zugemuthet werden könne, sich mit Rücksicht auf die Möglichkeit einer Entschädigung allen solchen Angriffen zu unterwerfen. Wenn nun der etwa in seinen Vermögensrechten Bedrohte sich dem ungerechten Angriff nicht unterwerfen wolle, sondern, wozu er befugt sei, sich in dem Besitz der Sache zu behaupten, oder den eben verlorenen Besitz wieder zu erlangen suche, so gehe der ursprünglich nur gegen die Vermögensrechte unternommene Angriff in einen Angriff gegen die persönliche Integrität über, wenn der Angreifende dieser Vertheidigung gewaltsamen Widerstand leiste, und aus diesem Angriffe entspringe dann für den Angegriffenen das Recht der Nothwehr. Dadurch reducire sich die Abweichung dieser Theorie darauf, dafs die Nothwehr nicht auf die Vertheidigung der Sachen, sondern der Person bezogen werde, dafs also zum Schutze der Vermögensrechte keine Nothwehr gebraucht werden dürfe, wenn mit dem Angriff auf dieselben nicht zugleich ein Angriff auf die Person verbunden sei. Das practische Resultat dieser Abweichung bestehe aber darin, dafs gegen den mit den hinweggenommenen Sachen davon eilenden Dieb oder Räuber keine Nothwehr mehr angewendet werden könne; dem Verletzten könne das Recht nicht abgesprochen werden, dem Verbrecher nachzueilen, um sich wieder in den Besitz der Sachen zu setzen, und dann könne bei geleistetem persönlichen Widerstande wirkliche Nothwehr begründet werden, allein das Recht, auf den Fliehenden zu schiefsen, oder überhaupt ihm Verletzungen zuzufügen, blofs zu dem Zwecke, ihn an der weiteren Flucht zu verhindern, könne ihm nicht zustehen, da er auf jeden Fall in der an und für sich möglichen vollständigen Entschädigung noch andere Mittel habe, die Verletzung von sich selbst abzuwenden.

Im Gegensatze zu dieser Ansicht, welcher die concrete Unersetzbarkeit des in abstracto ersetzlichen Gutes gleichgültig ist, wird von Anderen die Zulässigkeit der Nothwehr nur von der Unersetzlichkeit in concreto abhängig gemacht. Diese Beschränkung, welche zahlreiche Vertreter in der Theorie (46) besitzt, ist auch in die Ge-

(46) So sagt Herrmann, Beurtheilung S. 144: Wenn der Verletzte sich nur für berufen halten dürfe, das ihm widerfahrende Unrecht des Angreifers zu vernichten, so dürfe er, wenn Schadenersatz durch den Staat bestimmt vorauszusehen sei, keine Nothwehr brauchen, denn hier sei die Möglichkeit der Vernichtung des Unrechts durch den Staat vorhanden. Indessen bringt er damit noch ein anderes Moment in Verbindung, daſs nämlich nun auch der Verletzte seinen Gewaltgebrauch gegen das vollendete Verbrechen fortsetzen dürfe, wenn gegen den entflohenen Verbrecher das wirksame Eingreifen der Staatsgewalt, die Vernichtung des Unrechts, auſser der voraussichtlichen Möglichkeit liege. Daſs er dies darf, auch wenn Schadensersatz zu erwarten ist, hoffen wir zu erweisen, so wie wir bewiesen zu haben glauben, daſs der Gewaltgebrauch nach vollendetem Verbrechen noch unter den Begriff der Nothwehr fällt. — Feuerbach § 38, und nach ihm viele Andere, combiniren diese und die frühere Form der Beschränkung zu der Bedingung, daſs der Angriff auf die Verletzung eines solchen Guts gerichtet sein müsse, das entweder an sich unersetzlich, oder doch unter den besonderen Umständen des gegenwärtigen Angriffs (nach Gründen der Wahrscheinlichkeit) unwiederbringlich verloren gewesen sei. Wie er aus seinem Prinzip den Satz herleitet, daſs bloſse Ehrverletzung nie eine rechtmäſsige Nothwehr begründe, weil der Staat auf dem Wege des Rechts die verletzte Ehre wieder herzustellen vermöge (in Not. 3); so schlieſst Grattenauer S. 86 ff., der denselben Grundsatz adoptirt, daraus auf die unbedingte Statthaftigkeit der Eigenthumsnothwehr, so lange der Staat die Entschädigung versage. Sehr unbestimmt drückt sich Marezoll § 25 aus, wenn er die Nothwehr verstattet, sofern Gefahr sei, ein Gut zu verlieren, das entweder schon an und für sich, also immer, oder doch wenigstens unter den vorhandenen Umständen oft, oder

setzgebung übergegangen, wie denn das Württemb. Gesetzb. Art. 103 darin einen Exceſs der Nothwehr erkennt, daſs bei einem Angriffe auf liegendes oder bewegliches Eigenthum der Angegriffene nach allen ihm bekannten Umständen Schadenersatz erwarten konnte.

Endlich hat man für die Ausübung der Nothwehr zum Schutze des Eigenthums insbesondere die beschränkende Forderung gestellt, daſs das zur Abwendung des Schadens gewählte Mittel mit dem Schaden selbst, welcher durch die Nothwehr abgewendet werden solle, im Verhältniſs stehen müsse. (Preuſs. L. R. II. Thl., Tit. 20, § 520; so auch Hannöv. Gesetzb. Art. 79, und N. Sächs.

in gewisser Hinsicht unersetzlich sein würde; also bei Angriffen auf Sachen, wenn sie uns durch widerrechtliche Gewalt und unter Bedrohungen unserer Person, oder unter solchen Umständen entzogen werden sollen, unter denen der Staat uns nicht Sicherheit wegen ihrer Erstattung gewährt. — Morstadt zu Feuerbach, § 38, Not.* verwirft die Ehrennothwehr aus einem anderen Grunde. Er meint, die Wiederherstellung der Ehre durch den Staat möchte sehr schwer fallen, wenn z. B. das Schmähwort von einem unbekannten Durchreisenden in einem Eilwagen oder Dampfschiff ausgestoſsen worden sei. Der wahre Grund liege darin, daſs die Ehre auf der Meinung der Mitmenschen beruhe. Demnach liege hier offenbar ein Dilemma vor: Entweder habe die Schimpfrede des Injurianten schon schlimm gewirkt auf die Meinung Dritter, dann sei die Durchprügelung desselben kein Abwehract mehr, weil sie zu spät komme, sondern Rache; oder sie habe noch nicht gewirkt, dann sei der Prügel kein Vorauswiderlegungsmittel gegen diese Meinung, ja er sei vielmehr ein Productionshebel für die Meinung, daſs die Injurie unwiderlegbar sei, kraft der Sprüchwortwahrheit: Ce n'est que la vérité qui blesse. Morstadt vergiſst, daſs Nothwehr nur gegen bevorstehende Injurien Statt finden kann: gegen ausgesprochene kann man sich nicht mehr wehren. (s. oben.) Damit fällt die ganze Argumentation, deren geschraubte und geschmacklose Form jetzt nur um so mehr verletzt.

Art. 91) (47). Man hat auch für diese Schranke die Form gewählt, dafs der Verlust eines wiederherzustellenden oder

(47) Das Hannöv. und das Sächs. Gesetzb. betrachten es als einen Excefs der Nothwehr, wenn die Art und das Mafs der Selbstvertheidigung mit der Gefahr, zu deren Abwendung sie gebraucht wird, nicht in einem angemessenen Verhältnisse steht. Die Fassung dieser Gesetzbücher läfst es zweifelhaft, ob der Bestimmung der Sinn untergelegt werden müsse, dafs nicht mehr Gewalt angewendet werden dürfe, als zur Abwendung der Gefahr erforderlich sei, oder vielmehr der, dafs die Art und das Mafs der Vertheidigungsgewalt sich nach dem Werthe des gefährdeten Rechtes richten müsse. Allein für das Hannöversche bezeugt Leonhardt, I, S. 344 ff., dafs die Bestimmung in diesem doppelten Sinne zu nehmen sei, weil die Worte des ersten Entwurfs, die davon nichts enthielten, später abgeändert worden seien, weil die zweite Kammer bei ihrer Discussion sie so verstanden habe, und ebenfalls die erste ständische Commission. Es werde auch dieses Abweichen von dem früheren Prinzipe wohl mit dadurch erklärt, dafs man das Recht der Nothwehr, welches man durch Abstrahiren vom Merkmale der Unersetzlichkeit, als Voraussetzung der Nothwehr, auf der einen Seite dem ersten Entwurfe gegenüber erweitert, auf einem anderen Wege nun wieder zu beschränken für angemessen gefunden habe. — Der art. 91 des Sächs. : Wer bei der Ausübung erlaubter Selbsthülfe oder ohne eine solche Veranlassung sich oder Andere von einem widerrechtlichen Angriffe auf die Person oder das Eigenthum bedroht sieht, befindet sich im Stande der Nothwehr. In diesem Falle ist er befugt, ohne dafs er den wirklichen Angriff abzuwarten braucht, alle Mittel der Vertheidigung anzuwenden, von denen er unter den obwaltenden Umständen annehmen konnte, dafs sie zur wirksamen Abwehr desselben erforderlich und mit der Beschaffenheit der abzuwendenden Gefahr nicht aufser Verhältnifs seien — ist gerade um diese Bestimmung gegen den Entwurf vermehrt worden, welcher Art. 87 lautete : Wer bei der Ausübung erlaubter Selbsthülfe oder ohne eine solche Veranlassung sich oder seine Angehörigen von einem widerrechtlichen Angriffe auf die Person thatsächlich bedroht sieht, befindet sich im Stande der Nothwehr. In diesem Falle ist er befugt, ohne dafs er den wirklichen Angriff abzuwarten braucht, sich gegen denselben mit allen Mitteln zu vertheidigen, welche er unter den obwaltenden Umständen und nach der Beschaffenheit des Angriffs zur wirksamen Abwehr desselben für

ersetzbaren Rechtes durch die Verletzung eines unersetzlichen Rechtes nicht abgewendet werden dürfe (48); oder

erforderlich halten durfte. Und zwar geschah die Hinzufügung dieser Worte mit Rücksicht darauf, daſs den Angriffen gegen die Person auch diejenigen gegen das Eigenthum hinzugefügt wurden, während die Motive zum Entwurf erklärt hatten, daſs man eben wegen Beschränkung des Begriffs auf die Vertheidigung wider persönliche Angriffe der Bedingung einer verhältniſsmäſsigen Gewalt entbehren könne. Gar keinen Zweifel über diesen Sinn des Art. 91 läſst der Deputationsbericht der I. Kammer, in welchem die Veränderung des Entwurfs folgendermaſsen motivirt wird: Es scheine nothwendig, den Fall der Nothwehr auch auf Angriffe gegen das Eigenthum auszudehnen, da der Staat, wenn er nicht im Stande sei, seinen Angehörigen den gebührenden Schutz angedeihen zu lassen, ihnen das Recht der Selbstvertheidigung nicht verkümmern dürfe. Von der anderen Seite bedinge dies aber, daſs die Gränze der erlaubten Selbstvertheidigung nicht bloſs nach der Nothwendigkeit der angewandten Mittel, sondern auch nach der Verhältniſsmäſsigkeit derselben mit der Beschaffenheit der abzuwendenden Gefahr abgemessen werde, damit nicht vielleicht wegen einer unbedeutenden Eigenthumsverletzung die sofortige Tödtung des Verletzten gerechtfertigt erscheine. In diesem Sinne faſst ihn auch Krug, Comment., I. Abth., S. 195, wenn er ausführt, daſs, da das Gesetzbuch nicht mehr einen gewaltthätigen Angriff auf das Eigenthum voraussetze, der Richter um so strenger auf das Erforderniſs der Verhältniſsmäſsigkeit der angewendeten Gewalt halten müsse, und die äuſserste, mit Gefährdung des Lebens verbundene Gewalt nur bei einem sehr bedeutenden Vermögensobjecte für entschuldigt achten dürfe..... Freilich werde es oft schwer zu bestimmen sein, was hier für bedeutend zu achten sei. Für den Tagelöhner, dem der Dieb seine mühsam erworbenen Ersparnisse entführe, sei dieses Object ebenso bedeutend, wie für den reichen Mann die Entwendung von Tausenden. — Dagegen steht bei anderen Gesetzbüchern, welche, wie das ältere Sächs. Art. 70, ebenfalls fordern, daſs die Art der Vertheidigung im gehörigen Verhältnisse zu der abzuwendenden Gefahr stehe (so auch das Braunschweig. § 166 und das Thüring., Art. 66) Nichts im Wege, die Bestimmung im Sinne der richtigen Auffassung des Excesses zu interpretiren (s. unten den Exceſs).

(48) Tittmann, Handb., I. B., § 136.

dafs, wie das Hess. Art. 49, Abs. 2 sich ausdrückt, das angewendete lebensgefährliche Vertheidigungsmittel mit dem Werthe, den das bedrohte Eigenthum oder Besitzthum für den Angegriffenen habe, in einem angemessenen Verhältnisse stehen müsse; oder dafs, wie nach § 87 des Bad., wenn in den Fällen Nr. 2 und 3 des § 84 das bedrohte Gut im Allgemeinen sowohl, als nach den Verhältnissen des Angegriffenen auch für ihn von nur geringem Werthe sei, und dabei in den Fällen Nr. 3 das Besitzthum nicht zu den Gebäuden oder anderen Räumen der im § 381, Nr. 2 bezeichneten Art gehöre (bewohnte Gebäude etc.), die zur Abwehr geschehene vorsätzliche Tödtung oder lebensgefährliche Verletzung des Angreifers nicht für entschuldigt gelte (49).

Wenn wir von jener oben bereits hervorgehobenen Einwendung gegen jede Schranke der Nothwehr aus der Qualität des angegriffenen Gutes heraus, dafs diese nämlich einem widerrechtlichen Angriffe gegenüber gar nicht in Anschlag gebracht werden darf (50), weil der ideale Rechtsschaden bei der Verletzung was immer für eines Gutes gleich bedeutsam ist (51), zunächst ganz absehen,

(49) § 84, auf welchen hingewiesen wird, lautet : Die Nothwehr findet Statt 2) gegen Gewaltthaten, welche auf Beschädigung, Hinwegnahme oder Zerstörung von Vermögensgegenständen gerichtet sind; 3) gegen denjenigen, welcher in eines Anderen Besitzthum gewaltthätig einzufallen, einzubrechen, oder sonst auf unerlaubte Weise einzudringen sucht. Der § 87 wird dann durch § 88 dahin modificirt, dafs diese Beschränkung weder auf den Fall der Vertheidigung gegen Räuber, gefährliche oder nächtliche Diebe, noch auf Fälle, wo der Angegriffene aus der Art des Angriffs oder aus anderen Umständen zugleich Gefahr für seine Person selbst zu besorgen hatte, Anwendung leiden soll

(50) Vgl. auch Weiske, Rechtslexicon, B. VII, S. 380.

(51) In diesem Sinne sagt Werner, Handb., § 127 zwar richtig, aber mit überflüssiger hochtönender Rhetorik : Es sei zwar kein Verhält-

so stellen sich diesen Beschränkungen im Einzelnen, mögen dieselben in der Form der Forderung der Unersetzlichkeit in abstracto, der Unersetzlichkeit in concreto oder der Beobachtung jener Verhältnifsmäfsigkeit zwischen Gut und Verletzung des Angreifers erscheinen, die erheblichsten Bedenken entgegen. Die Ausschliefsung der in abstracto ersetzlichen Güter, die in der längst überwundenen, für das Strafrecht völlig unbrauchbaren Eintheilung der Rechte in ersetzliche und unersetzliche wurzelt, ist darum in der That geradezu lächerlich, weil hier derjenige, dem ein höchst concreter Rechtsverlust droht, auf die in abstracto ersetzliche Natur seines Rechtes verwiesen wird (52). Gerade gegen diese, wie Luden meint,

nifs zwischen dem äufseren Werth des Lebens und einem unbedeutenden Eigenthumsgegenstand, allein daraus folge keineswegs, dafs man sich selbst bei dem ungestörten Besitz einer Kleinigkeit sogar mit dem Leben des Anderen nicht schützen dürfe. Denn wer mir nur einen Heller nehmen wolle, der könne die mit einer solchen That logisch nothwendig verbundene Enunciation von derselben nicht trennen, dafs jeder Andere vor ihm und in Vergleichung mit ihm nur so lange ein ausschliefsliches Gebrauchsrecht an den von ihm erworbenen Gegenständen habe, als er es ihm ruhig belasse. Durch ein solches Prinzipium setze sich derjenige, welcher es geltend machen wolle, allein und ausschliefslich vor allen anderen Menschen in der Welt berechtigt, ein selbstständiges Eigenthum erwerben und haben zu können, die übrigen Menschen erkenne er nur, in Vergleichung mit sich, für precäre Besitzer und Verfüger des Ihrigen und über das Ihrige an. . . . . Daraus erhelle, dafs, wer Jemand eine Kleinigkeit, dem mercantilen Werthe nach, mit Gewalt entziehe, ihm nicht blofs mit diesem Object die Benutzung seines Markt- oder schätzbaren Werthes entziehe, sondern ihm auch dadurch das Recht streitig mache, diese Kleinigkeit als Eigenthum oder sonst zur Verfügung haben zu können. Das Recht nun, Eigenthum, und wenn es auch an dem unbedeutendsten Object wäre, haben zu können, sei ein absolutes angeborenes Persönlichkeitsrecht von gleich unschätzbarem Werthe mit dem Rechte des Menschen auf sein Leben. . . . .

(52) Zachariä, Arch., S. 422.

„als Folge zufälliger, von der Natur des Vermögensrechts ganz unabhängiger Umstände, in einzelnen Fällen eintretende Unmöglichkeit vollständiger Entschädigung“, will sich der in seinen Rechten Gefährdete schützen, wenn er, so lange die Gefahr des Verlustes noch abwendbar ist, dieselbe durch eigene Kraft abzuwenden versucht. Die Behauptung der unbedingten Ersetzlichkeit für Immobilien, der Unersetzlichkeit für Mobilien ist aber völlig willkührlich, weil diese Eigenschaft der Sachen nicht nach deren Natur, sondern aus andern von derselben unabhängigen Verhältnissen bestimmt wird, ganz abgesehen davon, dafs nach der Dejection aus einer unbeweglichen Sache den darauf befindlichen beweglichen die gröfste Gefahr drohen kann (Wächter, I, S. 88). Die Forderung der Unersetzlichkeit in concreto knüpft das Recht der Nothwehr an ein mit dem widerrechtlichen Angriffe, auf welchen es doch zunächst ankommt, gar nicht im Zusammenhange stehendes Moment, nämlich an die Möglichkeit künftigen Ersatzes. Diese mag derjenige in Berücksichtigung nehmen, der Jemanden ein Darlehen geben, eine Sache commodiren will, der Bedrängte dagegen, der sich von einem widerrechtlichen Angriffe bedroht sieht, hat nicht nöthig, sich darum irgend zu kümmern. Auch wenn die Ersetzlichkeit eines Schadens etwas minder Unsicheres wäre, wenn sie nicht etwas wäre, das heute vorhanden sein kann und morgen nicht mehr, und wenn man auch nur überhaupt die Gröfse eines Schadens und darum seine Ersetzlichkeit im Voraus bestimmen könnte (53), so wäre es dennoch dem

(53) Sander, Arch., S. 105. — Morstadt zu § 38, Not. 3 sagt derb, aber wahr (und derbe Waffen dürfen zu Bekämpfung solcher Ansichten nicht ganz verschmäht werden): Wenn mich also drei unbewaffnete Strolche am hellen Mittag (wo man sie erkennen und demnächst belangen kann) aus dem Besitz meines (per suppositionem leeren)

Angegriffenen nicht zuzumuthen, im Drange der Gefahr Reflexionen und Berechnungen über die Zahlungsfähigkeit seines widerrechtlichen Angreifers anzustellen, und dann, wenn er sich für dessen Insolvenz entscheiden sollte, denselben über den Haufen zu stechen, davon noch ganz zu geschweigen, dafs, dadurch der Reiche, der den Schaden zu ersetzen vermag, zu jedem widerrechtlichen Angriffe auf ersetzliche Güter des Armen autorisirt wäre. Ja es ist sogar die von Sander gezogene Consequenz kaum abzuweisen, dafs, wenn eine Vertheidigung eines Gutes da nicht zugelassen wird, wo eine Unersetzlichkeit des Schadens nicht bestand, eine Vertheidigung noch um so weniger gestattet werden darf, wo aus dem Angriff gar kein in Geld anzuschlagender Schaden entstehen konnte, wie denn z. B. Angriffe auf den ruhigen Besitzstand nicht immer einen in Geld anzuschlagenden Schaden mit sich führen.

Und nicht minder unhaltbar ist jene Forderung der Beobachtung einer Verhältnifsmäfsigkeit zwischen dem Werthe des angegriffenen Gutes und der dem Angreifer dagegen zuzufügenden Verletzung, auch wenn man dieselbe nicht so äufserlich fafst, wie von denjenigen geschieht, welchen schon Clasen (54) in den Worten entgegentritt: Praeterea admitti non potest sententia eorum, qui in moderamine inculpatae tutelae proportionem tam stricte observandam esse contendunt, ut etiam insultatus in aliqua parte corporis percussus, in eadem et alterum, non tamen durius aut gravius percutere et vulnerare possit. Sie be-

Hauses zu verjagen drohen, so bin ich nach dieser christlichen Theorie schuldig, ihnen mit eingestecktem Säbel Platz zu machen und mich mit meiner Spolien- oder Vindicationsklage zu getrösten.

(54) Comment. in C. C. C. ad art. 140.

ruht, wie Berner (Arch. S. 570) sagt, letztlich auf der irrigen Prämisse, als ob die Nothwehr gleichsam auf einer Uebertragung des Strafrechts durch den Staat beruhe.

Wenn diese Schranke nun so gestellt wird, dafs schon die blofse Anwendung (55) eines lebensgefährlichen Vertheidigungsmittels nicht gestattet sein soll, insofern dasselbe nicht mit dem Werthe des bedrohten Gutes in einem angemessenen Verhältnisse steht, so wird dadurch der Angegriffene für den Fall, dafs ihm im Moment der Gefahr nur ein lebensgefährliches Mittel zur Hand steht, völlig wehrlos gemacht, und dies ist um so bedenklicher, als das Object des Angriffs von vornherein vielleicht nicht erkennbar, oder selbst von dem Angreifer noch nicht in bestimmte Aussicht genommen ist, und wenn diefs geschehen, in raschem Uebergange mit einem andern Objecte vertauscht werden kann. Es hat eine solche Bestimmung aber auch eine Folge, welche unmöglich in der Absicht des Gesetzgebers liegen kann, nämlich die, dafs

(55) In dieser Weise war die Beschränkung auch im Badischen Entwurf § 81 gefafst; sie fiel dann in der Discussion der zweiten Kammer. (Sander, S. 72.) — Die Beschränkung für die Anwendung lebensgefährlicher Vertheidigungsmittel stammt übrigens, wenn auch nicht in dieser Form, aus dem Baier. Gesetzb. Art. 128 : Bei vorhandener Nothwendigkeit zu einer gewaltsamen Privatvertheidigung darf ihre Ausübung nicht weiter getrieben und kein gefährlicheres Vertheidigungsmittel gebraucht werden, als nothwendig ist zur Abwendung der Gefahr. Darum ist 1) der Gebrauch lebensgefährlicher Vertheidigungsmittel strafbar, wenn der Angreifer durch ungefährliche Gewalt übermannt oder abgehalten werden konnte; 2) wer durch eine blofs abhaltende Gegenwehr sich des Angriffs zu erwehren Macht und Gelegenheit hatte, wird strafbar durch den Gebrauch einer auf Leib oder Leben gerichteten angreifenden Vertheidigungsgewalt; wie auch 3) wenn derselbe statt einer blofs ungefährlichen Verwundung des Gegners, welche in seiner Macht gestanden, denselben lebensgefährlich verletzt oder getödtet hat.

der einfache Gebrauch lebensgefährlicher Vertheidigungsmittel selbst dann eine Strafe nach sich ziehen müſste, wenn auch gar keine Verletzung des Angreifers eingetreten, oder wenigstens dann, wenn bei einem geringen Werthe des bedrohten Gutes eine ganz unbedeutende Verletzung durch ein lebensgefährliches Mittel erfolgt wäre, während eine schwerere Verletzung durch ein nicht lebensgefährliches Mittel straflos zu lassen wäre, obschon das vertheidigte Gut einen geringen Werth hatte. Damit würde sich also die Strafe nach dem Instrumente bestimmen, welches der Angegriffene angewendet, nicht nach der Verletzung, welche derselbe dem Angreifer zugefügt hat. In dieser Erkenntniſs bemüht man sich denn, doch wenigstens durch Interpretation solche gesetzliche Bestimmungen einzuengen (56).

(56) So Breidenbach S. 621 ff. in Beziehung auf das Hessische Ges. Seine Auslegung des Art. 49 geht dahin : Lebensgefährlich könne ein jedes Vertheidigungsmittel werden, hier sei der Ausdruck objectiv genommen, es sei also nur dasjenige Werkzeug gemeint, mit welchem vermittelst äuſserer Einwirkung auf den Körper, ohne ganz ungewöhnliche Kraftanstrengung von Seiten des Gebrauchenden und ohne besonders schwächliche oder sonst local leidende Beschaffenheit des Getroffenen, eine tödtliche Verletzung zugefügt werden könne, wohin nicht bloſs Waffen im eigentlichen Sinne, allein ebensowenig alle im Art. 370 beschriebenen Werkzeuge gehörten. Beide Absätze des Art. 49 stünden in einem inneren Zusammenhange, beide wollten den Angreifenden gegen allzu harte Verletzung möglichst schützen, und zwar derjenigen Art, welche der Art. 47 aufzähle. Miſshandlung etc. sei gestattet, allein dieselbe solle nicht weiter ausgeübt werden, als unter den concreten Umständen zur Abwendung der Gefahr nothwendig gewesen. Man könne sich nun zu jener Miſshandlung eines lebensgefährlichen und nicht lebensgefährlichen Vertheidigungsmittels bedienen. Im ersten Falle müsse aber bei Angriffen auf Eigenthum das angewendete Mittel auch dem Werthe des bedrohten Gutes entsprechen. Strafbar werde also der Angegriffene weder durch die Anwendung eines lebensgefährlichen Mittels an sich, noch auch durch jede Ver-

Allein auch, wenn man die Schranke nicht an die blofse Anwendung lebensgefährlicher Mittel, sondern an

letzung, sondern nur dann, wenn das Verhältnifs des Werthes des angegriffenen Objects a) zu dem gebrauchten lebensgefährlichen Mittel und b) zu dem Grade der Anwendung desselben überschritten sei, oder c) wenn wenigstens kein Verhältnifs zwischen dem lebensgefährlichen Mittel und dem Werthe des bedrohten Objects bestehe und die Anwendung eines gelinderen Mittels thunlich gewesen sei. So oft aber die Anwendung des lebensgefährlichen Mittels als unerlaubt erscheine und die zugefügte Verletzung eine solche sei, die auch hier nach dem gewöhnlichen Laufe der Dinge mit einem minder gefährlichen Instrumente nicht beigebracht zu werden pflege, trete die Strafe des Art. 52 ein, der Angegriffene möge die Verletzung absichtlich oder aus Mangel gehörig vorsichtiger Manipulation bewirkt haben, und nur bei Zumessung der Strafe innerhalb der durch Art. 52 gezogenen Gränzen könne hierauf Rücksicht genommen werden. Aus dem Bemühen Breidenbach's, den Artikel so viel als möglich durch Interpretation einzuengen, wozu ihm die Worte „lebensgefährlich“ und „angewendete“ die Handhabe geben, bricht unwillkührlich die eigene Mifsbilligung des Interpreten durch. — So kommt auch Leonhardt I, S. 346 gegenüber dem Art. 79 des Hannöv., welcher nur ein angemessenes Verhältnifs verlangt, in den Fall, ein unrichtiges Prinzip durch ein anderes zu ersetzen, freilich durch die eigne Schuld des Gesetzbuches. Indem er darauf hinweist, dafs die Bestimmung eines Verhältnisses zwischen den verschiedenen Gütern schon in rein abstracter Auffassung die gröfsten Schwierigkeiten darbiete, weil es an einem sicheren Mafsstabe fehle, mit welchem verschiedenartige Güter unter sich bemessen werden könnten, und ferner, dafs das Gesetz nicht Gleichheit des angegriffenen und vertheidigten Gutes fordere, auch nicht, dafs, wie die ständische Commission meinte, dem Angreifer kein gröfseres Uebel zugefügt werde, als dem Angegriffenen gedroht habe, weil damit das Recht der Nothwehr ganz exorbitant beschränkt worden wäre, sondern dafs eben nur ein angemessenes Verhältnifs gefordert werde; will er die aus der Bestimmung des Gesetzes entstehenden Schwierigkeiten damit beseitigen, dafs er vorschlägt, man solle auf die im Art. 92 des ersten Entwurfs berücksichtigte Unersetzlichkeit als Prinzip der Entscheidung zurückkommen, und also jene Rücksicht auf die Beobachtung eines angemessenen Verhältnisses ganz fallen lassen.

die wirkliche Tödtung oder schwere Verletzung knüpft, wie das Badische Gesetzb., so ist dieselbe nicht minder verwerflich. Einmal läfst man hier den Erfolg des Nothwehractes über seine Rechtmäfsigkeit entscheiden (57). Dann aber bleibt ein solches Gesetz immer noch eine wahre Falle des Bedrängten, der bei einem wirklich lebensgefährlichen Angriffe, weil er einen solchen nicht vermuthet, den Angreifer nicht tödtet oder lebensgefährlich verletzt, und darum dem Angriffe erliegt, auf einen Angriff, aus welchem keine bedeutende Gefahr droht, aber eine Tödtung oder schwere Verletzung verübt, weil er eine solche vermuthet, und nun vor dem Gesetze für seinen ganz entschuldbaren Irrthum büfsen mufs. Dort erliegt der Angegriffene den Streichen des Angreifers, hier dem Urtheilsspruche der das unbillige Gesetz mit kalter Reflexion anwendenden Richter. Ja wenn man für diese Beschränkung anführt, dafs die Vernunft, wie die einfachste Menschlichkeit es fordere, dafs der Angegriffene die Gesundheit und das Leben des Angreifers, der ihn persönlich nicht bedrohe, nicht geringer achte, als einen unbedeutenden Besitzgegenstand, so verlangt die Consequenz, dafs dieselbe Beschränkung auch auf andere in der Vertheidigung begriffene Rechte angewendet werden mufs, da wo ein gleiches oder noch gröfseres Mifsverhältnifs zwischen dem vertheidigten Gut und dem Erfolg der Vertheidigung besteht. Zwar nicht bei einem Angriff auf Leben und Ehre, wohl aber bei einem solchen auf den Leib oder die persönliche Freiheit, läfst sich sehr leicht der im besonderen Fall angegriffene Gegenstand dieser Rechte als ein Theil derselben auffassen, und dieser Theil kann in seinem Umfang gegenüber dem ganzen Recht

(57) (Böcking) Bonner Briefe S. 70.

ein so unbedeutender sein, dafs sich in seiner Vertheidigung bis zum Tode des Angreifers ein noch gröfseres Mifsverhältnifs ergiebt, als da, wo ein an sich geringfügiger Eigenthumsgegenstand vertheidigt wird (58).

Wird endlich von dem Angegriffenen nur ganz allgemein die Beobachtung eines angemessenen Verhältnisses verlangt, wie im Hannöv. und N. Sächs. Gesetzb., so vergifst man, dafs für die Erreichung dieses Zweckes, soweit derselbe überhaupt eine Berechtigung in Anspruch nehmen kann (siehe unten die Bestimmung des wahren Excesses), die allgemeine Schranke der Nothwehr, die Forderung des moderamen inculpatae tutelae, überall ausreicht. Denn wenn der Angriff ein wenig gefährlicher ist, wie der Angriff auf ein wenig bedeutendes Vermögensstück, so reichen auch wenig gefährliche Vertheidigungsmittel aus. Sind solche dem Angegriffenen zur Hand, und hat er sie nicht angewendet, so hat er die allgemeine Gränze der Nothwehr überschritten und wird dafür mit Recht gestraft. Hat aber der Angreifer zu seinem Angriff auf ein, wenn schon unbedeutendes, Eigenthum stärkere und gröfsere Mittel der Eigenmacht angewendet, als für ihn nöthig war, seinen Zweck zu erreichen, so ist es ein logischer Fehler, wenn man dem Angegriffenen das Mafs seiner Vertheidigung und die Art und Weise der Vertheidigungsmittel nach dem geringfügigen Gegenstande des Angriffs, und nicht nach der Art und Weise des Angriffs, zumifst; denn die Gefahr und die Gröfse derselben wird nicht sowohl durch den Gegenstand bestimmt, dem sie droht, als durch die Art und Weise

(58) Sander S. 77, 78 (dessen Critik wir überhaupt ihrem wesentlichen Gehalte nach unserer Darstellung einverleibt haben.) Als Beispiele nennt er hier das Abschneiden einer Haarlocke, die Verhinderung eines Spaziergangs um wenige Minuten, den Zwang zum Modellstehen auf kurze Zeit.

der äufseren Handlung, mit welcher und durch welche eine Gefahr erzeugt wird (59).

So kommt denn diese Schranke im Sinne einer übel angebrachten Humanität dem Verbrecher, welcher fremdes Recht antastet, zu Gute (60); dagegen wirft sie auf den widerrechtlich Angegriffenen, der nur sein gutes Recht vertheidigt, nachdem ihm die Beantwortung der Frage, ob das Delict des Angreifers juristisch consummirt sei, auferlegt, von demselben eine Prüfung der Zurechnungsfähigkeit seines Angreifers gefordert, demselben sein Weg vorgezeichnet ist, auf dem er seinem Angreifer nicht begegnen kann, welcher die Competenz, die Beobachtung der gesetzlichen Formen durch die angreifende Obrigkeit, endlich auch die Solvenz seines Angreifers prüfen soll, eine weitere Fessel durch die exorbitante Forderung, dafs derselbe genau mit Mafs und Waage die Verletzungen abmessen soll, die er zum Schutze seines Rechts dem Angreifer zufügen darf. Und das fordert man Alles von einem Menschen, der sich in der allergerechtesten Aufregung, die zu solcher Abwägung übel angethan, befindet, und in Beziehung auf Güter, die eben, als schlechthin incommensurabel, in mathematisch genauen Verhältnissen gegen einander überhaupt gar nicht zu bestimmen sind. Gegen solche unnatürliche Theorien hat schon der alte Damhouder (61) das kräf-

(59) Sander S. 108, 109.

(60) Trefurt, Beiträge zur Critik des Badischen Entw., im Arch. 1838, S. 289. Er richtet gegen den Entwurf die Worte : Dem Verbrecher mag man solche Ueberlegung zumuthen, ihn mag man wegen der Wahl gefährlicher Waffen bestrafen, nimmer aber den, welcher die Waffe nur ergreift, um das Recht der Selbstvertheidigung zu üben, welches Recht gerade durch das gefährlichste Mittel am wirksamsten und sichersten gehandhabt wird. . . . . Der Schutz der Gesetze gebührt nur denen, welche sie achten.

(61) Prax. rer. crim. c. 76, nr. 20.

tige Wort gesprochen : Si aggressus non observet inculpatae tutelae moderamen, non poterit puniri a judice tanquam dolosus, sed veluti errans culpae obnoxius : quia inconsultus calor caret vitio calumniae. Difficillimum enim est justam temperare dolorem, vixque potest vir justus habere stateram in manibus suis, et dare ictus, percussiones seu verbera cum mensura (62).

Auf jene Form dieser Beschränkung, welche Tittmann dahin gesetzt hat, dafs der Verlust eines ersetzlichen Rechts durch den Verlust eines unersetzlichen Rechts nicht abgewendet werden dürfe, z. B. der Verlust einer gewissen eigenthümlichen Sache nicht durch Tödtung, „wefswegen der Angegriffene den einstweiligen Rechtsverlust in einem solchen Falle leiden, und die Wiederherstellung durch den Staat bewirken lassen müsse“, brauchen wir nicht näher einzugehen, da sich dagegen alles dasjenige richtet, was gegen die Berücksichtigung künftigen Ersatzes und gegen die Anwendung dieser Eintheilung der Rechte überhaupt gesagt worden ist, um so weniger, als er selbst (§ 136, Not. t) die Bemerkung beifügt, „wenn es anders der Vertheidiger so genau abmessen könne, denn sonst könne ihm auch Nichts zugerechnet werden“. — Ebensowenig auf die Fassung derselben, dafs

(62) Es ist die Verwerflichkeit dieser Schranke überhaupt schon den älteren Criminalisten zum Bewufstsein gekommen. So sagt Böhmer l. c. ad art. 140 § 3 : Argumentis nec defectus proportionis, nec rerum exilitas obverti potest : non prior, quia proportio non ex injuria, sed securitate aestimanda, exemplo legum, quae poenam capitalem furibus et raptoribus imponunt, etsi vita cum damno dato comparari nequeat; non posterior, quia bona in se quidem considerata, rerum exilium numero sunt, multum tamen dignationis accipiunt ex usu, quo ad diuturnam et jucundam vitam maximum momentum conferunt. Vgl. auch Smet l. c. p. 15; van der Maesen l. c. p. 19. Doch mischen sie, namentlich der letztere, fremdartige Rücksichten bei.

dem Angreifer kein gröfseres Uebel zugefügt werden dürfe, als dem Angegriffenen gedroht habe, weil dies mit dem Begriff der Nothwehr, welche gegen eine Gefahr, eine zukünftige und unbestimmte, gerichtet ist, schlechthin unverträglich ist. Die Forderung einer solchen abgewogenen Talion beruht gerade auf einer Verwechslung von Nothwehr und Strafe : der Angegriffene soll aber nicht einen Verbrecher strafen, sondern einen Feind bekämpfen (Henke, I, S. 211).

Gegen die besondere Weise endlich, in welcher Luden seine Ansicht begründet, ist nach der schlagenden Entgegnung Köstlin's Revis. S. 728 ff. auch nichts mehr zu sagen, zumal da dieselbe ebenfalls mit der Rücksicht auf die Ersetzlichkeit zusammenstürzt. Es ist in der That, um mit Köstlin zu reden, eine höchst willkührliche Zumuthung an den Eigenthümer, dafs er, um das Recht der Nothwehr zu erhalten, sich erst in persönlichen Kampf mit dem Angreifer einlassen und sich hiermit der Gefahr aussetzen solle, anticipando von ihm niedergestochen zu werden. Auch lasse Luden das Eigenthum schutzlos in denjenigen Fällen, in welchen der Eigenthümer die einfache Vertheidigung (die dann zur eigentlichen Nothwehr führen solle) nicht ausüben könne oder wolle oder nicht auszuüben wage, also gerade dann, wenn es des Schutzes am Meisten bedürfe, während er die Nothwehr zulasse, wo sie in der Regel als überflüssig hinwegfalle. Denn die Ausübung der eigentlichen Nothwehr sei abhängig gemacht von der vorherigen Ausübung der uneigentlichen; es sei aber klar, dafs letztere, wenigstens in der Regel, nur dann Statt finden werde, wenn der Eigenthümer keine ernstliche Gefahr für seine Person besorgen zu müssen glaube. Ja Luden geht mit der Forderung eines Angriffs auf die Person zur Rechtfertigung der Nothwehr noch über diejenigen hinaus, welche nur einem unbedeutenden Eigenthumsstücke oder einem in concreto ersetzlichen das Recht der Nothwehr versagen, da ohne einen solchen Angriff auch bedeutende Werthe und unersetzliche Güter nicht vertheidigt werden dürfen.

Es ist aber der Eigenthumsnothwehr ein eigenthümliches Schicksal geworden. Denn ihr eifrigster Vorfechter, Sander, versucht eine Begründung, wodurch er sich, was die Anerkennung des Werthes des Eigenthums im Verhältnifs zu den übrigen Rechten betrifft, kaum von den Gegnern derselben, namentlich Luden, unterscheidet. Er meint nämlich (63), dafs in allen Angriffen auf bewegliches oder unbewegliches Eigenthum in Gegenwart des Eigenthümers ein Angriff auf die Person desselben gelegen sei. Durch die unmittelbare Gegenwart des Eigenthümers habe sich die äufserliche Sache, die an und für sich leblos und gleichgültig sei, an den äufserlichen Körper des Eigenthümers zu dem hier in Frage stehenden natürlichen Besitz verbunden, und bei dieser äufserlich bestehenden Verbindung, die in der gleichmäfsigen Gegenwart der besessenen Sache und des besitzenden Körpers bestehe, sei ein Angriff, eine Drohung auf die Sache zugleich und nothwendig ein Angriff, eine Drohung gegen den Körper des Eigenthümers. Der natürliche Besitz sei ein rein persönliches, an den Leib gebundenes Recht, so gut wie die persönliche Freiheit selbst, ja er falle mit dieser persönlichen Freiheit eigentlich zusammen, und stelle sie in ihrer Beziehung auf die uns gehörenden Sachen äufserlich vor; denn da der natürliche Besitz das Recht sei, mit unserem Willen und durch unseren Körper über eine Sache zu verfügen, so sei eine Beeinträchtigung

(63) A. a. O., S. 86 ff.

dieses unseres Rechts durch eine drohende Gewaltthat gegen die unserer körperlichen Disposition unterworfenen Sachen gerade so gut eine Beschränkung unserer persönlichen Freiheit, als wenn man sie darin bedrohe, dafs man die freie Bewegung des Körpers von einem Ort zum andern mit Gewalt zu hindern suche. Einen Unterschied zwischen den unmittelbar am Leibe befindlichen Sachen (gegen welche ein Angriff unzweifelhaft eine Gewaltthat gegen uns selbst sei) könne man nicht machen. — Darnach gründet Sander die Nothwehr zum Schutze des Eigenthums nicht auf die Bedeutung dieses Rechtes an und für sich, sondern auf das Recht der durch einen solchen Angriff zugleich an ihrem Körper oder ihrer Freiheit, als den höheren, recht eigentlich zur Nothwehr berechtigten Gütern, gekränkten Persönlichkeit (64). Er will also mit dieser Argumentation augen-

(64) So bringen auch ältere Criminalisten den Schutz des Eigenthums mit dem Schutze der Person in Verbindung. Damhouder, c. 78, nr. 3, findet die ratio legis für die leichtere Gestattung der Tödtung des fur nocturnus darin, »quod de nocte nulli certo constet, an is furandi, ac occidendi gratia venerit«, und sagt dann: »nulli licitum esse, ut furem nocturnum pro rebus tantum occidat, nisi accedat grave corporis sui periculum, et fur aut actu, aut praesumptive tibi armis vim inferat . . . (das Criterium soll sein, ob er auf ein erhobenes Geschrei entfliehe) . . . . Sin enim constaret, furem tantum furandi studio domum tuam fuisse ingressum (quod evidentius fit clara luce, ideoque non tam temere licet furem interdiu occidere) nec tuae personae vim ullam armis inferat : dico tibi non concessum esse, ut ei furunculo, bonorum tuorum solum gratia, vitam eripias.« Carpzov kann es sich gar nicht denken, dafs eine Vertheidigung des Eigenthums ohne eine gleichzeitige Gefährdung der Person stattfinden könne; so sagt er in quaest. 32, nr. 27 : Nec video quomodo hoc modo fieri possit, ut quis res suas absque vitae corporisque periculo defendat : Aut invasor defensori resistit armis, nolens res ablatas restituere et relinquere;

scheinlich etwas anderes ausdrücken, als den Fundamentalsatz, auf welchem das Recht der Nothwehr steht, dafs in jedem Angriff auf das Eigenthum zugleich ein Angriff auf die Persönlichkeit überhaupt liege, nämlich dieses, dafs die Antastung der äufseren Rechtssphäre der Persönlichkeit nicht hinreiche, um durch sich selbst den Nothwehrschutz zu rechtfertigen. Es ist übrigens jene Darstellung Sander's um so auffälliger, als er selbst an anderer Stelle (S. 79) das Eigenthumsrecht auch in thesi nicht nur allen übrigen Rechten ausdrücklich gleichstellt, sondern dasselbe, da von ihm die Existenz des Menschen im Staate abhänge, und somit ein Angriff gegen dasselbe einen solchen gegen sein Leben als Staatsbürger enthalte, geradezu zu dem eigentlichen Zwecke erhebt, welchem das Leben, der Leib und die Freiheit des Menschen als Mittel dienen.

In der neuesten Gesetzgebung sind diese Schranken der Nothwehr zum Schutze des Eigenthums

aut vero non resistit, sed res ablatas relinquit et aufugit. Priori casu licitum esse invasorem occidere fatentur omnes, eo quod, uti dictum, imminere possit periculum vitae; posteriori vero casu internecionem non permitti, facile concesserim, defensio enim tunc demum licita est, quando res alio modo, vel spontanea invasoris restitutione, vel officio judicis conservari nequeant; und weiter in nr. 31: Quo posito, vix casus contingere poterit, quo rerum defensio cum corporis vitaeque periculo quodam conjuncta non sit, ut non absque ratione supra dicta DD. restrictio alicui inanis videri posset. Nisi quis fingere velit casum, qui forsan rarissime accidit, quo fur seu raptor incognitus equo insidens cum rebus ablatis aufugiat et avolet. Quem si defensor aliter assequi et apprehendere, vel res suas recuperare non valeat, hoc casu sagitta et globo tormentario eum transfigi et occidi posse, asserere haud vereor. . . Auch bei Böhmer, Fichte u. A. wird ja die Person zur vollen Rechtfertigung der Eigenthumsnothwehr zu Hülfe genommen (s. oben).

oder Besitzthums (65) überwunden. Das Oesterr. Ges. giebt demgemäfs die Nothwehr allgemein gegen rechtswidrige Angriffe auf das Vermögen; das Preufs. spricht schlechtweg von Abwehr rechtswidriger Angriffe von sich oder Anderen (66). — Während die Eigenthumsnothwehr

(65) Mit Recht lobt Breidenbach, S. 600, die von dem Ausschusse vorgeschlagene (Ausschufsbericht von Hesse, S. 107) und dann in den Text des Gesetzes aufgenommene Veränderung des »Eigenthums« in »Besitzthums«. Mit Beiseitsetzung jeder subtilen Unterscheidung zwischen Civil- und Naturalbesitz, Detention und juristischem Besitze sei ein für allemal gesagt, dafs derjenige, der im Augenblicke factisch über eine Sache verfügen könne, gegen den, der sie ihm widerrechtlich und gewaltsam nehmen wolle, die Nothwehr ausüben dürfe.

(66) Wir sagten »diese Schranken«: denn andere Beschränkungen, z. B. die Ausschliefsung der sofortigen Wiedererlangung des Besitzes von der Nothwehr, sind ja geblieben. — In Preufsen wird nun zwar für die Vertheidigung im engsten Sinne die Verhältnifsmäfsigkeit nicht verlangt, wohl aber für die als Selbsthülfe aufgefafste Wiedererlangung des Besitzes. Der Entwurf von 1827 war nämlich unbedingt gegen die Verhältnifsmäfsigkeit des gewählten Mittels und des dem Angegriffenen zuzufügenden Schadens. Später kam man aber, in der Gesetz-Revisions-Commission, von dieser Auffassung, wenigstens für jenen Fall der »Selbsthülfe«, zurück, und setzte demgemäfs den Zusatz bei: Auch dürfen zur Wiedererlangung des Besitzes unerheblicher Vermögensstücke (diese »unerheblichen Vermögensstücke« fielen später weg) nicht gewaltsame, dem Leben oder der Gesundheit gefährliche Mittel angewendet werden. So bis zum Entwurf von 1847, in dessen § 58 es hiefs: Gegen den, welcher Sachen gewaltsam oder heimlich an sich gebracht hat, ist der Verletzte befugt, sowohl auf frischer That, als auch dann, wenn die Hülfe der Obrigkeit wahrscheinlich zu spät kommen würde, Gewalt anzuwenden, soweit solche erforderlich ist, um demselben die Sachen wieder abzunehmen. Ebenso ist es erlaubt, Gewalt anzuwenden, um einen fliehenden Verbrecher festzunehmen. Jedoch werden lebensgefährliche Verletzungen zu diesem Zwecke nicht straflos. Dafs sich nun für das neueste Recht in diesem Falle, sobald man nämlich das genuine Gebiet der Nothwehr verlasse, und in das der

emancipirt wurde, so ist man in Rücksicht auf die Verstattung der Nothwehr zum Schutze der Ehre gegen wörtliche und symbolische Angriffe bedenklicher gewesen (67). Diese Bedenken sind, wie Heffter meint, die Folge schwächlicher und ängstlicher Theorien, welche vormals herrschten, und gegen die Forderungen der jetzigen Zeit und gegen die Rechtsprinzipien, die sie nähren sollten. Dieselben wurzeln auch wohl in der Meinung, dafs der Staat auf dem Wege des Rechtes die Ehre wiederherstellen könne, oder in jenem oben erwähnten und widerlegten Irrthume in Rücksicht auf die Möglichkeit der Ehrennothwehr, welche man negirte, so lange man die Statthaftigkeit derselben an die (freilich gleichgültige) Nichtconsummation des Verbrechens knüpfte; oder man glaubte, sich durch Bestimmungen, wie Art. 314 des Hess. Gesetzb., gegen dieselbe abfinden zu können (68). So hat denn der Neue Baier. Entw. Art. 63 die Ehre zwar formell übergangen, allein in den Motiven (S. 257) die Verbalinjurien von den im Art. genannten Angriffen auf die Person ausdrücklich ausgeschlossen. Dasselbe thut das Oesterr. Gesetzb., geleitet von der Ansicht, dafs

verwandten Selbsthülfe zur Wiedererlangung des verlorenen Besitzes übergehe, ein abstracter Mafsstab der Verhältnifsmäfsigkeit der Mittel zu dem wieder zu erlangenden Gut aufdringe, ist die Ansicht von Goltdammer, I, S. 421; vgl. auch bes. S. 366 — 369 (s. oben Not. 14).

(67) Das Hannöv. Gesetzb., Art. 78, hatte indessen schon die Nothwehr gegen einen unrechtmäfsigen (also nicht blofs gewaltsamen) Angriff auf die Ehre gegeben.

(68) Der Artikel lautet : Es ist Strafminderungsgrund, wenn der Beleidiger durch ein unbefugtes, unanständiges oder unschickliches Benehmen des Anderen gereizt wurde. Wer auf der Stelle wieder beleidigt, kann selbst von aller Strafe befreit werden.

einerseits sich die Nothwendigkeit der Nothwehr, als einer augenblicklichen, regelmäfsig gewaltthätigen Abwehr oder Selbsthülfe zum Schutze der Ehre practisch kaum denken lasse, und dafs andererseits die Zugestehung derselben in dieser Richtung gar leicht zu Excessen, Schlägereien etc. mifsbraucht werden könne (69). Während nun Hye (70) diese Schranke mifsbilligt, so interpretirt Goltdammer (71) dieselbe in das Preufs. Gesetzb. hinein,

(69) Hye, S. 200, vgl. schon Jenull, II, S. 248, Not. f und g.

(70) Er glaubt nämlich, de lege ferenda müsse es wohl in Frage gestellt bleiben, ob das Gesetz den dem Rechte an sich immanenten Gedanken der Nothwehr nicht richtiger aufgefafst hätte, wenn es dieselbe zur Abwehr was immer für eines rechtswidrigen Angriffes, also auch gegen Angriffe auf was immer für Rechte oder Rechtsobjecte zugestanden hätte. Es sei denn doch nicht zu läugnen, dafs extreme, wenn auch seltene, Fälle denkbar seien, wo man die eigene oder irgend einer theuren Person Ehre (und bei der Ehre entscheide nur das Urtheil der Anderen, nur dasjenige, was subjectiv in der Meinung der Welt als Satisfaction angesehen werde, nicht was objectiv eine solche sei) nur durch augenblickliche gewaltthätige Abwehr zu schirmen vermöge. . . . . Es könne dies um so unbedenklicher gestattet werden, als die Nothwehr doch auch in diesem Falle auf die Gränzen der nothwendigen Vertheidigung eingeschränkt werde, daher jeder Excefs über diese Gränzen hinaus der gerechten Ahndung unterworfen bleibe. Eine solche Erweiterung zum Schutz der Ehre stelle sich sogar als eine legislative Nothwendigkeit in unseren heutigen Verhältnissen heraus, in welchen die Ehre ein so mächtiges Vehikel der socialen Beziehungen, zumal bei gewissen Ständen, sei.

(71) Goltdammer, S. 417, 418, stützt sich einmal darauf, dafs das Moment der Gewaltthätigkeit in der Bedeutung der von dem Gesetze gebrauchten Bezeichnung, nämlich des »Angriffs«, liege, so dafs die sich nicht durch körperliches Einwirken auf die Rechtssphäre des Angegriffenen äufsernde Rechtsverletzung nicht zur thätlichen Abwehr berechtige; sodann darauf, dafs man bei der Redaction auch überall von diesem Gesichtspunkt ausgegangen sei. Der Entwurf von 1827 liefs allerdings Nothwehr zur Vertheidigung der Ehre nur insofern zu, als der Begriff des thätlichen Angriffs festgehalten werde,

dessen Text diejenige freie Interpretation zu Gunsten der Ehrennothwehr zuläfst, welche ihm Beseler, Köstlin und Heffter gegeben haben (72).

Wenn eine dringende Gefahr aus einem bevorstehenden widerrechtlichen Angriffe auf irgend ein Gut durch Nothwehr soll abgewendet werden dürfen, so ist aber auch nothwendig, dafs der Staat den Bedrohten nicht schützen kann : die Abwesenheit obrigkeitlicher Hülfe im Moment der Gefahr ist demgemäfs eine wesentliche Bedingung dieses Rechtes. Es folgt dieselbe aus den in dem ersten Abschnitt dieser Abhandlung der Selbstvertheidigung gegen die Thätigkeit der Organe der öffentlichen Gewalt abgesteckten Gränzen, aus ihrem Rechtsgrunde, nämlich der Nothwendigkeit, dafs es im Staate auch eine Reaction gegen drohendes, durch den Staat nicht abwendbares Unrecht geben müsse, dann auch schon aus der sprachlichen Bedeutung des Wortes „Nothwehr" in so natürlicher Weise, dafs die neueste Gesetzgebung mit vollem Rechte ihrer gar nicht mehr ausdrücklich gedenkt (73).

und die Revision von 1845 glaubte zwar, dafs in dem Ausdrucke „gegen die Person" auch schon hinlänglich der Schutz der Ehre, die wie die Freiheit in dem Begriffe der Person eingeschlossen sei, ausgedrückt werde, allein mit der Beschränkung, dafs ein Angriff durch Verbalinjurien nicht zur Nothwehr gehöre.

(72) Beseler, Comment. S. 188, III; Köstlin, System, S. 83; Heffter, Lehrbuch § 43, Not. 4.

(73) Die früheren deutschen Gesetzgebungen dagegen heben die Unmöglichkeit öffentlicher Hülfe meist noch ausdrücklich hervor. Wenn das Badische Gesetzb. § 84 der Abwesenheit der Staatshülfe nicht ausdrücklich gedenkt — denn die allgemeine Fassung des Artikels umfafst dieselbe allerdings implicite — so wurde ein ganz guter Grund dafür in der Discussion der ersten Kammer angegeben, nämlich dahin, dafs dieses noch im Regierungsentwurf enthaltene, von der zweiten Kammer gestrichene Moment, nicht darum weggelassen

Dafs durch die Möglichkeit späterer Hülfe durch richterlichen Spruch die Nothwehr nicht ausgeschlossen werde, folgt aus demjenigen, was wir über die rechtliche Gleichgültigkeit möglichen künftigen Ersatzes gesagt haben. Allein es ist auch die Bedingung der Abwesenheit öffentlicher Hülfe nicht in dem Sinne zu verstehen, als ob man gehalten wäre, dieselbe gegen eine künftig mögliche Gefahr im Voraus anzurufen. Denn die Nothwehr ist, wie stets zu betonen ist, das Recht, kraft dessen die Persönlichkeit ihre Rechte, namentlich die Freiheit ihrer Bewegung, gegen widerrechtliche Angriffe schützen darf; durch diese Schranke, welche die Ausübung der Nothwehr an eine positive Bedingung, nämlich die vorhergegangene Anrufung obrigkeitlicher Hülfe, knüpft, würde aber die Freiheit der Persönlichkeit wesentlich beeinträchtigt, und das Recht der Nothwehr gerade da beschränkt, wo das Individuum desselben am dringendsten bedarf (vgl. auch oben Not. 31).

Man ist indessen bei dieser Bedingung nicht stehen geblieben, sondern hat auch das Recht der Nothwehr ausgeschlossen für den Fall, dafs der Angegriffene Gelegenheit und Zeit hatte, zu anderen ihm bekannten Mitteln, aufser der Gewalt, zu greifen, wodurch er ohne Gefahr, auch ohne Gefahr für die Ehre, dem Angriffe sich zu entziehen, das bedrohte Gut in Sicherheit zu bringen oder sonst die Absicht des Angreifers zu vereiteln vermochte. Solche andere Mittel, aufser der Privatgewalt, wären dann

werde, weil es bei Beurtheilung der Nothwehr auf die Möglichkeit öffentlicher Hülfe nicht ankomme, sondern weil man gefürchtet habe, durch die besondere Hervorhebung desselben den Richter zu verleiten, das Recht der Nothwehr über Gebühr zu schmälern, da dasselbe nicht anders zu beurtheilen sei, als die übrigen zur Abwehr geeigneten Mittel. (Thilo, Strafgesetzgeb. I, S. 121; vgl. auch Berner, S. 568, 569.)

namentlich die Hülfe dritter Personen, das Vermeiden der Stelle, wo ein Angriff bevorstehen kann, die Flucht vor dem Angreifer. Diese Forderung hat, wie sie in der Doctrin vielfach, ja beinahe allgemein, gestellt wurde, denn auch Aufnahme in der neuen Gesetzgebung gefunden. So sagt das Preufs. LR. II, Tit. 20, § 523, dafs, so lange der Angegriffene sich ohne seine Gefahr dem Angriffe des Anderen zu entziehen vermöge, er zu dessen lebensgefährlicher Beschädigung nicht berechtigt sei. Das Hannöv. Ges. § 78 läfst Nothwehr Statt finden, wenn der Selbstvertheidiger eine zureichende Hülfe durch obrigkeitlichen Schutz oder auf andere Weise nicht erhalten konnte, und ebenso das Badische § 84 unter der Voraussetzung, dafs die drohende Gefahr nicht durch andere dem Bedrohten bekannte Mittel, aufser der Eigenmacht, mit Sicherheit und ohne Nachtheil abgewendet werden konnte. Während hier nun die Unmöglichkeit anderer Mittel aufser der Gewalt als Bedingung des Rechtes der Nothwehr gesetzt ist, so sehen andere Gesetzbücher in der Nichtbenutzung ungefährlicher Mittel nur eine Ueberschreitung des an sich begründeten Rechtes; so das Bair. Art. 127, das Württemb. Art. 103, das Hess. Art. 48 (74) und auch wohl das Sächs. (1838) art. 70, das Braunschw. § 166 (75), das Thüring. Art. 66 (76).

(74) Breidenbach, S. 614, 615.

(75) Köstlin, System, S. 90, Not. 3; S. 94, Not. 1 und 2, der freilich mit Recht der Ausdrucksweise dieser Gesetzbücher, die es zweifelhaft läfst, ob die Forderung als Bedingung, oder ihre Nichterfüllung als Excefs betrachtet werden soll, das Prädicat „etwas vag“ beilegt. Ganz entschieden gehört aber nach dem Text des Gesetzes hierher das Württemb. Art. 103, nr. 1, obgleich nach Hepp, Comment. I, S. 716 der Art. dort so ausgelegt werden soll, dafs

Indessen nur eine Verkennung der wahren rechtlichen Bedeutung der Nothwehr konnte ihr auch diese Schranke setzen. Dafs man nicht gebunden sein könne, einem bevorstehenden widerrechtlichen Angriffe auszuweichen, auch wenn man weifs, dafs derselbe an einer bestimmten Stelle erfolgen werde, haben wir schon oben aus dem Rehte der Persönlichkeit nachgewiesen, die in der Freiheit ihrer Bewegung unabhängig ist von der Willkühr desjenigen, der die Absicht hat, sie anzutasten. Dafs die Nothwehr nicht abhängig gemacht werden dürfe von dem vergeblichen Anrufen der Hülfe dritter Personen, folgt, abgesehen von dem practischen Grunde, dafs in ėchten Nothwehrfällen der Drang der Gefahr die Rettung auf eigenes rasches Handeln stellt, schon daraus, dafs nur die öffentliche Gewalt, nicht jeder Staatsbürger die Pflicht hat, dem Bedrängten beizuspringen (vgl. unten). Allein es ist auch Niemand gehalten, durch die Flucht sich dem widerrechtlichen Angriffe zu entziehen, und könnte er dies auch ohne Gefahr und ohne Schande (77). Wer Jemanden widerrechtlich

derjenige, der nicht zu den anderen Mitteln recurrire, als gar nicht in Nothwehr befindlich gewesen betrachtet werde. (Breidenbach, S. 615, Not. 5.)

(76) Hier kann derselbe Zweifel entstehen, wie in Beziehung auf das Sächs. und Braunschw., ob nämlich die Nichtergreifung anderer Mittel als Ueberschreitung oder die Ergreifung derselben als Bedingung des Rechts gefafst werden müsse.

(77) Die Frage, ob der Angegriffene gehalten sei zu fliehen, wird von den älteren Criminalisten meist sehr ausführlich behandelt. Clarus, Receptt. sentt. l. c. nr. 32 sagt ganz allgemein in seiner freisinnigen Auffassung der Nothwehr: Et quod insultatus ab aliquo non teneatur fugere, etiam quod posset sine periculo illud facere. Die Anderen verlangen meist die Flucht, freilich nur eine ungefährliche und unschimpfliche, einen „commodus discessus"; so Damhouder c. 76, nr. 7, 8, 9 (die entgegenstehende Meinung des

lich angreift, thut dies eben auf seine Gefahr, und mufs gewärtig sein, von dem Angegriffenen, dessen aufgeregte Gemüthsstimmung ihn ohnehin die Möglichkeit anderer Mittel nicht erkennen lassen wird, zu seiner Rettung mit Gewalt, und selbst mit der äufsersten, zurückgetrieben zu werden. In dieser Forderung erreicht das falsche Mitleid mit dem Angreifer seinen Gipfelpunkt; denn nun wird dem schon an unzählige Rücksichten gebundenen Angegriffenen, wenn er alle die schwierigen Untersuchungen über die Person seines Gegners, die Art des Angriffs und das Mafs der Vertheidigung angestellt, nicht einmal vergönnt, das Resultat derselben in Ausführung zu setzen, sondern noch gar zum Schlusse die Pflicht auferlegt, das Hasenpanier zu ergreifen, auf dafs ja dem widerrechtlichen Angreifer kein Leids geschehe (78). Ja Breidenbach (S. 615)

Baldus sei „parum tuta ac Christiana") und Böhmer ad art. 140, § IV. Carpzov's Auffassung wird nur im Zusammenhange seiner ganzen Theorie, also seiner Unterscheidung des excessus defensionis und inculpatae defensionis, verstanden. (s. unt.) Er sieht in der Nichtergreifung der Flucht (welche absque periculo möglich sein mufs) einen excessus moderaminis inculpatae tutelae circa modum defensionis. — Von den Neueren haben Heffter § 43 und Köstlin, Revis. S. 728 (auch Jenull, II, S. 249, der übrigens die Bedingungen und die die Gränze der Ausübung bestimmenden Momente nicht trennt) die Unmöglichkeit unschimpflicher Flucht als Bedingung des Nothwehrrechts ausdrücklich hervorgehoben; Köstlin hat aber dies im System S. 88, 89 zurückgenommen, und sieht in der Nichtergreifung anderer Mittel (also auch der Flucht), wie beinahe alle Neueren seit Feuerbach, nur noch einen Excefs. Eine schimpfliche Flucht hat freilich noch Niemand zu fordern gewagt. — Eine gute Ausführung gegen die Pflicht zu fliehen s. bei Berner, Arch., S. 578.

(78) Hufnagel I, S. 222, und nach ihm Breidenbach S. 615 meinen, dafs eine solche Bestimmung des Gesetzbuchs die Forderungen der Moral mit der höchsten Achtung des Rechts verbinde. Die Klugheit mag es wohl gebieten, wie auch Hufnagel sagt, seine

geht in seiner Rücksicht für den Angreifer so weit, auf Grundlage der Vorschrift, daſs zuvor andere Mittel versucht werden müſsten, ehe zur Gewalt geschritten werde, von dem Angegriffenen zu verlangen, daſs er, wenn er vollen Grund habe, anzunehmen, daſs der Angreifende sich in der Person irre, das Miſsverständniſs aufklären müsse, wenn es noch Zeit sei, widrigenfalls sich derselbe einen Exceſs der Nothwehr zu Schulden kommen lasse. Und Grattenauer (79) dispensirt nur die Militairs, Adeligen

bedrohte Person oder Sache dem drohenden Angriffe des Andern zu entziehen, wenn es ohne Gefahr geschehen kann, allein eine Forderung echter Sittlichkeit vermögen wir darin nicht zu erkennen, daſs man vor einem Nichtswürdigen, der unsere Rechte bedroht, zurückweichen solle, noch weniger aber eine Forderung des Rechts, in welchem eine solche Hemmung der freien Bewegung der Persönlichkeit vielmehr in keiner Weise gerechtfertigt werden kann. Auch giebt man erst formell zu, daſs eine Selbstentehrung durch schimpfliche Flucht nicht gefordert werde, und stellt dann dennoch materiell das Verlangen einer solchen, wenn man dem Angegriffenen gebietet, „sich der Person des Angreifers zu entziehen“, „sich von ihr wegzubegeben“, „ihr das Feld zu räumen“. Aehnliche Unterscheidungen haben auch die Aelteren gemacht. Doch hat schon Böhmer ad Carpz. quaest. 30, obs. 3 gegen Kress (ad art. 140 C. C. C.), welcher unterscheidet „inter discessum, eine Retirade, quae cessim fit, et fugam, quae praecipiti cursu suscipitur“, und nur von ersterem die Worte der P. G. O. „und der benöttigt kan füglich etc.“ verstanden wissen will, solche verkünstelte Unterscheidungen in den Worten verworfen : Vereor autem, ut in logomachiam degenerent hi apices, in quibus nec legislator, nec interpretes hactenus occupati fuerunt, quique ad rationem decidendi nil conferunt. Freilich verwirft Böhmer diese Unterscheidung aus dem entgegengesetzten Grunde, wie wir, nämlich weil er will, daſs der Angegriffene in allen Fällen (s. jedoch not. 79) sich „sive cessim, sive cum impetu, per saltum, asylum quaerere“ solle. (Meditt. ad art. 140, § IV.)

(79) Grattenauer, S. 146 ff. Wie viel freisinniger entscheidet hier schon Carpzov quaest. 30, nr. 59, der wenigstens keinen Standesunterschied anerkennt, wenn er auch, von falscher Humanität

und überhaupt alle über die mittlere Bürgerklasse erhobenen Standespersonen unbedingt von der Pflicht zu fliehen, während sonst, wenn ein völlig anständiger Rückzug, ohne alle Gefahr, Nachtheil und Schaden des Angegriffenen möglich, der Widerstand blofse Tollkühnheit und Uebermuth sei, und derjenige, welcher ein solches Wagspiel persönlichen Kampfes dennoch unternehme, wegen der Beschädigungen seines Gegners immer strafbar bleibe. — Wenn aber diese Schranke rechtlich verwerflich ist, so ist dieselbe auch zum Theil überflüssig, weil der Zweck, den man damit erreichen will, in vielen Fällen, die ihre Vertreter im Auge haben, auf eine andere Weise und ohne Verletzung des Rechts der Persönlichkeit, nämlich durch die Aufstellung der allgemeinen Schranke der Nothwehr, gerade so erreicht werden kann, wie durch dieselbe die Beobachtung eines angemessenen Verhältnisses zwischen Angriff und Abwehr erzielt wird, ohne dafs erst die practisch unausführbare und prinzipiell nicht minder verwerfliche Forderung der Beobachtung einer Verhältnifsmäfsigkeit zwischen dem angegriffenen Gute und dem dagegen zu verletzenden des Angreifers gestellt wer-

geleitet, Jedem eine unschimpfliche Flucht gebietet: Neque hic excipiendi sunt milites, nobiles aliique superioris subsellii, ac in dignitate constituti viri, quos salvo honore et honestate sua fugere non posse, vulgo existimant, quippe cum fugere non sit viri fortis, sed timidae mulierculae. Nusquam enim, quod scirem, in libris nostri juris, speciale privilegium hisce personis concessum legimus, cujus vigore insultantes occidere queant, ut maxime etiam fuga sibi consulere valerent. Et certe non video, cur nobiles et milites aeque non debeant imitari exemplum Christi, perinde ac reliqui homines Christiani, qui in omnibus, quantum ipsis possibile est, Salvatoris sui vestigiis (qui cum quaereretur ab Herode, aufugit in Aegyptum) insistere student. Dagegen sagt wieder Böhmer ad Carpz. quaest. 30, obs. III: Solos nobiles et praefectos militum excipio, quibus adhuc hodienum haeret praeconcepta opinio, quasi nefas sit, aut inultam relinquere injuriam, aut ubi data occasio coeundi, tergum vertere.

den müfste (80). Setzt man sie aber überhaupt, so ist es in alle Fälle logisch richtiger, in der Beachtung derselben eine Bedingung des Nothwehrrechtes zu erblicken, als in ihrer Nichtbeachtung einen Excefs. Denn die Erwägung, dafs die Möglichkeit anderer Mittel den Begriff der Noth, welche doch eine Bedingung der Nothwehr ist, ausschliefse, wird dadurch nicht beseitigt, dafs man sagt, „dafs, wenn der Staatsschutz fehle, und noch so viele und sichere Mittel aufser der Privatgewalt, um den Angriff zu vereiteln, zu Gebote gestanden haben, der Begriff rechter Nothwehr dadurch nicht alterirt werde." Die Carolina hat wenigstens dies in Art. 140 schon richtig gefafst, nicht so ihre Commentatoren (Carpzov, Böhmer) (81).

(80) Gerade für das von Breidenbach, S. 615 u. A. angeführte Beispiel, dafs man, im Besitz einer geladenen Pistole, auf den, den man in einiger Entfernung auf sich zukommen sehe, nicht sogleich schiefsen dürfe, sondern ihm zuerst die Waffe entgegenhalten und drohen müsse, reichen die Grundsätze von der moderatio inculpatae tutelae zur strafrechtlichen Würdigung der Handlung aus, wenn hier, obgleich die Drohung zur Abwehr der Gefahr genügt haben würde, doch von dem Bedrängten die Pistole abgefeuert sein sollte.

(81) Obwohl der Text der neuesten Gesetze auch diese Beschränkung der Nothwehr auf den Fall des Nichtdaseins anderer Mittel aufser der Gewalt nicht aufgenommen hat, so wird derselbe doch in diesem beschränkenden Sinne von ihren Commentatoren ausgelegt. So bemerkt für Preufsen Goltdammer, S. 419, 420, dafs man zwar bis zum Entwurf von 1845 noch die beiden Criterien des Mangels des augenblicklich nothwendigen Schutzes der Obrigkeit und eines anderen sicheren Mittels aufser der Selbstvertheidigung zur Abwendung der drohenden Gefahr gehabt habe; beide seien dann, als in der Natur der Sache liegend, weggelassen worden. Ueber die Flucht insbesondere habe man sich nicht ausdrücklich aussprechen wollen; der concrete Fall werde hier entscheiden; in der Regel werde man aber von dem, dem das Gesetz den Muth der Selbstvertheidigung zutraue, dessen muthvolle Vertheidigung es daher billige, die Flucht vor der Gefahr nicht zumuthen. Freisinniger ist dagegen Beseler's Auf-

Wenn es bisher die Aufgabe gewesen, die Schranken abzuweisen, welche dem Rechte der Nothwehr wider sein eigenstes Wesen aufgedrungen worden, so sollte dasselbe damit nicht als ein absolut mafs- und schrankenloses gesetzt sein. Wir postulirten in der Abweisung jener Schranken nur die Anerkennung des Rechts der Persönlichkeit, das sonst unvermeidliche Unrecht von sich abzuwehren, wir verlangen aber für dieselbe nicht die Gestattung einer unbedingten Willkühr, die den Angegriffenen zum Herrn über Leben und Tod seines Angreifers machte. Haben wir doch die Ansicht ausdrücklich zurückgewiesen, als ob im Drange der Gefahr der Staat und seine Gesetze suspendirt wären, so dafs nun die Herrschaft der rohen physischen Kraft begönne, oder dafs der Angreifer dem Angegriffenen

fassung des Gesetzes (Comment. I, S. 189, Nr. IV): Namentlich kommt es nicht darauf an, ob möglicherweise die Abwehr auch durch die Behörden hätte erfolgen (vgl. ob. Not. 31) (er meint natürlich nicht, dafs im entscheidenden Augenblick obrigkeitliche Hülfe gegenwärtig gewesen), oder ob man durch Flucht der Gefahr hätte entgehen können. — Hye, S. 201, umschreibt die Worte des Gesetzes »dafs sich der Thäter nur der nöthigen Vertheidigung bedient habe«, dahin: »des nöthigen, d. i. des entweder an und für sich objectiv unvermeidlich gewesenen, oder wenigstens dem Thäter subjectiv als das einzige und unabweisliche Mittel zum Zwecke erschienen". (Vgl. auch eine Entscheidung des Cassationshofs zu Wien, in welcher erkannt wird, dafs, wenn der Angegriffene sich leicht der Zufügung jeder Mifshandlung hätte entziehen können, dieser Umstand allein genügend sei, den Entschuldigungsgrund der Nothwehr auszuschliefsen, bei Temme, Archiv I, S. 162, und die Entscheidungsgründe des Obergerichts zu Cassel, bestätigt von dem O. A. G., ebendaselbst S. 162). — Ebenso legt Krug, Comment. I, S. 195, das Sächs. Ges. in beschränkendem Sinne aus, indem er den Richter anweist, die äufserste, mit Gefährdung des Lebens verbundene, Gewalt nur bei . . . . und bei der Unanwendbarkeit anderer Mittel für entschuldigt zu achten.

gegenüber völlig rechtlos würde, oder dafs dem Benöthigten das, was er immer thue, nicht zugerechnet werden dürfte. Die nothwendige Schranke liegt aber, wie wir zu zeigen versucht, nicht in der Rücksicht darauf, dafs der Angriff ein Verbrechen oder ein noch nicht consummirtes Verbrechen darstelle, oder dafs derselbe nicht von dem Angreifenden verschuldet oder von ihm vorausgesehen sei, noch in der Rücksicht auf den Werth des bedrohten Gutes, welche sich hinter so verschiedenen Formeln versteckt hat, wie hinter der Forderung der Beobachtung eines angemessenen Verhältnisses zwischen dem Werth des angegriffenen Gutes und der zum Schutze desselben dem Angreifer zuzufügenden Verletzung, oder der abstracten oder concreten Unmöglichkeit künftigen Ersatzes, noch endlich in dem Nichtdasein anderer Mittel aufser der Gewalt; sondern sie wird einzig darin gefunden, dafs die Gewalt zum Zwecke der Vertheidigung angewendet werden, dafs sie im Verhältnifs stehen mufs, nicht zum Werthe des bedrohten Gutes, sondern zur Gröfse der Gefahr, nämlich der Möglichkeit, die ruhige Innehabung eines Rechtes zu verlieren (82). Da die Persönlichkeit nicht das kleinste

(82) Wir können diese Bestimmung der Gränze der Ausübung der Nothwehr nicht scharf genug hervorheben. An anderer Stelle hatten wir behauptet, dafs von dem Angegriffenen eine stricte Beobachtung eines Verhältnisses zwischen dem Werthe des angegriffenen Guts und der dem Angreifer zuzufügenden Verletzung nicht gefordert werden könne, und zwar aus vielen Gründen; dagegen hier verlangen wir, dafs die Wehr im Verhältnifs stehe mit der Gröfse der drohenden Gefahr, diese gefafst als die Möglichkeit, den ungestörten Besitz eines Rechtes einzubüfsen. Dadurch, dafs die Bedeutung der Gefahr aber nach der Individualität des Angegriffenen bestimmt werden soll, ist auch selbst diese Verhältnifsmäfsigkeit weit davon entfernt, eine abstract oder gar mathematisch bestimmbare zu sein.

Recht einem widerrechtlichen Angriffe gegenüber aufzugeben genöthigt ist, so rechtfertigt die Gefahr des Verlustes des kleinsten Gutes das höchste Mafs angewendeter Gewalt, wenn nur das bedrohte Gut mit geringerer Gewalt nicht erhalten werden konnte: dagegen entschuldigt die Gefahr für das höchste Gut nicht die geringste Gewalt über das Mafs hinaus, welches von der Rettung desselben gefordert war. Wenn aber die Gefahr den Mafsstab für die Rechtmäfsigkeit der Gewalt abgiebt, so ist dabei festzuhalten, dafs diese Gefahr nicht an und für sich, nicht in der Gestalt, wie dieselbe einem unbetheiligten Dritten, etwa dem die Acten durchlesenden Richter, nachher erscheint, sondern nur darnach gemessen werden darf, wie dieselbe sich dem Benöthigten im Drange des Augenblicks darstellen mufste: nicht die objective, sondern die subjective Gefährlichkeit des Angriffes entscheidet über die Frage, ob der Angegriffene das Recht der Nothwehr, welches das Recht ist (83), sich nach seiner Individualität zu vertheidigen, geübt, oder das rechte Mafs der Vertheidigung überschritten habe. Die Individualität des Angegriffenen also, an und für sich und dann in der durch den widerrechtlichen Angriff hervorgerufenen Aufregung, die ganz dazu angethan ist, die Gröfse der Gefahr zu überschätzen, die Persönlichkeit des Angreifers, von welcher das Schlimmste zu befahren ist, auch wenn vielleicht im concreten Falle nur ein minder gefährlicher Angriff von ihm beabsichtigt war, die Mittel des Angriffs, die Zeit, der

(83) Dafs die Nothwehr nicht blofs ein Entschuldigungsgrund, sondern dafs das kraft derselben Gethane völlig rechtmäfsig ist, ist gerade für die Beurtheilung des bei der Nothwehr beobachteten Mafses von hoher Bedeutung. Beseler, S. 188, 189, billigt ausdrücklich aus diesem Grunde die Schlufsbestimmung des Art. 41.

Ort desselben müssen von dem urtheilenden Richter in Erwägung genommen werden, welcher erst dann einen gerechten Ausspruch über die Beobachtung der moderatio inculpatae tutelae zu thun vermag, wenn er, alle abstracte Norm abweisend, sich die psychische Lage des Benöthigten aus den concreten Verhältnissen reproducirt hat. Es ist dabei auch zu bedenken, dafs überhaupt die Gefahr an und für sich, weil der Zukunft angehörig, ein Ungewisses ist, dessen Bedeutung in der Gegenwart gar nicht ermessen werden kann. Darum können der Muthige und der Furchtsame, der Erregbare und der Ruhige in gleicher Weise über die zu ihrer Abwehr objectiv nothwendigen Mittel hinübergreifen. Denn das Unrecht, gegen welches Nothwehr geübt, ist nicht wie dasjenige, gegen welches Strafe verhängt wird, ein wirkliches, sondern ein mögliches; während diese das begangene Verbrechen zur Grundlage hat, kämpft jene gegen die noch incommensurable Gefahr einer Rechtsverletzung. Der strafende Richter kann darum an das Prinzip der Talion gebunden sein, nicht aber der Benöthigte, weil eben dasjenige noch gar nicht vorhanden ist, woran er seine Vergeltung abmessen könnte. Es ist nur wieder die unselige Verwechslung von Nothwehr und Strafe, welche, wie sie bei Bestimmung des Angriffs und des wehrhaftigen Guts zu falschen Consequenzen getrieben, auch hier ihren verwirrenden Einflufs leicht geltend machen kann.

Aus diesen Gründen ist Nichts verwerflicher, als wenn eine Gesetzgebung die Fälle, in welchen eine Ueberschreitung gefunden werden soll, einzeln aufzuzählen versucht, wie diefs z. B. die Baierische in Art. 128 unternimmt. Dieselbe scheint den begangenen Fehler durch die Artt. 130 und 131 selbst wieder gut machen zu wollen, und die Officiellen Anmerkgg. zu Art. 128 beweisen durch die Bemerkung, dafs bei diesen Gränzen vorausgesetzt werde, dafs der Angegriffene die gelinderen Mittel kannte, und sie anzuwenden Zeit und Gelegenheit hatte, auch ohne alle andere Gefahr für sich anwenden konnte, sowie durch die ausdrückliche Verweisung des Richters auf den Zusammenflufs der Umstände, dafs jene abstracte Festsetzung doch überflüssig, und trotz derselben das Ermessen des Richters im concreten Falle entscheidend sei (84). Dies anerkennen auch ausdrücklich diejenigen Gesetzbücher, welche zwar nicht die einzelnen Fälle des Excesses, sondern diesen nur überhaupt in allgemeinen Umrissen bestimmen, wie das Würtemb. Art. 103 und das Hess. Artt. 48 u. 49. Die neusten, wie das Preufs. und Oesterreich., lassen sich mit Recht selbst auf eine solche allgemeine Characteristik des Excesses nicht mehr ein, sondern setzen den Begriff desselben, eingedenk, dafs alle Bestimmung doch nichts Anderes sagt, als „Nothwehr mufs Nothwehr bleiben", als mit dem Begriff der Nothwehr, der gerechten Nothwehr (Oesterr.) gegeben, voraus (85).

(84) Die Motive zum Baierschen Entw., S. 259, sagen darum mit Recht, in bewufstem Gegensatz zu Art. 128 des älteren Gesetzbuchs, man habe es für zweckmäfsig erachtet, da die specielle Aufzählung der einzelnen Fälle des Excesses im Texte des Gesetzes zu einer schwerfälligen und am Ende doch immer lückenhaft bleibenden Casuistik führen würde, die Beantwortung der Frage, ob die Gränze als überschritten zu betrachten sei, in jedem einzelnen Falle dem auf die Erwägung aller Umstände gebauten vernünftigen Ermessen der Richter zu überlassen.

(85) Es ist interessant, zu beobachten, wie man jeden Versuch der näheren Bestimmung des Excesses in den Preufsischen Entwürfen vermied. Im Entw. von 1830, § 80, war man schon bis zu dem allgemeinen Satze gelangt: Die Nothwehr ist nur dann gerecht, wenn sie nicht weiter getrieben wird, als nothwendig ist; im Entw. von

Wenn nun aber die Theorie, deren Aufgabe es ist, die Gränzen der Strafbarkeit der Ueberschreitung begrifflich festzustellen, jene beiden oben hervorgehobenen Momente, nämlich die Rücksicht auf die Individualität des Benöthigten und auf die objective Unbestimmbarkeit der Gefahr, in Erwägung nimmt, so kann eine strafbare Ueberschreitung des Rechts der Nothwehr nicht in jedem Hinausgehen über das nöthige Mafs der Vertheidigung, sondern nur dann angenommen werden, wenn der Angegriffene den Zustand der Nothwehr dazu benützt hat, dem Angreifer eine Verletzung zuzufügen, von welcher er wufste, dafs sie zu seinem Schutze gar nicht oder nicht in der angewendeten Art und Stärke nothwendig war, oder wenn er zwar die Absicht hatte, sich zu vertheidigen, ihn aber eine grobe Fahrlässigkeit übersehen liefs, dafs das Mafs angewendeter Gewalt weit über diesen Zweck hinausreichen werde. Im ersten Falle ist die Ueberschreitung eine dolose, im zweiten eine culpose. Wo die Strafbarkeit der culpa beginne, läfst sich natürlich hier so wenig, wie anderwärts, absolut festsetzen, da die Frage, ob ein Irrthum oder ein Nichtwissen vermeidlich gewesen sei, so dafs es also eine Fahrlässigkeit des Handelnden ist, dieselben nicht vermieden und dadurch den rechtsverletzenden Erfolg mittelbar verschuldet zu haben, stets nur nach der Individualität des Handelnden und den Umständen des concreten Falls, und selbst hier nur negativ dahin beantwortet werden kann, dafs die Verantwortlichkeit wegfällt, wenn dem Handelnden als sol-

1843, § 87 : Die Nothwehr darf nicht weiter geübt werden, als ihr Zweck erfordert (Goltdammer, I, S. 421). — Dafs die Praxis darum doch den Excefs zu bestimmen weifs, zeigen u. A. die Entscheidungsgründe des Wiener Cassationshofs in einem Fall, in welchem Ueberschreitung angenommen wurde, bei Temme, Archiv, II, S. 192.

chem unter den vorliegenden Umständen nicht zugemuthet werden konnte, dafs er den eingetretenen Erfolg als mögliche Folge seiner Handlung hätte vorhersehen sollen. Es ist also zur Herstellung einer strafbaren Fahrlässigkeit im einzelnen Falle, wenn in der durch den widerrechtlichen Angriff hervorgerufenen Aufregung die objectiven Gränzen der Vertheidigung überschritten worden sind, zu untersuchen, ob diese Aufregung einen solchen Grad erreicht hatte, dafs es von dem Angegriffenen in derselben nicht erwartet werden konnte, das Verhältnifs des gewählten Vertheidigungsmittels zu der drohenden Gefahr mit derjenigen Einsicht und Vorsicht zu ermessen, deren Vernachlässigung sonst den Handelnden strafrechtlich verantwortlich macht. Gerade hier ist es, dafs die Erwägung des Richters die Eigenartigkeit des Nothwehrverhältnisses in besondere Berücksichtigung nehmen mufs, dafs die Nothwehr gegen ein Unbestimmtes, ein Zukünftiges, eine Gefahr gerichtet ist, deren Gröfse im Beginne des Kampfes nicht sofort erkannt werden, im Verlaufe des Kampfes sich steigern kann. Darum wäre es aber ein Verkennen des Wesens der culpa, wollte man hier nur an eine alles Bewufstsein vernichtende Aufregung die Folge der völligen Straflosigkeit knüpfen.

Die Strafgesetzgebung, wie es scheint, in der Erkenntnifs, dafs sie die Pflicht habe, dem nach allen Richtungen in seinem Vertheidigungsrechte eingeengten Angegriffenen doch einigen Ersatz zu gewähren, anerkennt dieses letztere ausdrücklich. So erklärt das Baier. Gesetzb. Art. 130, dafs, wenn im Fall überschrittener Gränzen rechtmäfsiger Vertheidigung aus den Umständen des Ortes, der Zeit, der Personen, der Art des Angriffes und dergleichen mit Wahrscheinlichkeit sich ergebe, dafs der Angegriffene aus Ueberraschung, übermächtiger Furcht in gestörter Besonnenheit das Mafs erlaubter Vertheidigung überschritten habe, ihm die unverschuldete Unbedachtsamkeit zu keiner Strafe gereichen dürfe (86). Dasselbe bestimmen, mit geringen Modificationen in der Redaction (87), die Gesetzbücher von Braunschweig § 167, Baden § 91, Thüringen Art. 67, Preufsen Art. 41, Oesterreich I, 1, § 2 g; das letztere mit dem eigentlich überflüssigen Zusatze, dafs eine solche Ueberschreitung nach Beschaffenheit der Umstände als eine strafbare Handlung aus Fahrlässigkeit nach Mafsgabe der Bestimmungen des zweiten Theils des Gesetzb. geahndet werden solle (88). Es ist dies auch die Meinung derjenigen Gesetzbücher, welche, anstatt geradezu für solche Fälle Straflosigkeit auszusprechen, dem Richter nur die Pflicht auferlegen, bei Beurtheilung der Frage, ob und in welchem Mafse eine Bestrafung eintreten solle, auf den Gemüthszustand des Angeklagten zur Zeit des behaupteten Nothzustandes, nach Mafsgabe des Orts und der Zeit des Vorfalls, der Persön-

(86) Sehr gute Bemerkungen stehen darüber in den Anmerkungen, I, S. 315. Freilich wird auch in diesen stillschweigend zugegeben, dafs alle Beschränkungen des Gesetzbuchs im entscheidenden Momente doch nicht berücksichtigt werden können, ja dafs das Gesetzbuch selbst die Beobachtung derselben eigentlich gar nicht verlange. So reagirt die Natur des Verhältnisses selbst gegen das ihr wider ihr eigenstes Wesen Aufgedrungene.

(87) Das Braunschw. nennt Ueberraschung, das Preufs. Bestürzung, Furcht oder Schrecken, das Thüring. geminderte Besonnenheit; das Preufs. sagt aufserdem, „dafs dies der Nothwehr gleich zu achten sei". — Berner, Archiv, S. 593, will auch Zorn und Kampfeshitze dazu gestellt wissen, und zwar mit Recht, während ohne Grund Hye, S. 205, Not.** ausdrücklich die Aufnahme dieser s. g. asthenischen Gemüthsbewegungen und die Ausschliefsung der sthenischen (Zorn, Rache, Hafs, wilde Aufregungen etc.) billigt.

(88) Hye, S. 206.

lichkeit der Betheiligten und der Ansicht des Angegriffenen über den gröfseren oder geringeren Grad der Gefahr, billige Rücksicht zu nehmen. (Württemb. Art. 103. Hess. Art. 51 (89), Hannöv. Art. 79.) Auch das Sächs. Art. 71 ist in diesem Sinne zu interpretiren, weil es, wenn es auch nur zunächst von Bestrafung redet, dennoch diese in das richterliche Ermessen stellt. — Wenn nun durch solche Bestimmungen die Gesetze die dem Angegriffenen verderbliche Wirkung jener Beschränkungen practisch zu neutralisiren suchen, so dient demselben Zwecke auch die Vorschrift des Baier. Gesetzb. Art. 131, des Braunschw. § 167 und Thüring. Art. 67, dafs eine Strafe nicht eintreten solle, wenn während der Gegenwehr des Angegriffenen aus der Anwendung eines an sich erlaubten und den Umständen angemessenen Vertheidigungsmittels unabsichtlich eine gröfsere Beschädigung des Angreifers entstanden sei, als zu dessen Abhaltung erforderlich und von dem Angegriffenen beabsichtigt gewesen wäre.

So sehr diese Bestimmungen zu Gunsten des Excedenten den Grundsätzen des Rechts und der Humanität entsprechen (s. jedoch unten), so mufs dagegen an der Strafbarkeit der Ueberschreitung in denjenigen Fällen, in welchen trotz der Berücksichtigung der Individualität des Handelnden und seiner Lage eine wahre culpa zurückbleibt, mit

(89) Breidenbach, S. 626, 627, giebt zwar zu, dafs nach diesem Artikel auch unter Umständen volle Straflosigkeit eintreten könne, allein er fürchtet, »dafs die Bestimmung desselben den Gesetzen die Spitze abbrechen und der Bosheit zum Asyle dienen könne«, und sucht ihn darum möglichst einschränkend zu erklären. Gerade das Hessische Gesetzbuch hätte Veranlassung gehabt, sein an dem widerrechtlich Angegriffenen geübtes Unrecht durch milde Grundsätze für die Bestrafung des Excesses wieder in etwas gut zu machen, zu dessen Begehung ihn dasselbe durch die vielen Schranken gleichsam selbst treibt.

Bestimmtheit festgehalten werden (90). Es könnte sich sonst Befriedigung der Rache und jede Gewaltthat hinter dem äufseren Scheine der Nothwehr verstecken. Die Nothwehr geht nur gegen den widerrechtlichen Angreifer, in der Ueberschreitung wird aber der Benöthigte selbst zum widerrechtlichen Angreifer, der nun nicht mehr vom Gesetze geschützt, sondern mit Strafe belegt werden mufs, und von dem ersten Angreifer selbst kraft des Rechts der Nothwehr zurückgetrieben werden darf. Auch haben die meisten Gesetzbücher die culpose neben der dolosen Ueberschreitung als strafbar gesetzt, durch die ausdrückliche Vorschrift an den Richter, im einzelnen Falle zu bestimmen, ob die Ueberschreitung blofs als Fahrlässigkeit, oder als böser Vorsatz zuzurechnen sei. (Baier. Art. 132, Hannöv. Art. 79, Bad. § 90.) Im Hess. Art. 52 ist an diesen Gegensatz eine gleich unten zu erwähnende, besonders bedeutsame Folge geknüpft (91). Selbst wenn ein Gesetzbuch desselben nicht

(90) Berner, Arch., S. 592. Köstlin, System, S. 94, Not. 5. Anmerkgg. zum Baier. Strafgesetzb., I, S. 316.

(91) Breidenbach, S. 630, warnt hier vor einem möglichen Mifsverständnisse, vermöge dessen der Begriff der absichtlichen Ueberschreitung zu weit ausgedehnt werden könnte. Man könne nämlich leicht versucht werden, eine jede Verletzung, die der Angegriffene dem Angreifer zugefügt habe, schon als eine im Sinne des Art. 52 geschehene vorsätzliche Ueberschreitung zu betrachten, also mit der sonst gesetzlichen Strafe zu belegen, wenn sie 1) nach den Ge- oder Verboten der Artt. 48 und 49 hätte ganz unterbleiben oder geringer ausfallen sollen, und wenn sie 2) absichtlich zugefügt worden wäre. Unvorsätzlich, aber doch schuldvoll wäre hiernach diejenige Verletzung, bei welcher zwar das Requisit unter 1), statt desjenigen unter 2) aber das vorhanden ist, dafs der Handelnde die nicht beabsichtigte Verletzung bei gewöhnlich gehöriger Aufmerksamkeit entweder ganz, oder doch in solchem Maafse hätte vermeiden können. Allein das sei nicht der Sinn des Art. 52 nach seiner ganzen Bildungsgeschichte.

ausdrücklich gedenkt, so will es die beiden Formen der Ueberschreitung damit nicht ausgeschlossen haben, sondern setzt denselben vielmehr als selbstverständlich, nach den allgemeinen Grundsätzen von der Strafbarkeit des dolus und der culpa, voraus, obgleich dagegen bisweilen, z. B. in Württemberg, aber mit Unrecht, Zweifel erhoben worden sind (92). — Das ist freilich zuzugeben, dafs, wie

(92) Es ist nämlich eine ganz andere Frage, ob das Gesetzbuch diese Unterscheidung von culposer und doloser Ueberschreitung ausdrücklich aufnehmen solle, was allerdings zu verneinen ist. Mit Recht wurde darum bei der Revision des Preufs. Entw. von 1845 hervorgehoben, dafs sich eine solche Unterscheidung von selbst verstehe, und dieselbe gegen die früheren Entwürfe weggelassen (Goltdammer, S. 368). — Ebenso erklären die Motive zum Baier. Entw., S. 260, der Unterschied zwischen doloser und culposer Ueberschreitung der Nothwehr, welchen mehrere Gesetzgebungen aufstellen, um hiernach die Bestrafung abzustufen, scheine eher geeignet, Begriffsverwirrung zu erzeugen, als derselben vorzubeugen, und dürfte namentlich da, wo Geschworene über die Thatfrage abzuurtheilen haben, sich als unpractisch darstellen. Es sei daher für das Zweckmäfsigste erachtet worden, die Bestimmung der Strafe in solchen Fällen lediglich dem richterlichen Ermessen anheim zu geben, ohne in Bezug auf Strafart und Strafgröfse dieses Ermessen auf irgend eine Weise zu beschränken. — In Württemberg wurden aber darüber Zweifel angeregt, ob auch Ueberschreitung aus Fahrlässigkeit strafbar sei, weil Art. 103 für die Bestrafung übeschrittener Nothwehr auf die betr. Artt. der Lehre von der Tödtung und Körperverletzung verweise, und dort nur von vorsätzlicher Ueberschreitung, die eine Tödtung oder Körperverletzung zur Folge habe, gesprochen werde, sonach hier der Grundsatz des Gesetzbuches in Anwendung komme, dafs Fahrlässigkeit nur in den Fällen bestraft werde, in welchen solches ausdrücklich ausgesprochen sei. Diese Ansicht ist niedergelegt in einer Entscheidung des Obertribunals (Temme, Arch., I, S. 166), worin weiter gesagt wird: Man könnte zwar sagen, dafs die Artt. 251 und 267 auch die Fälle der culposen Verletzung der Nothwehr in sich begreifen; dieser Behauptung schienen aber nicht nur die Worte, sondern auch der Sinn des Gesetzes zu widersprechen, indem der Gesetzgeber sich hier ganz

überhaupt nicht, so auch hier absolute Grade der culpa sich nicht fixiren lassen, wenn auch quantitative Abstufungen, die aber nicht die Bedeutung qualitativ verschiedener Grade haben, nach den concreten Umständen, welche die gröſsere oder geringere Leichtigkeit, die strafbare Folge vorauszusehen, bedingen, sich unterscheiden lassen. Wir würden dies kaum hervorheben, wenn nicht namentlich die Doctrin, der Lehren der P. G. O. vergessend, die sie allgemein und für die Theorie der Nothwehr insbesondere giebt, ihre von dem Civilrechte mit Unrecht auf das Strafrecht übertragene Gradeintheilung grade der Behandlung des culposen Excesses aufgedrungen hätte (93).

andere Fälle gedacht habe. Ohnehin wäre es nahe gelegen gewesen, in jenen Artikeln, wo von Ueberschreitung der Nothwehr die Rede sei, auch die culposen als strafbar zu erwähnen und auf die letztgenannten Artikel hinzuweisen. Es wäre daher anzunehmen, daſs von der culposen Ueberschreitung deſshalb keine Rede gewesen sei, weil der Gesetzgeber nur die dolose habe bestrafen wollen. Dagegen wirft nun Hufnagel I, S. 224 mit Recht ein, Ueberschreitung der Nothwehr sei nicht ein besonderes Verbrechen oder Vergehen, vielmehr sei der ihr zu Grunde liegende Gemüthszustand ein Milderungsgrund für die an sich strafbare Handlung, und da die Nothwehr in einer Gewalt gegen die Person des Angreifers, häufig in Tödtung oder Verletzung desselben, bestehe, so sei die vorsätzliche Ueberschreitung bei Tödtung und Körperverletzung ausdrücklich erwähnt worden. Da nun Tödtung oder Körperverletzung Verbrechen seien, in Ansehung welcher auch Fahrlässigkeit bestraft werde, so werde man allerdings behaupten müssen, daſs auch Tödtung und Körperverletzung durch Ueberschreitung der Nothwehr aus Fahrlässigkeit strafbar sei, sofern nämlich der Zustand der Nothwehr, in welcher die Fahrlässigkeit begangen werde, nach Berücksichtigung der concreten Umstände eine Zurechnung zur Fahrlässigkeit noch zulasse.

(93) So sagt Carpzov q. 29, nr. 6 : Hoc autem arbitrium regulari debet juxta rationem et qualitatem commissi excessus ex dolo vel culpa lata, sive leviori, aut levissima. Dicitur autem vulgo excessus lata culpa commissus, quando mod. i. t. exceditur tribus mo-

Noch verwerflicher, als die Nichtanerkennung der Strafbarkeit des culposen Excesses, ist die Beschränkung der strafbaren Ueberschreitung auf bestimmte schwere Arten der Verletzung des Angreifers. In diesem Punkte hat sich die Beschränkung der Nothwehr auf gewisse Verbrechen practisch geltend gemacht. Es ist aber doch fürwahr die Beschaffenheit der widerrechtlichen Verletzung des Angreifers kein Moment, welches auf die Entscheidung der Frage, ob eine Ueberschreitung Statt gefunden, von Einflufs sein kann, sondern es kann diese nur bei Zumessung der Strafe für dieselbe von Bedeutung sein. Jede Art der Verletzung, selbst die schwerste, ist zwar gerechtfertigt durch die Nothwendigkeit der Vertheidigung, aber keine, nicht die kleinste, darf als rechtmäfsig oder nicht strafbar angesehen werden, wenn ihr diese Nothwendigkeit nicht zur Seite steht. Am Weitesten geht in dieser falschen Richtung das Hannöv. Gesetzb. Art. 79, welches die Ueberschreitung nur dann bestraft wissen will, wenn dieselbe die Tödtung oder eine bedeutende Verletzung des Angreifers zur Folge gehabt haben sollte (94). Das Braunschweig. § 167 verweist für

dis, videlicet in genere armorum, tempore et modo percutiendi; levi culpa, quando exceditur tantum circa duo ex praedictis; levissima culpa, si defendens unum duntaxat ex tribus istis requisitis non servaverit.

(94) Nach dem ersten Entwurfe erschien jede Verletzung des Angreifers strafbar, da derselbe allgemein redete. Gegen die Bestimmung des Gesetzb. s. Leonhardt I S. 349, welcher wenigstens die Strafbarkeit geringerer Privatgewalt nach gänzlich entfernter Gefahr zu retten sucht. In einer anderen Richtung geht freilich der schlecht redigirte Artikel so weit, dafs nach seinem Wortlaut jede Tödtung oder bedeutende Verletzung bei Ausübung der Nothwehr, nicht blofs bei der Ueberschreitung derselben, dann gestraft werden müfste, wenn dieselbe überhaupt nur zuzurechnen ist. Ueber diese, durch ein Zusammenwerfen der Worte des ersten und des

die Bestrafung nur auf die Strafbestimmungen über vorsätzliche (§ 146) oder unvorsätzliche (§ 152) Tödtung und Körperverletzung (§ 160, 161), und zwar ist dies die nothwendige Folge der unrichtigen Stellung der Lehre zu diesen Verbrechen (s. oben). Dieser Grund war für das Hannöv., welches die Nothwehr im allgemeinen Theil abhandelt, so wenig vorhanden, als für das Württemb., welches ebenfalls im Art. 103 auf die Bestimmungen über Todtschlag und Körperverletzung verweist, und dann bei Gelegenheit dieser Verbrechen besondere Vorschriften für Todtschlag oder Körperverletzung in Nothwehr giebt (Artt. 244 und 265). Dagegen spricht das Baier. mit Recht nur ganz allgemein von überschrittenen Gränzen, ohne die Ueberschreitung an die Form eines bestimmten Verbrechens anzuknüpfen, ebenso das Hess., das Bad. (95), das Thüring., das Preufs., (das Sächs. (1838) Art. 71 von dem dem Angreifer zugefügten Uebel), während hinwieder die beschränkende Fassung des Oesterr., nämlich die ausdrückliche Verweisung auf die §§ 335 und 431, zu einer von dem Gesetz nicht be-

revidirten Entwurfs durch die Stände entstandene, verwerfliche und aus triftigen Gründen (namentlich wegen Art. 78) in einer von ihrem Wortlaute wesentlich abweichenden Weise zu interpretirende Redaction, s. Leonhardt, S. 348.

(95) Doch macht das Bad. eine Ausnahme für die im § 87 statuirte Beschränkung der Eigenthumsnothwehr. Hier nämlich ist nur die Tödtung oder lebensgefährliche Verletzung strafbarer Excefs. Und zwar wird aufserdem noch verlangt, dafs diese Tödtung oder lebensgefährliche Verletzung vorsätzlich verübt worden sei. In dieser Weise sieht sich das Gesetzbuch zu Beschränkungen seiner Beschränkungen der Nothwehr getrieben. Einfacher und richtiger wäre es gewesen, den ganzen § 87 wegzulassen.

absichtigten beschränkenden Interpretation Veranlassung geben kann (96).

Wenn die dolose und culpose Ueberschreitung, und zwar ohne Rücksicht darauf, welche Verletzung des Angreifers sie hervorgebracht haben, als strafbar gesetzt werden, so fragt es sich noch, welcher strafrechtlichen Behandlung die Gesetzgebung eine solche Ueberschreitung unterwerfen soll. Die Frage kann auch so gestellt werden, ob die allgemeinen Grundsätze über die strafrechtliche Behandlung des den dolosen oder culposen Excefs darstellenden Verbrechens oder Vergehens ausreichen, oder ob singuläre Strafansätze für diese Fälle aufgestellt werden sollen? Es würde über die Beantwortung dieser Frage kaum ein Streit entstehen können, wenn unsere Strafgesetze überall eine richtige Behandlung der culpa und des Affects dadurch möglich machten, dafs sie das richterliche Ermessen in die ihm gebührenden Rechte einsetzten. Dann könnte getrost auf die allgemeinen Grundsätze von der culpa, auf die die Strafbarkeit erhöhenden und verringernden Gründe und die die Bestrafung der einzelnen Verbrechen normirenden Bestimmungen verwiesen werden. Durch diese wäre der

(96) Wenigstens sagt Hye, S. 206, dem man doch die Kenntnifs der Intentionen des Gesetzes zutrauen darf, dafs nicht blofs die im Gesetz beispielsweise angeführten Verletzungen oder Gefährdungen der körperlichen Sicherheit, welche in den citt. §§ 335 und 431 vorkommen, sondern allerdings auch andere Uebertretungen, z. B. jene des § 459 gegen die Sicherheit des Eigenthums, als strafbare Ueberschreitungen begangen werden könnten (vgl. auch Dens., S. 199, woselbst, wie bereits oben erwähnt, die Erweiterung des Begriffs der Nothwehr über Tödtung und Körperverletzung hinaus — und in dieser Beschränkung des Begriffs wurzelt ja auch diese Beschränkung der Ueberschreitung — gegenüber dem früheren Gesetzbuch ausdrücklich hervorgehoben wird).

Richter in den Stand gesetzt, auf Grundlage dieser, bald keine, oder die der geringen Verschuldung des einzelnen Falles adäquate mildere Strafe auszusprechen, bald in schweren Fällen den Verbrecher die ganze Strenge des Gesetzes fühlen zu lassen. Jenes würde um der Aufregung des Handelnden willen in den Fällen des culposen und selbst in denjenigen des dolosen Excesses im Falle wirklicher Aufregung Statt haben, dieses in denjenigen des dolosen, in welchen der Thäter mit ruhiger Ueberlegung die Verletzung seines Gegners beschliefst und ausführt (97).

Nach der Art und Weise aber, wie manche Strafgesetzbücher die culpa behandeln, wie dieselben Strafminderungs- und Strafmilderungsgründe in qualitativem Unterschiede neben einander aufstellen, und, indem sie die Möglichkeit einer Steigerung derselben bis zur Aufhebung der Zurechnung verneinen, die Wirkung der Strafmilderungsgründe beschränken (Köstlin, Syst., § 142, Not. 3 und 4, bes. S. 617 u. 618) (98), wird es allerdings ebensowohl erklärlich, dafs sich die Doctrin für eine be-

(97) Auch dies kann nothwendig werden; denn es ist ja auch Mord durch vorsätzliche Ueberschreitung der Gränzen der Nothwehr recht wohl möglich, wie dies denn bei Gelegenheit der Berathung des Württemb. Strafgesetzb. ausdrücklich hervorgehoben wurde (Hufnagel, II, S. 35, auch Breidenbach, S. 631). Daraus stellt sich übrigens schon die Unstatthaftigkeit einer ausschliefslichen Verweisung auf den Titel vom Todtschlag u. s. w. in diesem Gesetzbuche dar. — Dagegen ist eine im culposen Excefs begangene Tödtung nicht eine dolose, sondern allerdings eine culpose, weil das dolose Element in der unmittelbaren Verletzung durch den culposen Ursprung der Handlung ganz aufgezehrt wird (Köstlin, System, S. 95, Not. 2, vgl. auch oben Not. 91).

(98) Das Nähere darf hier nicht untersucht werden, es würde einer speciellen Untersuchung der strafrechtlichen Behandlung der culpa, des Affects, des richterlichen Ermessens angehören.

sondere strafrechtliche Behandlung des Excesses öfters entschieden hat, als es geradezu für diese Gesetzgebungen nothwendig wird, dafs sie zu Gunsten desselben die Strenge ihrer allgemeinen Grundsätze durchbrechen. Jenes geschieht von Köstlin; dann von Leonhardt (99), welcher das auf die allgemeinen Grundsätze der Bestrafung des den Nothwehrexcefs darstellenden dolosen oder culposen Verbrechens oder Vergehens verweisende Hannöv. Ges. darum tadelt, dafs dasselbe zwar wegen seines Art. 50 für den culposen, nicht aber so für den dolosen Excefs, dem Richter den nöthigen Spielraum gewährt habe, indem ihm im Art. 97 das im Art. 112 des ersten Entwurfs eingeräumte Recht, wegen Menge und Wichtigkeit zusammentreffender mildernder Umstände auf eine gelindere, als die niedrigste gesetzliche, Strafe, zu erkennen, entzogen worden sei. Und Breidenbach (100) betont gerade, dafs die von der Tödtung und Körperverletzung aus Fahrlässigkeit handelnden Artt. 255 und 269 bei der schuldhaften Ueberschreitung nicht zur Anwendung kom-

(99) Commentar, I, S. 350. Art. 50 lautet nämlich : Ein Verbrechen aus Fahrlässigkeit soll, vorbehältlich der im besonderen Theil des Gesetzb. enthaltenen höheren Strafbestimmungen (doch verweist z. B. Art. 235 ausdrücklich auf Art. 50), bestraft werden : I. Die grobe Fahrlässigkeit wird, wenn das vorsätzliche Verbrechen eine schwere Strafe zur Folge gehabt hätte, mit einmonatl. Gefängnifs bis zu dreij. Arbeitshause, falls hingegen dasselbe mit einer leichteren Strafe bedroht ist, nicht härter als mit Gefängnifs bestraft. II. Die geringere Fahrlässigkeit ist immer nur mit Geldbufse, gerichtlichem Verweise oder Gefängnifs zu bestrafen. Und nach Art. 97 soll wegen Menge und Wichtigkeit zusammentreffender mildernder Umstände zwar auf eine gelindere als die niedrigste gesetzliche Strafe nicht erkannt, jedoch mittelst eines an das Justiz-Minist. zu erstattenden gutachtlichen Berichts eine Strafmilderung im Wege der Gnade in Antrag gebracht werden.

(100) S. 631.

men könnten, weil der Art. 52 milder sei, als jene. Dieses geschieht von den meisten Gesetzgebungen (101), welche in diesen singulären Bestimmungen für die Bestrafung des Excesses, für welche sie im Uebrigen ausdrücklich (z. B. Baiern, Hannover), oder stillschweigend (z. B. Preufsen) auf die allgemeinen Grundsätze hinweisen, die Unzulänglichkeit dieser ihrer allgemeinen Grundsätze selbst eingestehen. — Sie normiren diese Abweichungen freilich auf eine höchst ungeeignete Weise, öfters zum Schaden gerechter Strenge gegen den wirklichen Verbrecher, oder auf Kosten der logischen Gesetze, oder wenigstens der Klarheit und leichten Anwendbarkeit ihrer Bestimmungen. So ist jener Satz, dafs die in Bestürzung, Furcht oder Schrecken begangene Ueberschreitung überhaupt nicht strafbar sein solle, dessen wir schon ge-

(101) Es ist dies begreiflich, wenn man erwägt, dafs z. B. das Baier. Strafges., Art. 151, dem einfachen Todtschlage die Strafe des Zuchthauses auf unbestimmte Zeit droht, die nach Art. 152 dann, wenn der Getödtete selbst durch unerlaubte Beleidigungen oder Beschimpfungen den Todtschläger zum Zorne gereizt hat, auf acht- bis zwölfjähriges Zuchthaus gemildert werden soll; oder dafs das Hannöv., Art 231, bestimmt, dafs der Todtschlag mit Kettenstrafe bis zu 20 Jahren, und, wenn erwiesenermafsen der Vorsatz des Todtschlägers bestimmt und geradezu auf Tödtung gerichtet gewesen, am Leben gestraft werden, dafs jedoch, wenn der Getödtete selbst den Todtschläger durch ganz besonders schwere Beleidigungen, öffentliche Beschimpfungen oder thätliche Mifshandlungen zum Zorne gereizt habe, auf Zuchthaus (2 Jahre im Minimum nach Art. 14 und mit schweren Folgen für die Ehre, und zwar als nothwendig bei jeder Verurtheilung, nach Art. 16), und in dem Falle der sonst gesetzlichen Todesstrafe auf sechsjährige Zuchthaus- bis zehnjährige Kettenstrafe zu erkennen sei. Auch selbst die Bestimmungen über Bestrafung der Fahrlässigkeit, z. B. im Baier. Artt. 69 und 70, würden zur Zutheilung einer jeder, auch der geringsten, fahrlässigen Ueberschreitung adäquaten Strafe nicht ausreichen.

dacht haben, ein solcher Ausflufs ihres Bemühens, zu Gunsten des Excesses eine von der Strenge der allgemeinen Grundsätze abweichende Milde walten zu lassen. Allein derselbe ist nicht, wie Mittermaier (Not. II zu § 39) meint, zweckmäfsig, sondern, obwohl theoretisch richtig, dennoch völlig überflüssig, da er sich nach einer richtigen Auffassung der strafbaren Fahrlässigkeit, die durch eine durch den Angriff hervorgebrachte Aufregung ausgeschlossen wird, von selbst versteht. Dasselbe gilt von jener ausdrücklichen Hinweisung des Richters auf die Verhältnisse des concreten Falles, zu deren Berücksichtigung derselbe ohnedies überall verpflichtet ist, eine Hinweisung, die zu den allgemeinen Grundsätzen, welche die richterliche Thätigkeit bei Zumessung der Strafe leiten sollen, und unter welchen sich in der Regel schon eine diesen Verhältnissen entsprechende Categorie findet (z. B. die allgemeine Bestimmung, dafs die Strafbarkeit eines Verbrechens steige oder falle im Verhältnifs der Bösartigkeit und Stärke des auf die Hervorbringung desselben gerichteten Willens des Verbrechers), ein nicht näher bestimmbares Etwas hinzufügt, dessen Berücksichtigung den Richter nur verwirren kann. Die Annahme eines besonderen Milderungsgrundes aus der Nothwehr, welche das Bad. Gesetzb., § 92, aufgenommen hat, ist nach § 153, nr. 2, mindestens tautologisch, da die Aufregung des Gemüthes des Handelnden, also der hier schon anerkannte Milderungsgrund, doch auch im Falle des Excesses das Motiv der milderen Bestrafung bildet (102).

(102) In ähnlicher Weise erklärt auch der Baier. Entw., Art. 65, die Gerichte für befugt, mit genauer Erwägung aller obwaltenden Umstände und persönlichen Verhältnisse unter die gesetzliche Strafe hinabzugehen.

Während nun in diesem Gesetze wenigstens zugegeben wird, und zwar mit Recht, dafs selbst im Fall des dolosen Excesses eine mildere Beurtheilung eintreten könne, so giebt dies dagegen das Hess. Art. 52, wenigstens nicht unbedingt, zu, indem hier für den culposen Excefs ein eigenes Vergehen überschrittener Gränzen der Nothwehr geschaffen wird, welches mit Gefängnifs oder Geldbufse, in besonders schweren Fällen aber mit Correctionshaus bis zu sechs Monaten bestraft werden soll, während im Fall der vorsätzlichen Ueberschreitung die gesetzliche Strafe des dadurch verübten Verbrechens eintritt (103). Das Sächs. (1838) Art. 71, verweist den Richter in einer höchst freien Fassung, die zu billigen wäre, wenn nur die allgemeinen Grundsätze ausreichten, auf diese allgemeinen Grundsätze der Bestrafung, in einer Fassung, kraft deren derselbe die Bestrafung der Ueberschreitung, nach dem Verhältnifs des dem Angreifenden dadurch zugefügten Uebels und unter Berücksichtigung der individuellen Umstände, lediglich nach seinem Ermessen zutheilen soll. Auch die Bestimmung des Thüring., Art. 67 (von Köstlin für die legislativ empfehlenswertheste erklärt), welches verlangt, dafs die Ueberschreitung stets mit geringerer Strafe belegt werde, als die in derselben begangene Rechtsverletzung ohne Zusammentreffen mit der Vertheidigung gehabt haben würde (und zwar soll der Richter, unter Berücksichtigung der Gröfse der Verletzung, der eigen-

(103) Wir meinen nur, dafs das Hess. Gesetzb. den culposen Excefs dem dolosen abstract gegenüberstellt. Freilich kommt Art. 51 auch im Fall des dolosen Excesses zur Anwendung, und es gilt z. B. die Tödtung nicht unbedingt als Mord, sondern, von besonderer Bosheit abgesehen, als Todtschlag, sowie auch noch weiter die in Art. 121 unter nr. 3, 4 und 5 aufgeführten Minderungsgründe in Berücksichtigung kommen müssen (Breidenbach, S. 631).

thümlichen Lage des Angegriffenen, der Persönlichkeit desselben und des Angreifenden und der sonst obwaltenden Umstände die Strafe nach seinem Ermessen bestimmen, ohne rücksichtlich der Strafart und Strafgröfse durch einen geringsten Satz beschränkt zu sein), ist darum nicht zu billigen, weil allerdings Fälle der Ueberschreitung, nämlich der dolosen, vorkommen können (s. Not. 97), welche auf diese mildere Behandlung des Gesetzes keinen Anspruch haben.

Von der Ueberschreitung der Gränzen einer wirklich begründeten Nothwehr ist aber der Fall des, im Gegensatz des Excesses, sogenannten Prätextes der Nothwehr zu unterscheiden, welcher darin besteht, dafs eine gewaltsame Verletzung verübt worden ist, ohne dafs die Bedingungen der Selbstvertheidigung vorhanden waren: also wenn kein widerrechtlicher, sondern ein völlig berechtigter Angriff drohte, wenn der Angriff nicht unzweifelhaft bevorstand (104) oder schon vorüber war, wenn obrigkeitliche Hülfe im entscheidenden Momente für den Benöthigten möglich war (105). Mit Recht dringt die Doctrin von Alters

(104) Diefs kann nach dem Früheren nicht bedeuten, dafs die Nothwehr ausgeschlossen wäre, wenn der Angriff überhaupt erst in nächster Zukunft bevorstand, und durch Anzeige bei der Obrigkeit oder durch Vermeiden der gefährlichen Stelle hätte abgewendet werden können, da, wie gezeigt, nur eine Mifskennung der rechtlichen Grundlage der Nothwehr dem Individuum diese Schranken auferlegen konnte; es wird damit vielmehr das Begründetsein des Rechts der Nothwehr nur für den Fall aufgehoben, da einer ausgesprochenen Drohung, mit Rücksicht auf die Individualität des Drohenden und die concreten Verhältnisse, unter denen sie geschah, auch nach der Meinung des Handelnden, die Möglichkeit sofortiger Realisirung fehlen mufste.

(105) Die Frage, welche Fälle als Prätext zu betrachten seien, beantwortet sich natürlich verschieden nach der Verschiedenheit in der

her, nicht erst seit Feuerbach, da die Keime schon bei Carpzov liegen, auf die begriffliche Feststellung dieser Unterscheidung (106), wenn auch öfters im Leben die

Bestimmung der Bedingungen durch die Doctrin und die Strafgesetzbücher. So rechnen ja, wie wir gesehen, das Hannöv. und das Bad. das Nichtdasein anderer Mittel aufser der Gewalt zu den Bedingungen. Auch in der Doctrin herrscht keine Uebereinstimmung darüber, was zu den Bedingungen der Nothwehr gehöre, und was als Excefs zu betrachten sei; namentlich schwanken die Ansichten über die rechtliche Natur einer nach vorübergegangener Gefahr verübten Gewalt. Grattenauer, S. 151, Heffter, § 44, und Köstlin, Revis., S. 733, stellen dieselbe zum Excefs, der letztere hat aber auch dies im Syst., S. 89 u. 90, zurückgenommen, mit Recht, weil das wirkliche Dasein einer Gefahr eine Grundbedingung des Rechtes der Nothwehr bildet. Diese richtige Auffassung ist ausdrücklich ausgesprochen im Baier. Ges., Art. 133, und im Hess., Art. 53; nach der Bestimmung des Begriffes der Nothwehr, wie denselben die übrigen Gesetze geben, ist dieselbe aber auch hier nicht ausgeschlossen.

(106) Das Bedürfnifs dieser Unterscheidung zeigte sich nämlich schon frühe, und Feuerbach, dem dann die Meisten folgen, so Grattenauer, Wächter, Abegg u. A., hat den bereits gewonnenen Gegensatz nur präciser formulirt. (Auf die in dem Feuerbach'schen Ausdruck »moderamen deculpatae tutelae« liegende contradictio in adjecto hat Morstadt, Not. 1 zu § 39 hingewiesen; wir heben dies hervor, weil selbst Beseler, Comment. I, S. 189 denselben noch gebraucht.) Denn die Carpzov'sche Theorie vom excessus defensionis und inculpatae defensionis steht auf demselben Grundgedanken, wenn auch seine Fälle nicht überall (z. B. namentlich der excessus inc. def. circa tempus, der exc. mod. inc. tut. ratione causae etc.) unseren Categorien von Prätext und Excefs untergeordnet werden können. Diese Theorie, welche er, unter Berufung auf Marius Salomonius (q. 28, nr. 16), in ausführlicher Darstellung in quaestt. 28, 29, 30 und 31 auseinanderlegt, resümirt sich in grofsen Zügen in Folgendem : Zuerst bestimmt er das moderamen inculpatae tutelae dahin : Attamen in genere tenendum, mod. inc. tut. consistere in eo, quod quis non aliter adversus vim ac inju-

Gränzen beider zusammenfliefsen mögen (107). Es war aber zu weit gegangen, wenn man die Fälle des Prätex-

riam, quae infertur vel imminet, se tueri, nec aliter mortis, vel alterius gravioris offensionis periculum evitare potuerit. quam si adversarium suum ipse interficeret vel debilitaret. Hinc patet, circa moderamen inculpatae tutelae tria consideranda esse : Causam, modum, tempus. Causa mod. i. t. est injusta offensio, si nimirum quis ab alio fuerit insultatus seu invasus. Modus consistit in propulsatione ad offensionem seu periculum mortis imminens proportionata. Ratione temporis defensio debet fieri in continenti, hoc est, illico in ipsa concertatione et congressu. — Es ist nun ein zweifacher excessus möglich : Ante omnia exacte ponderandum et considerandum est, qualisnam excessus fuerit commissas, et an occisor inculpatam defensionem, an vero ipsam defensionem excesserit. Und zwar kann derselbe in Rücksicht auf causa, modus und tempus Statt finden : 1) Ratione causae committitur excessus defensionis, quando nulla praecedit offensio a parte occisi (z. B. si homicida initiò fuit provocans et auctor rixae; is qui ab uno offensus occidit alium i. e. sponte ac voluntarie; qui minantem, vel eum a quo vulnera . . . sibi inferri suspicatur, occidit, wobei aber zu unterscheiden, an ad minas verbales accedat aliquis actus exequendi, an non etc.); excessus vero moderaminis inculpatae tutelae, quando offensio quidem subest, sed non praesens et violenta (z. B. si quis provocatus ab alio ad duellum comparet, et in conflictu provocantem occidit). 2) Circa modum excessus defensionis committitur, quando insultatus in nullo prorsus periculo constitutus aggressorem occidit (z. B. si quis leviter ab aliquo offensus, in periculo tamen non constitutus, nec in quapiam sui corporis parte laesus aut attactus offensorem occidit); excessus autem moderaminis inculpatae tutelae, quando quis in periculo constitutus istud non occidendo avertere potest, et tamen aggressorem interficit. (z. B. si quis pugno, baculo, vel alio modo percussus, armis et gladio resistit ac insultantem interficit; qui ab aliquo insultatus aggressorem postea fugientem interficit; qui cum fuga saluti suae recte consulere possit citra ullum periculum, id non facit, sed aggressorem sui defendendi causa occidit; qui injuriis verbalibus affectus ob defensionem famae et honoris sui injuriantem occidit. — Hiebei macht er aber eine wesentliche Modification : Attamen haec solum-

tes und den Excefs abstract gegensätzlich gegen einander fixirte, in dem Sinne, dafs man nur in dem Falle über-

modo obtinent in injuriis atrocibus, si nempe iis personae honestae ac honoratiores lacessitae, ac iracundiae calore commotae, in continenti injurianti necem inferant, secus vero in injuriis levioribus, quibus personae viles affectae, si injurianti impias manus inferant, eumque occidant, poenam ordinariam legis Corneliae de sicariis non effugiunt.) 3) Quoad excessum defensionis, ut et moderaminis inculpatae tutelae, quando et quo temporis intervallo post aggressionem praeterlapso ejusmodi excessus committatur, et quando propterea occisor poena ordinaria vel extraordinaria puniri debeat, hoc sane regula certa definiri non potest, ideoque puto haec omnia judicis arbitrio relinquenda esse, pro multiplici diversitate intervalli, personarum et actuum intercedentium. Das richterliche Ermessen wird geleitet durch die Rücksicht, ob die Tödtung in continenti, oder brevi intervallo oder longi temporis intervallo post aggressionem praeterlapso ausgeführt worden ist. (Diese ausführlichere Darstellung erscheint uns dadurch gerechtfertigt, dafs Carpzov's Auffassung so häufig mifsverstanden wird.) — Böhmer, Meditt. ad art. 142, § I (und schon früher in Observatt. ad Carpzov, obs. 1 ad q. 29, nr. 11) wirft gegen diese Unterscheidung ein: Moderamen tutelae et inculpatae tutelae ad idem redit, et solis verbis, non re ipsa differt. Moderamen servare, est mensuram tenere. Quemadmodum vero in aliis juribus is mensuram servat, qui non qualicunque, sed praefinito modo agit, ita moderamen defensionis non aliud intelligi potest, quam quod exacte legibus respondet, non quod qualicunque reprobata resistentia absolvitur. Praeterea, qui non ex omni parte se intra limites moderaminis continet, aut in dolo versatur, et animo occidendi colluctatur, aut mera culpa peccat. Prius fit, si non offensus, nec invasus ad pugnam progreditur, sed in periculo praesenti constitutus, adversarium confodit: posterius si vere offensus, et in statu defensionis constitutus, modum non servat, quorum ille homicidii dolosi reus, a defensione autem alienus est, hic, dum parum circumspecte agit, in defensione excedit, et culposi homicidii reus fit. Inde vero apparet: 1) Non perpetuum signum excessus in defectu alterutrius requisiti, sed solius secundi et tertii latere (nämlich imminens, praesens vitae etc. periculum und defectus aliorum remediorum expediendi salutem). 2) Eum sola culpa absolvi, nunquam in facto doloso consistere. 3) Eum gradu differre, et majorem

schrittener, nicht aber in den Fällen vorgegebener Nothwehr Rücksicht auf die eigenthümliche Lage des Handelnden

vel minorem esse, prout quis in utroque vel in alterutro requisito allegato deficiat. 4) Ejus semper poenam extraordinariam, nunquam capitalem esse. — Böhmer hat jedenfalls darin Unrecht, daſs er die Möglichkeit eines dolosen Excesses überhaupt läugnet (schon die C. C. C. art. 142 spricht doch von der „entleibung, die bösslich geschehen wer"), welcher, richtig gefaſst, allerdings nicht in dem von ihm als homicidium dolosum gesetzten Carpzov'schen Falle des excessus defensionis (nicht inculpatae defensionis) gelegen, sondern anders zu bestimmen ist. Auch hebt es die theoretische Richtigkeit der Unterscheidung nicht auf, daſs der dolose Exceſs als homicidium dolosum bestraft werden kann. Seine Polemik gegen die Carpzov-sche Unterscheidung bleibt überhaupt eine äuſserliche, ohne den Kern derselben anzugreifen, da Carpzov eben dasjenige, was Böhmer in obs. 1, cit. praetextus defensionis nennt und dem excessus entgegenstellt, mit dem Gegensatze des exc. defensionis und inculpatae defensionis ausdrücken will. — Wie Böhmer (dessen Ansicht Wächter, Lehrb., § 52, Not. 9 billigt) gegen Carpzov, so haben Neuere gegen Feuerbach sich erklärt, so Werner, Handbuch, § 214. Andere ignoriren die ganze Unterscheidung, z. B. Grolman, § 25 u. 140, und Luden Handb., S. 293; auch Jenull S. 250 spricht nur, wie oben bemerkt worden, von Bedingungen der Nothwehr, unter welchen die Vorschrift des moderam. neben der Ungerechtigkeit des Angriffs etc. erscheint. — Während dieselbe der früheren Strafgesetzgebung in Deutschland entweder ausdrücklich oder stillschweigend zum Grunde lag, so sprechen die neuesten Gesetze nur von der Ueberschreitung. Der Begriff der Ueberschreitung wird aber dann weiter gefaſst, so daſs auch Fälle des Prätextes darunter fallen, wie dies für Preuſsen aus der Geschichte des Gesetzbuchs hervorgeht. Hier wird nämlich die Gränze der Nothwehr gefunden in der Dauer der Noth, in der Art und Gröſse der Noth, und in der unter den obwaltenden Umständen gedachten Verhältniſsmäſsigkeit der Mittel zu ihrer Abwendung, der Exceſs also in einem Uebergreifen in diesen beiden Beziehungen. (Goltdammer S. 420, 421.) Auch das Thüring. Art. 67 spricht nur von Ueberschreitung. — Eine andere, im Wesentlichen aber doch der herrschenden entsprechende, Auffassung hat Berner, Arch., S. 590 ff. Derselbe unterscheidet nämlich zwar als Arten der Ueberschreitung: Vorzeitige Gewalt, Vertheidigungs-

genommen wissen wollte (108), obwohl doch auch hier, namentlich in dem Falle einer Gewaltanwendung nach

excefs und nachzeitige Gewalt, ohne indessen die rechtlich verschiedene Natur der nachzeitigen Gewalt und des eigentlichen Excesses zu verkennen.

(107) Die Durchführung ist allerdings schwierig, wie denn schon Carpzov, q. 29, nr. 36, hervorgehoben hat: Sed unde dijudicandum, an quis excesserit moderamen defensionis, an vero inculpatae defensionis? Hoc sane propter multifarias circumstantias factorum certa regula definiri nequit, sicuti nec illud, quomodo quivis excessus moderaminis inculpatae tutelae puniri debeat. Hic enim opus, hic labor est, adnumeratis adpensisque singulis facti totius circumstantiis perpendere, qua in re occisor limites excesserit. . . . . . De juris enim apicibus hic agitur, in quibus enodandis religiosissimos esse judices oportet, quod, ut praeclare Divus Trojanus rescripsit, satius interdum sit, impunitum relinqui facinus nocentis, quam innocentem damnare. — Die Motive zum Sächs. Ges. (1855), Artt. 96, 97, meinen ebenfalls mit Recht, dafs sich die Fälle beider Arten in facto kaum sondern lassen. Das Gesetzbuch unterscheidet aber dennoch formell die Fälle, in welchen Umstände vorliegen, welche an die in Art. 91 gedachten angränzen, ohne dafs jedoch ein wirklicher Zustand der Nothwehr anzunehmen wäre (Art. 96), von dem Fall, da Jemand in einem wirklichen Zustande der Nothwehr die gesetzlichen Gränzen überschritten hat (Art. 97). Durch die Verweisung auf Art. 88 für die Strafe in beiden Verhältnissen, nach welchem der Richter höchstens auf die Hälfte der sonst verwirkten Strafe erkennen soll, soll demselben die Möglichkeit gegeben werden, innerhalb des ihm gewährten Ermessens der Verschiedenartigkeit derselben Rechnung zu tragen (vgl. auch Krug, Comment., I, S. 203).

(108) Auch diese abstracte Unterscheidung beider Fälle datirt schon von Carpzov, und ist dann von den meisten Neueren seit Feuerbach, § 39, Not. 1, aufgenommen worden. Carpzov, q. 28, nr. 16, bestimmt nämlich in Beziehung auf den excessus moder. inc. tut.: Quod homicida, qui ad defensionem sui perpetraverit homicidium, vel in totum, vel ex parte a poena homicidii excusetur. In totum, quando servavit non solum moderamen defensionis, sed etiam inculpatae tutelae. Ex parte, ut nempe non ordinaria, sed mitiori et extraordinaria poena afficiatur, quando defensionis

vorübergegangener Gefahr, die verbrecherische Schuld so tief herabsinken kann, wie bei einer in der Aufregung verübten Ueberschreitung der Gränzen. — Und wenn man nun einmal Exceſs und Prätext starr gegen einander aufgestellt hatte, so führte die Consequenz leicht dahin, innerhalb des Gebietes des Prätextes keinen Unterschied in der Strafbarkeit der einzelnen Fälle, je nachdem nämlich die eine oder die andere Bedingung fehlte, zu statuiren, obgleich doch die strafrechtliche Würdigung sich nach der Bedeutung dieser einzelnen Voraussetzungen ganz verschieden gestalten muſs. Namentlich leidet, wie bei der abstracten Entgegensetzung des Prätextes gegen den Exceſs, so bei der abstracten Gleichstellung aller Fälle des Prätextes, die gerechte Beurthei-

moderamen quidem servavit, attamen excessit moderamen inculpatae tutelae. Dagegen sagt er in Beziehung auf den excessus defensionis (etwa unsern Prätext) in q. 29, nr. 35 : (Quoad poenam igitur excedentibus moderamen inculpatae tutelae infligendam, ante omnia exacte ponderandum et considerandum est, qualisnam excessus fuerit commissus, et an occisor inculpatam defensionem, an vero ipsam defensionem excesserit) Isto enim casu pro ratione excessus arbitrarie, hoc (exc. def.) vero poena homicidii ordinaria puniri solet. — Gerade das, daſs der Exceſs im heutigen Sinne (exc. inc. def.) niemals mit der poena ordinaria bestraft werden dürfe, hebt er besonders hervor q. 29, nr. 26 u. 29 : Sed quaeritur hic, annon excessus gravissimus dolo manifesto commissus poena homicidii ordinaria coerceri possit? .... ob excessum etiam dolo manifestissimo commissum poenam homicidii ordinariam nequaquam infligendam esse. Gleichwohl wird er aber später selbst in einem Fall seines dolosen Excesses (bei ihm excessus moderam. inculp. tutelae circa modum defensionis) zu der Behauptung hingetrieben (quaest. 30, nr. 50) : Quinimo, si insultatus ex manibus aggressoris arma eripiens, ipsum postea inermem insequatur, ac in nullo periculo constitutus, eum dolose percutiat ac occidat, negari vix poterit, occisorem habuisse animum occidendi, et extra omnem causam atque rationem defensionis fugientem aggressorem necasse, ac propterea poenam homicidii ordinariam incurrere.

lung der Handlung desjenigen, der über den wirklichen Zustand der Gefahr hinaus seine Gewaltanwendung gegen den Benöthiger fortsetzte (109). — Ein erheblicher practischer Nachtheil entsteht aber aus der Nichtbeachtung dieses Unterschiedes, aus der abstracten Entgegenstellung der Glieder dieses Gegensatzes und der absolut gleichen Behandlung der Fälle vorgegebener Nothwehr nur auf Grundlage derjenigen Strafgesetzbücher, welche zu Gunsten des Excesses singuläre mildere Bestimmungen (z. B. die Annahme eines Milderungsgrundes) aufgenommen haben, weil damit nun in allen Fällen des Prätextes der Richter auf die Strenge der allgemeinen Grundsätze verwiesen wird. Gerade hierin liegt noch ein entschiedener Grund gegen die von den meisten Strafgesetzbüchern aufgenommene Aufstellung exceptioneller Grundsätze; denn ohne solche und nur auf der Grundlage richtiger Normen über Fahrlässigkeit, Zurechnung und richterliches Ermessen, wird der Richter im Stande sein, die Fälle vorgegebener und überschrittener Nothwehr je nach ihrer Besonderheit richtiger strafrechtlicher Würdigung in objectiver und subjectiver Rücksicht zu unterwerfen.

Mit diesen Ausführungen ist die Untersuchung der cardinalen Punkte der Theorie der Nothwehr, nämlich die Beschaffenheit des Angriffs, die Qualität des wehrhaftigen Guts, die strafrechtliche Behandlung der schuldhaften

(109) Darauf hat namentlich wieder Köstlin, Syst., S. 94, hingewiesen, der indessen auf die Unterscheidung selbst ein gröfseres practisches Gewicht legt, als sie verdient; dies wohl im Zusammenhange damit, dafs er für den eigentlichen Excefs eigenthümliche Strafbestimmungen fordert. Dies hindert ihn aber nicht, die Wirkung der Unterscheidung für die Strafe ganz richtig zu bestimmen (Revis., § 191 a. E., Syst., S. 88).

Nothwehr, beschlossen. — Die Frage, ob das Recht der Vertheidigung unter den festgestellten Voraussetzungen auch zum Schutze Dritter geübt werden dürfe, bedürfte nach dem inneren Rechtsgrunde der Nothwehr einer besonderen Erörterung nicht, wenn nicht auch gegen dieses in der Theorie Bedenken angeregt worden wären, Bedenken, die allerdings von irgend welchen practischen Consequenzen nicht begleitet gewesen sind. Der Grund, warum dieses Recht Dritter nicht bestritten werden kann, liegt einfach darin, dafs die Rechtmäfsigkeit der Privatgewalt unter den rechten Voraussetzungen objectiv, nicht blofs subjectiv für den Angegriffenen, vorhanden ist, indem durch sie dem an sich, also für Alle, nicht blofs für den Angegriffenen, nichtigen Unrecht da begegnet wird, wo die zu seiner Verhinderung zunächst aufgerichtete Gewalt des Staates demselben entgegenzutreten nicht im Stande ist. Auch ist es der Gesetzgebung vom römischen Rechte durch das ältere germanische Recht bis zu den neuen Strafgesetzgebungen herab niemals in den Sinn gekommen, dasselbe irgend in Frage zu stellen, indem dieselbe vielmehr gewöhnlich ausdrücklich, obwohl es dessen nicht einmal bedurft hätte, dasselbe anerkannt hat. Dagegen behauptet Luden (110), und zwar zunächst zu dem Zwecke,

(110) Abhandl. II, 491, 492. Sein Schlufs geht dahin, dafs die Eigenthumsnothwehr darum nicht in der P. G. O. anerkannt sei, weil in denjenigen Artt., welche von der Nothwehr zum eigenen Schutze handeln, der Vermögensrechte nicht gedacht sei, und der Art. 150, der dieselben nenne, zur Unterstützung der Ansicht von der Statthaftigkeit derselben darum nicht benutzt werden könne, weil das darin anerkannte Vertheidigungsrecht Dritter nicht zur eigentlichen Nothwehr gehöre. Er will vielmehr umgekehrt schliefsen, dafs, da in den Hauptartikeln der Schutz der eigenen Vermögensrechte nicht erwähnt sei, derselbe in dem Art. 150 auch nicht zu Gunsten der Vermögensrechte eines Anderen als solcher zugelassen sein könne.

um die beweisende Kraft des Art. 150 der P. G. O. für die Anerkennung der Eigenthumsnothwehr zu beseitigen, dafs es in der That überhaupt gar keine Nothwehr sei, wenn Jemand, ohne selbst angegriffen zu sein, einen Andern gegen ungerechte Angriffe vertheidige. Damit solle zwar nicht in Abrede gestellt werden, dafs man das Recht habe, dem Schwachen beizustehen, und ihn gegen ungerechte Angriffe zu vertheidigen, aber an und für sich könne diese Vertheidigung nicht bis zur Verletzung des Angreifenden getrieben werden. Denn für diese Verletzung würde nicht derselbe Rechtfertigungsgrund zutreffen, aus welchem die Verletzung zum eigenen Schutze gerechtfertigt werde. Das aber verstehe sich von selbst, dafs die Vertheidigung eines Angegriffenen, welche nicht bis zur Verletzung des Angreifenden gehe, einem Jeden zustehen müsse, wie man zu jeder Handlung berechtigt sei, welche weder den Rechten eines Anderen, noch einem ausdrücklichen Verbote zuwiderlaufe. Es liege in der Natur der Sache, dafs diese Vertheidigung entweder zu ihrem Zwecke führe, so dafs der Angreifende von seinem Angriff abstehe, oder dafs im entgegengesetzten Falle der Vertheidigende in einen Fall versetzt werde, in welchem er Nothwehr zur Vertheidigung seiner eigenen Person gebrauchen dürfe. — Es ist Luden aber mit Recht entgegnet worden, dafs die Annahme, dafs der Vertheidigende, wenn die reine Defension nichts fruchte, unmittelbar selbst in den Zustand der Nothwehr gegen den Angreifenden gerathen werde, in vielen Fällen gar nicht zutreffen werde, und dafs dadurch das mit einer Verletzung des Angreifenden verbundene Schutzrecht des Dritten häufig ganz wirkungslos bleiben müfste, weil dasselbe, an die beschränkende Bedingung persönlichen Widerstandes des Angreifenden gegen den Hülfeleistenden gebunden, in seiner Ausübung meistens zu spät kommen würde (111). Es ist darauf auch von Luden selbst erklärt worden, dafs er mit der Behauptung, bei der Vertheidigung eines Anderen dürfe man nur in dem Falle zur Verletzung des Angreifenden schreiten, da derselbe Widerstand entgegensetze und dadurch zur Vertheidigung seiner selbst nöthige, zu weit gegangen sei. Allein seine Ansicht, dafs der Begriff der Nothwehr auf Verletzungen zur Abwendung eigener Gefahr (nach den Quellen und nach allgemeinen Grundsätzen) beschränkt werden müsse, ist er so sehr treu geblieben, dafs er die Verletzungen, die zur Vertheidigung eines Andern zugefügt werden, auch äufserlich im System von der Nothwehr zum eigenen Schutze trennt, obwohl er zugleich dieser Ansicht durch die Bemerkung, dafs die Vertheidigung eines Andern zwar nicht zur Nothwehr gehöre, dennoch aber im Wesentlichen unter den nämlichen Grundsätzen, wie die eigentliche Nothwehr, stehe, practisch die Spitze abgebrochen hat. (Handb. S. 325).

Wenn wir nun aber auch die Vertheidigung Dritter als ein Recht gefafst wissen wollen, welches auf derselben Grundlage, wie die Nothwehr, gegründet ist, so können wir der Meinung nicht zustimmen, welche dieses Recht, dessen Ausübung allerdings sittliche Pflicht werden kann, zu einer Rechtspflicht erhoben wissen will. So meint

(111) Nämlich von Zachariae, Arch., 1841, S. 434 ff., welcher daselbst auch Luden's Ansicht vom Standpunkte der P. G. O. bestreitet. Gerade auf seine Bemerkung, dafs die P. G. O., wenn sie bestimme: So eyner zur rettung eynes andern leib, leben, oder gut jemandt erschlecht, womit klar ausgesprochen sei, dafs die Straflosigkeit der Tödtung nicht dadurch bedingt sein solle, dafs der Hülfeleistende zugleich zur Rettung seines eigenen Leibes gehandelt haben müsse, hat Luden seine Ansicht später (Handb., S. 297, Not. 10.) modificirt.

Fichte (112), dafs Jeder durch den Staatsvertrag rechtlich verbunden sei, dem Bedrohten Hülfe zu

(112) Fichte, Grundl., II, S. 82 ff. Seiner Ansicht folgt Grattenauer, S. 80. Eine eigenthümliche Unterscheidung macht die Schrift »Ueber Injurien, Hausrecht, Nothwehr und Duelle, S. 111. Nachdem darin erklärt ist, unter eben den Bedingungen, unter welchen die Nothwehr dem Benöthigten im Falle eines ihn selbst betroffenen Angriffs gestattet werde, sei sie ihm auch zum Schutze des Lebens, des Leibes, der Freiheit, der Güter und der Ehre seiner Frau, seiner Kinder, seiner Eltern, aller seiner Blutsverwandten und Schwäger, defsgleichen seines Regenten, seines Lehns- und Oberherrn, seiner freimaurerischen Bundesgenossen, seiner Freunde, seiner Gäste und seines Gesindes erlaubt, dagegen aber in Rücksicht seiner Mitbürger, seiner Reisegefährten und aller Fremden auf den dringendsten Fall einer Leibes-, Lebens-, Freiheits- und Eigenthumsgefahr eingeschränkt (die Ehre der letzteren zu vertheidigen, sei Niemand befugt); so wird nun unterschieden, dafs die Unterlassung des Beistandes zwar nur als Verletzung einer Liebespflicht anzusehen, jedoch, Gatten, Eltern und Kinder, Lehnsherren, Vasallen und Freimaurer ausgenommen, welche sich theils beständigen Schutz zugeschworen hätten, theils durch Natur und Gesetz dazu verbunden seien, als ein Vergehen gegen eine Zwangspflicht oder gar als Verbrechen nicht zu betrachten sei. — Ein Ausflufs jener Auffassung des Beistandes als einer Pflicht ist die Bestimmung des Preufs. L. R., II, 20, § 782: Wer ohne eigene erhebliche Gefahr einen Menschen aus der Hand der Räuber oder Mörder, aus Wasser- und Feuersnoth, oder aus einer anderen drohenden Lebensgefahr retten könnte, und es unterläfst, soll, wenn dieser wirklich das Leben einbüfst, vierzehntägige Gefängnifsstrafe leiden. § 783. Aufserdem soll seine Lieblosigkeit, und deren erfolgte Bestrafung, zu seiner Beschämung und Anderen zur Warnung, öffentlich bekannt gemacht werden. Breidenbach, S. 583, Not. 14, tadelt diese und eine ähnliche Bestimmung des Württemb. Polizeistrafges., welches im Art. 32 denjenigen, der ohne eigene Gefahr einen in Lebensgefahr Befindlichen retten könne, und dies ohne genügende Entschuldigung unterlasse, mit Verweis oder Geldbufse bis zu 10 Gulden und in schwereren Fällen mit Arreststrafe bis zu 4 Wochen belegt, als falsch und schädlich, weil das Volk wohl begreifen könne, dafs man die Unterlassung einer Liebespflicht nicht vor den Richterstuhl ziehe und daher solche Feiglinge nicht bestrafe, sie

leisten. Er bringt dies mit einer von ihm gesetzten weiteren Voraussetzung des Nothwehrrechts in Verbindung, dafs nämlich der Angegriffene verpflichtet sein solle, um Hülfe zu rufen. Durch diesen Hülferuf werde einmal das Recht der Selbstvertheidigung dem Staate gegenüber begründet, indem dadurch der Staat Kunde von der Noth erhalte, und sich dann erst herausstelle, ob derselbe nicht helfen könne, sodann werde dadurch Jeder berechtigt, den Angegriffenen sogar in seinem Hause, welches sonst gegen jeden Eindringenden verschlossen sei, zu vertheidigen, endlich werde durch diesen Aufruf, welcher die Ankündigung enthalte, dafs eine Gefahr vorhanden sei, welcher der Stellvertreter der schützenden Macht, der Staat, nicht sogleich abhelfen könne, auf Jeden die Bürgerpflicht, unmittelbar zu schützen, wieder übertragen, so zwar, dafs derjenige, welchem nachgewiesen werden könne, dafs er den Ruf gehört habe und nicht herbeigeeilt sei, einer Bestrafung unterworfen werden müsse. Diese Ansicht ist aber darum ungerechtfertigt, weil sie eben verkennt, dafs nur der Staat die rechtliche Pflicht hat, durch seine Behörden die Bürger zu schützen: dann raubt sie auch dem sittlichen Muth des Individuums, welches seinem bedrängten Mitbürger in der Gefahr beispringen will, seinen höchsten Werth, indem sie diese Hülfe durch das Strafgesetzbuch zu erzwingen versucht. — Ebenso erscheint es uns müssig, Zweifel in Beziehung auf die Frage anzuregen, ob der Dritte von dem Bedrängten ausdrücklich zu Hülfe gerufen sein müsse, oder nicht (113). Die Frage ist eben nach dem

vielmehr der Verachtung überlasse, dafs es aber durch Androhung von Bagatellstrafen irre werden müsse.

(113) Die Gesetze geben auch zu solchem Zweifel keinen Anlafs, ja das Hess. Gesetzb., Art. 50, erklärt ausdrücklich, dafs es

gesunden Menschenverstande negativ zu entscheiden, da die Hülfe des Dritten dann erst recht practisch wird, wenn der Bedrängte nicht mehr rufen kann. Die Frage dagegen, wie der hülfreiche Dritte zu behandeln sei, wenn er seine Hülfe brachte, ohne dafs der Angegriffene sich im Stande der Nothwehr befunden, ist nach den Grundsätzen von dem Einflusse des Irrthums zu beantworten (114).

gleichgültig sei, ob der Angegriffene im Stande gewesen, sich selbst zu vertheidigen, oder nicht. Breidenbach, S. 623, fragt, ob diese Worte blofs sagen wollen, dafs der zum Beistand Angerufene nicht zu untersuchen brauche, ob der Angegriffene ohne Hülfe den Angriff habe abwehren können, oder auch, dafs man, wenn man Jemanden in Noth sehe, von freien Stücken sich seiner annehmen dürfe. Das letztere erscheine zwar nicht ohne Bedenklichkeit, da Beneficien nicht obtrudirt, und gegen den Angreifenden nicht ohne, ja vielleicht wider den Willen des Angegriffenen eine unbestimmte Anzahl solcher Personen, die es auf einen thätlichen Gegenangriff absehen, wodurch nur zu leicht mehr als nöthig geschehen könne, ausgesendet werden sollten. Gleichwohl aber entscheidet er sich, und zwar mit Recht, dafür, da sich von selbst verstehe, dafs der Beistehende nicht blofs alle Rechte, sondern auch alle Pflichten der Nothwehr habe, er also strafbar sei, wenn er mehr thue, als erforderlich erscheine.

(114) Die weiteren Fragen, wie eine aberratio ictus in rechter Nothwehr zu behandeln, und ob ein in Nothwehr Befindlicher zu seiner Rettung einen Dritten opfern dürfe, sind nicht nach den rechtlichen Grundsätzen der Nothwehr zu entscheiden, und werden darum hier nur angedeutet. Doch wird die erste, wie oben bemerkt, von der P. G. O., Art. 145, im Zusammenhange der Lehre von der Nothwehr behandelt, und der Benöthigte für diesen Fall »von peinlicher straff entschuldigt« (fr. 45, § 4 D. Ad leg. Aquil. (9, 2), vgl. auch Feuerbach, § 38, Not. 5, Heffter, § 45. Dagegen Breidenbach, S. 611, Not. 3). Die weite Fassung, welche einige Gesetzbücher der Begriffsbestimmung der Nothwehr geben, z. B. das Braunschw., § 166 »Wer .... Jemanden (also nicht blofs den Benöthigten) tödtet oder verletzt, des älteren Oesterr., I, § 127, »Derjenige, der Jemanden .... tödtet,« umschliefst diese beiden Fälle. — Die zweite Frage (und nur diese ist im § gemeint, Thilo, S. 122, Nr. 2) behandelt das Bad., § 86

Endlich kann nach den heutigen Grundsätzen vom Beweise im Strafprocesse kein Zweifel darüber stattfinden, dafs in Fällen der Nothwehr eine Abweichung von den ordentlichen Grundsätzen desselben nicht stattfinden dürfe. Dies wird jetzt ebensowohl von der Doctrin, als von der Legislation anerkannt, nicht so von der älteren Doctrin und von dem Baier. Gesetzb. Art. 137: Wenn durch Zeugnifs, Aussage des verletzten Angreifers oder aus dem Zusammentreffen besonderer Umstände und Vermuthungsgründe glaubwürdig dargethan ist, dafs der Angeschuldigte durch gefährlichen Angriff in Nothstand gesetzt worden; so wird die Rechtswidrigkeit dieses Angriffes, wie auch, dafs die Gränzen rechtmäfsiger Vertheidigung beobachtet worden, so lange vermuthet, als nicht aus den Umständen sich das Gegentheil deutlich er-

(wie schon Clarus, § Homicid., nr. 31, der daran die Warnung knüpft: Quod est notandum contra eos, qui de facili se interponunt rixis, ut dividant inter se rixantes, quorum multos ego vidi remanere vulneratos, et quandoque etiam interfectos, ipsis principalibus rixae salvis permanentibus.) ebenfalls bei der Nothwehr, indem der § bestimmt, dafs auch die Verletzung oder Tödtung eines Dritten, wenn sie zur Abwehr eines mit Gefahr für das Leben des in Nothwehr Versetzten verbundenen Angriffs unvermeidlich war oder von dem Benöthigten als unvermeidlich betrachtet werden durfte, straflos sein solle. Doch wird die Handlung entschuldigt aus dem Nothstande (Thilo, S. 121, 122), unter dessen Begriff sie auch nach den übrigen Strafgesetzbüchern pafst, welche sie aus dem Gebiete der Nothwehr dadurch ausdrücklich ausschliefsen, dafs sie bei dieser nur der Tödtung oder Verletzung des Angreifers gedenken, z. B. das Baier., Art. 125, Württemb., Art. 102, Hess., Art. 47 (Breidenbach, S. 611) Das Hannöv. und Sächs. nennen zwar hier den Angreifer nicht ausdrücklich, meinen aber doch nur diesen, da sie von der Vertheidigung gegen »einen Angriff« reden. (A. M. Breidenbach, S. 611, Not. 4.) vgl. überhaupt Köstlin, System, S. 87, Not. 7, S. 88, Not. 1 und 2.

giebt (115). — Auf diesem Gebiete liegen aber recht eigentlich die Schwierigkeiten in Nothwehrfällen: die rechtlichen Momente sind leicht dem einfachen Grundprinzip abzugewinnen. Dafs hier oft grofse Schwierigkeiten in facto vorkommen, berechtigt indessen noch nicht zu einer Abweichung von den ordentlichen Grundsätzen des Beweises, die dann auch in anderen Fällen, wo wegen Mangels von Zeugen der Beweis schwer herzustellen wäre, durchbrochen werden müfsten. Mit dem Aufgeben einer bindenden Beweistheorie, mit der Einsetzung des Indicienbeweises in seine vollen Rechte, mit der Anerkennung der Bedeutung der moralischen Ueberzeugung von der Schuld ist auch ein gut Theil dieser Schwierigkeiten verschwunden. Eigentliche Präsumtionen sind aber unter allen Umständen im Strafprozesse, als seinem auf mehr als formelle civilprozessualische Wahrheit gerichteten Streben zuwider, zu verwerfen (116).

(115) Das Gesetzbuch kennt noch eine andere Vermuthung, davon sogleich unten. Die hier erwähnte sucht sogar Henke, I, S. 229, »durch vernunftrechtliche Gründe« zu stützen.

(116) Wir gehen darum auf die theoretisch und legislativ überwundene Ansicht von Fichte, Grundl., II, S. 87, 88 nicht weiter ein. Fichte kommt selbst zur absolutio ab instantia, welche für den Angeklagten dann eintreten soll, wenn ihm nicht der negative Beweis geführt worden, dafs ein Fall der Selbsthülfe nicht eingetreten, während völlige Lossprechung nur erfolgen soll, wenn er den positiven Beweis hiefür erbracht hat. Eine eingehende Widerlegung verdient auch Grattenauer, S. 155 ff., nicht, der seine practisch völlig unbrauchbaren (vgl. S. 169, 170), zum Theil Fichte entlehnten, aber von allem positivem Grunde verlassenen Ausführungen über den Beweis und die einzelnen Beweismittel durch eingestreute historische, nur höchst unvollständige Notizen (S. 158, 159), rhetorische Auslassungen gegen den inquisitorischen Prozefs (S. 163) und ein weitläuftiges Excerpt aus einem anderen Autor über die Vermu-

Wenn die Doctrin öfter und einige Gesetzbücher, wie das Braunschw. § 168 und das Württemb. Art. 105 (117), demjenigen, welcher von dem Rechte der Noth-

thungen im Strafprozeſs (S. 175 ff.) unterbricht. Man darf aber gerecht erstaunen, der Fichte'schen Theorie, demselben Excerpt aus Weber's Verbindlichkeit zur Beweisführung im Civilprozesse, der ausdrücklichen Anerkennung von Rechtsvermuthungen bei Henke, Handb., 1, S. 222 ff., zu begegnen. Noch wunderbarere Ansichten finden sich über den Beweis bisweilen bei älteren Criminalisten, z. B. bei Damhouder, c. 76, nr. 32 : Quoties in seditione, pugna seu rixa, alter alterum graviter caeciderit et laeserit, atque uterque constanter affirmat, se alterum cecidisse invasum et nonnisi ad defensionem sui, ita ut ex alterutrius mendaciis veritas constare non posset, uter alterum prior invaserit : eo in casu uterque ex aequo puniendus est.

(117) So Fichte, S. 87. Bei ihm hängt die Forderung der Anzeigepflicht mit seiner ganzen Auffassung der Nothwehr zusammen, und greift zugleich in seine Beweisgrundsätze ein. Die Nothwendigkeit der Anzeige construirt er so : Der Einzelne hat sich auf immer unter die Gesetze des Staats begeben, und will fernerhin als denselben unterworfen betrachtet werden; in dem Falle der Nothwehr hat er sich denselben entzogen, weil hier kein Rechtsgesetz gelten konnte; er ist also die Anzeige schuldig, daſs der Fall dieser Ungültigkeit eingetreten sei. (vgl. auch Grattenauer, S. 161, 162, Henke, S. 230.) — Braunschw. Ges., § 168, lautet : Wer unterläſst, die von ihm in der Nothwehr verursachte Tödtung oder Verwundung, oder die aus Zwang oder in einem Nothstande von ihm begangene gesetzwidrige Handlung der Obrigkeit sofort anzuzeigen, soll Gefängniſs bis zu drei Monaten erleiden. (Die Anzeigepflicht in den Fällen des Zwanges und Nothstandes billigt auch Breidenbach, S. 633, Not. 1, Fälle »in welchen ein Unschuldiger leiden muſste, und in welchen der Gesetzgeber verzeiht«, nicht aber in dem Falle der Nothwehr, »in welchem die Straflosigkeit von Rechtswegen eintritt«.) Württemb. Art. 105 : Die Unterlassung soll im Fall der Tödtung mit Kreisgefängniſs bis zu 3 Monaten, und wenn ein Unschuldiger deſshalb in Untersuchung gezogen worden, mit Kreisgefängniſs bis zu 6 Monaten, im Falle der Verwundung mit Bezirksgefängniſs bestraft werden. Die Commission der II. Kammer war gegen die Aufnahme der Anzeigepflicht gewesen. Hufnagel, S. 226.

wehr Gebrauch gemacht und einen Menschen getödtet oder verwundet hat, unter Androhung einer mäfsigen Strafe die Pflicht der Anzeige auferlegen, so stützen sie sich dabei auf die Erwägung, dafs eine solche Bestimmung gerechtfertigt sei durch die schleunige Hülfe, deren derjenige bedürfe, gegen welchen die Nothwehr ausgeübt worden, oder durch die Nothwendigkeit, dafs die Straflosigkeit oder Strafbarkeit desjenigen ausgemittelt werde, der in der Nothwehr gehandelt haben wolle, besonders aber durch die Rücksicht darauf, dafs das Unterbleiben der Anzeige den schwebenden Verdacht der Thäterschaft leicht auf einen Unschuldigen werfen könne (118). Allein es ist diese Forderung der Gesetzgebung an den Angegriffenen vor Allem schon darum völlig überflüssig, weil die Anzeige in solchem Falle in dem eigenen Interesse des Thäters, der sich vor dem Verdacht der Tödtung schützen will, liegt. Aufserdem ward aber mit Recht gegen dieselbe bei der Berathung des Hess. Ges. geltend gemacht (119), dafs man dem Angegriffenen, den in dem Nothzustande schon ein Unglück betroffen habe, nicht zu dieser positiven Handlung verpflichten könne, dafs er unter Umständen dadurch aufgehalten werde oder gar in Gefahr kommen könne, dafs, da eine bestimmte Frist nicht vorgeschrieben und vorzuschreiben sei, die Bestimmung zu willkührlichen Straferkenntnissen führe, dafs endlich auch der in dem Menschen liegende Trieb, sich eines solchen Unfalls durch Anzeige bei irgend einer Behörde zu entledigen, die Strafandrohung unnöthig machen werde. Und so wurde denn Art. 53 des Entwurfs : Wer in Nothwehr einen Anderen ver-

(118) Berner, Arch., S. 596.

(119) Hesse, Ausschufsbericht, S. 111.

wundet oder getödtet hat, ist schuldig, den Vorfall der nächsten Obrigkeit schleunigst anzuzeigen; hat er dieses unterlassen, so ist er, wenn gleich nachher der gefährliche Angriff des Anderen erwiesen oder wahrscheinlich gemacht wird, dennoch mit Gefängnifs, und zwar im Fall einer Tödtung, von wenigstens 14 Tagen und höchstens drei Monaten, und im Falle einer Verwundung, bis zu einem Monate zu bestrafen — von beiden Kammern einstimmig und ohne Discussion abgelehnt und auch von der Regierung aufgegeben.

Schlechthin verwerflich ist nun gar die Bestimmung des Baier. Ges., Art. 136 : Wer in Nothwehr einen Anderen verwundet oder getödtet hat, ist schuldig, den Vorfall der nächsten Obrigkeit schleunigst anzuzeigen. Wer dieses unterläfst, oder gar den Vorfall zu verheimlichen trachtet, hat, wenn gleich nachher der gefährliche Angriff des Andern erwiesen worden, dennoch die Vermuthung überschrittener Nothwehr wider sich. Ergiebt die Untersuchung das Gegentheil dieser Vermuthung, so soll derselbe zwar in Ansehung der Verwundung und Tödtung losgesprochen; jedoch wegen der Verheimlichung oder der unterlassenen Anzeige zu viertägigem bis einmonatlichem Gefängnisse verurtheilt werden. — Denn dieselbe trifft wiederum der Vorwurf, mit welchem jede rechtliche Vermuthung von dem Boden des Criminalbeweises zurückgewiesen werden mufs (120). Der Art. 81 des

(120) Die Anmerkungen rechtfertigen dieselbe damit, dafs zum Beweise blofse Wahrscheinlichkeit genüge und auch Vermuthungen zu Gunsten des Benöthigten aufgestellt worden seien. Auch diese Vermuthung hatte schon Fichte a. a. O. aufgestellt : Wer sich nicht freiwillig dem Richter stelle, erhalte die Präsumtion gegen sich; ja der Thäter, dem bewiesen werden könne, dafs er sich eher hätte stellen können, gelte schon zur Hälfte seiner bösen Sache überwiesen.

Hannöv. : Wer in Nothwehr einen Anderen verwundet oder getödtet hat, ist, bei Vermeidung einer angemessenen Geldstrafe, schuldig, den Vorfall der nächsten Obrigkeit ohne Aufenthalt anzuzeigen, vorbehältlich der weiteren Bestrafung, wenn durch die unterlassene Anzeige der Tod oder eine bleibende Beschädigung an der Gesundheit entstanden sein sollte — verkennt aber den obersten Grundsatz des Rechts der Nothwehr, welcher in Art. 78 desselben Gesetzbuchs dahin ausgesprochen ist, dafs der Angegriffene wegen der Folgen seiner Handlung nicht verantwortlich sein soll (121). Mit Recht haben die neuesten Strafgesetzgebungen (Preufsen (122), Oesterreich, Sachsen) diese Pflicht der Anzeige nicht aufgenommen; die Motive zum Baier. Entw. behalten die Strafbestimmungen des Gesetzbuchs von 1813 in dieser Beziehung dem Polizeistrafgesetzbuche, „als offenbar dahin gehörig", vor.

(121) Der verwerfliche Zusatz wurde dem Entwurf von der zweiten Kammer beigefügt. (Gegen denselben Leonhardt, S. 353.)

(122) Der Entwurf von 1847 hatte indessen in § 57 noch die Bestimmung gehabt : Wer in Nothwehr einen Menschen tödtet oder erheblich verwundet, ist, bei Vermeidung einer Geldbufse bis zu zweihundert Thalern oder einer Gefängnifsstrafe bis zu drei Monaten, verpflichtet, den Vorfall ungesäumt der Obrigkeit anzuzeigen.

Druck von Wilh. Keller in Giefsen.

FSC
www.fsc.org
MIX
Papier | Fördert
gute Waldnutzung
FSC® C083411

Kolibri 360 GmbH
Ferdinand-Jühlke-Straße 7
99095 Erfurt, Deutschland
produktsicherheit@kolibri360.de